JEAN PAUL II
l'ombre du saint

Christine Pedotti
Anthony Favier

JEAN PAUL II
l'ombre du saint

Albin Michel

À la mémoire de Claude,
mon alter ego si merveilleusement alter,
complice de tous les instants,
jusqu'au dernier autour de la conception de ce livre.
C.P.

À Jérémy qui m'a accompagné avec confiance
tout au long de ce projet.
A.F.

« La sainteté est aussi une tentation. »

Jean Anouilh

1.

Droit d'inventaire

27 avril 2014 – Saint Jean Paul II

C'est une célébration sans équivalent dans la longue histoire du catholicisme. Le pape François procède à la canonisation de deux papes : Jean XXIII et Jean Paul II. En lui-même, le fait est déjà sans précédent, mais de plus, ce matin-là, un autre pape vivant, le pape émérite Benoît XVI, est présent sur l'estrade. À y regarder de près, les relations entre ces quatre papes sont extrêmement enchevêtrées. Ainsi Benoît XVI a-t-il tout à la fois assisté comme un théologien d'importance au concile décidé par Jean XXIII puis participé au conclave qui a élu Jean Paul II ; il a été pendant vingt-quatre ans son préfet de la Congrégation[1] pour la doctrine de la foi, chargé de veiller au maintien de la juste doctrine, et c'est lui qui l'a béatifié le 1er mai 2011. Quant à Jean Paul II, c'est lui qui a ouvert la voie à la canonisation de Jean XXIII

1. Les Congrégations sont les différentes administrations de la Curie. Elles ont chacune des attributions précises. Elles sont constituées d'un personnel romain à demeure et de prélats dits « métropolitains », choisis par le pape, qui ont un siège dans un diocèse du monde, et viennent à Rome plusieurs fois par an.

en le béatifiant le 3 septembre de l'an 2000 et lui encore qui a « créé cardinal » (selon la formule consacrée dans l'Église catholique) Jorge Mario Bergoglio, l'archevêque de Buenos Aires, lui ouvrant la porte du conclave qui l'a élu pape en 2013. Ces complexes relations croisées n'ont pas échappé aux observateurs ; tout cela fait beaucoup de papes, beaucoup de saints, et laisse un peu le sentiment que la papauté se sanctifie elle-même.

Il fait un temps splendide, idéal pour cette cérémonie en plein air à laquelle assistent de nombreux pèlerins venus à Rome pour la circonstance et beaucoup de représentants officiels arrivés du monde entier dont quelques chefs de gouvernement et souverains régnants. La France est représentée par Manuel Valls, lequel avait programmé le voyage comme ministre de l'Intérieur et des Cultes et l'accomplit comme Premier ministre. Rien à voir cependant avec l'ampleur qu'avaient revêtue les obsèques de Jean Paul II neuf ans plus tôt, le 8 avril 2005. Ce jour-là, le monde entier se pressait sur la place Saint-Pierre. La foule de plus d'un million de personnes selon les autorités romaines débordait de la place et avait envahi la totalité de la via della Conciliazione. La cérémonie était bien entendu retransmise en direct par la plupart des télévisions du monde. Le parterre des chefs d'État et de gouvernement était lui aussi à la hauteur de l'événement. Peu de pays s'étaient abstenus d'une représentation au plus haut niveau de l'État. L'Iran par exemple avait délégué Mohammad Khatami, son président, ce qu'avaient fait aussi Israël ou la Chine. Pour les États-Unis, trois présidents étaient présents : George W. Bush, alors en exercice, son père George Bush et Bill Clinton. La France avait dépêché son président Jacques

Chirac, l'Allemagne le sien, Horst Köhler, et son chancelier Gerhard Schröder. Le Royaume-Uni avait envoyé son Premier ministre Tony Blair, ce qui n'empêchait pas le prince de Galles d'avoir fait le déplacement, comme tant de têtes couronnées : le roi et la reine des Belges, la reine de Norvège, le grand-duc du Luxembourg, le roi et la reine de Jordanie... La Pologne quant à elle était là avec plus de dix ministres en exercice ou l'ayant été. Au total, près de deux cents nations et entités comme l'Union européenne ou l'Organisation des Nations Unies étaient représentées.

Santo subito

Il est vrai que le pape qui venait de mourir avait connu l'un des règnes les plus longs de l'histoire de la papauté : vingt-sept ans. Arrivé à Rome à la fin des années 1970, il s'éteignait cinq années après les célébrations du deuxième millénaire. Sous son pontificat, la guerre froide s'était achevée par la chute du mur et la disparition de l'Union soviétique, remplacée par le spectre du terrorisme islamiste après les attentats du 11 septembre 2001 à New York et à Washington. Les alarmes sur les atteintes à la planète et le dérèglement climatique commençaient à être entendues, tandis que les ordinateurs et l'Internet envahissaient tous les secteurs de la vie humaine, tant privée que professionnelle.

Ceux qui alors dressaient le bilan de ce très long pontificat cherchaient les superlatifs à la hauteur de leur dithyrambe. Pour tous, le pape qu'on enterrait était le dernier « géant » du XXe siècle. À côté de son nom, on citait Churchill, Mao, Staline, de Gaulle... Ces hommages qui faisaient du chef de l'Église catholique d'abord un grand homme politique n'étaient pas sans ambiguïtés. Appartenir au carré des puissants de ce monde est-il une ambition pour celui qui a pour mission d'accompagner un milliard et demi de catholiques sur les pas de Jésus-Christ ? De toute évidence, en ce jour d'avril 2005, la question ne se posait guère et surtout pas à ceux et celles qui étaient arrivés tôt avec leurs pancartes et leurs calicots qui proclamaient le défunt « *santo subito* », « saint tout de suite ». Pour eux, cela ne faisait aucun doute, ce pape était un saint. Réputé avoir été totalement donné à la cause de Dieu de son vivant, il était normal qu'il en reçoive immédiatement la récompense et entre dans la plénitude de la grâce divine. Le cardinal Ratzinger, qui avait présidé la cérémonie des obsèques et qui devait être élu pape quelques jours plus tard, bien que visiblement ému, n'avait cependant pas repris les mots de ceux et celles qui scandaient : « *Santo subito* » au fond de la place. Sans doute d'ailleurs ne les avait-il pas entendus.

La légende médiatique devait affirmer par la suite que ces mots avaient été repris en chœur par toute la foule. C'est une reconstitution tardive. De nombreux témoins présents sur la place disent ne pas les avoir remarqués. Mais les caméras des télévisions s'étaient tournées vers le groupe, avaient montré les banderoles et fait entendre les acclamations au monde entier. Les journalistes qui couvraient la cérémonie avaient largement relayé et commenté le fait et lui avaient attribué un caractère spontané. Dès lors, la question de la canonisation du pape défunt était ouverte.

Il est vrai que la mort du pape polonais, vécue quasiment en direct, avait suscité une émotion considérable et que la célébration des obsèques n'est jamais le moment idéal pour engager la relecture critique d'un pontificat. Aujourd'hui, la succession des événements est bien établie et l'on sait que ce sont les communautés des Focolari, un mouvement créé par l'Italienne Chiara Lubich en 1943, qui furent à l'origine du « *Santo subito* ». Les Focolari avaient été largement soutenus par Jean Paul II en raison de leur intransigeance doctrinale et morale, de leur forte dévotion mariale et de l'obéissance hiérarchique inconditionnelle qu'ils manifestent en particulier à l'égard des prêtres, qui sont les piliers du mouvement. Du point de vue de la fondatrice, Chiara Lubich, qui devait mourir trois ans après le pape, il s'agissait d'une certaine façon de rendre à Jean Paul II le soutien qu'il n'avait jamais ménagé à son égard.

Selon les témoins présents sur la place, en ce jour d'obsèques, les Légionnaires du Christ, congrégation fondée par le Mexicain Marcial Maciel, chéri et protégé par Jean Paul II, se chargèrent de relayer le slogan. Dans les mois qui suivirent, la catholicité atterrée devait découvrir l'incroyable monceau de turpitudes du fondateur, abuseur, violeur, polygame, héroïnomane…

C'est sans doute, pour une part, la raison de l'ombre qui s'affiche sur le visage du pape François le 27 avril 2014, sur cette même place Saint-Pierre. Neuf années se sont écoulées depuis les obsèques. L'ampleur des crimes de Maciel est connue de tous, et la liste des scandales d'abus sexuels sur enfants, d'abus de conscience et d'autorité conduisant souvent à des abus sexuels sur majeurs dans les communautés religieuses ne cesse de s'allonger, comme celle des pays touchés. Et au scandale des abus s'ajoute celui de leur dissimulation. Des cardinaux, des archevêques sont mis en cause et l'opinion publique catholique demande des comptes.

Un héritage encombrant

La canonisation de Jean Paul II marque la fin d'un long cycle dans l'histoire du catholicisme, celui du rêve du retour de la puissance, porté de bout en bout par le pontife polonais et qu'a tenté de poursuivre le cardinal Ratzinger élu à sa succession. Les signes de cette fin de cycle sont nombreux. La démission du pape Benoît XVI, épuisé par la multiplication des scandales, tant sexuels que financiers, avait déjà été en elle-même un reniement de ce qu'avait voulu Jean Paul II. En effet, dès 1995, des doutes avaient été émis sur la capacité du souverain pontife à assumer sa tâche tant la maladie le diminuait. Des rumeurs faisaient état d'une maladie de Parkinson mais il fallut attendre les derniers mois du pontificat pour que le diagnostic soit confirmé. Tout au long de ces années, le pape avait balayé l'hypothèse d'une démission – en termes stricts, une « renonciation ». L'argument du pontife était le suivant : Dieu lui-même l'ayant placé là où il était, c'était Dieu qui devait interrompre son mandat. Étrangement, le cardinal Ratzinger, qui pendant tout ce temps avait veillé à la rigueur doctrinale du catholicisme, ne reprit pas à son compte, une fois pape, cette lecture providentialiste. Après huit années de règne, lorsqu'il éprouva les faiblesses de l'âge et ne se sentit plus à même de conduire le gouvernement de l'Église, il n'hésita pas à renoncer à sa charge. Il devint ainsi le premier pape émérite depuis plus de sept cents ans ; en fait une véritable première. En effet, tous les autres cas de renonciation connus avaient concerné des pontificats extrêmement brefs. De plus, sauf pour Célestin V à la fin du XIIIe siècle où la décision pontificale semble bien avoir été totalement libre, ces renonciations avaient été des dépositions camouflées.

Cette démission, Jean Paul II n'avait pas voulu l'envisager, préférant exalter dans la mise en scène de son corps malade le caractère sacrificiel de la figure du prêtre catholique, capable d'assumer dans sa propre chair la souffrance de l'agonie de Jésus.

Mais au-delà de cette divergence d'interprétation de la figure du pape, d'autres ruptures intervinrent entre Jean Paul II et son successeur. Non seulement Benoît XVI dut régler l'affaire Maciel, mais il fut obligé de faire face aux immenses scandales d'abus tant du clergé et que des grandes institutions religieuses en Irlande, aux États-Unis, en Australie. En Allemagne, la chorale que dirigeait son propre frère avait été mise en cause. Ce que Jean Paul II n'avait voulu ni voir ni savoir, il lui fallut l'assumer à la face du monde et égrener révélation après révélation le chapelet de la désolation et des demandes de pardon aux victimes.

Un pape venu d'ailleurs

La succession de Benoît XVI marqua une nouvelle rupture, plus profonde encore, avec le long pontificat de Jean Paul II. L'Argentin François était tout ce que celui-ci n'aurait pas souhaité pour l'Église et au premier chef, c'était un jésuite, ordre honni par le pontife polonais dont l'un des premiers actes d'autorité avait été de le briser et de le soumettre. Pendant tout son pontificat, Jean Paul II n'avait eu de cesse de faire monter contre la puissance des fils d'Ignace de Loyola de nouveaux mouvements. Les Légionnaires du Christ en bénéficièrent directement, ainsi que l'Opus Dei, fondé par l'Espagnol Josemaria Escriva de Balaguer. L'Opus obtint ainsi le statut de prélature personnelle dès 1982, et son fondateur fut béatifié puis canonisé par Jean Paul II. Mais au-delà de la concurrence des ordres religieux, la différence entre François et Jean Paul II est beaucoup plus radicale.

Le jésuite déploie son pontificat sur de tout autres bases que le Polonais. C'est particulièrement vrai sur les questions liées à la famille, au mariage, aux normes sexuelles. Certes, le pape argentin ne modifie pas la doctrine, mais alors que Jean Paul II avait, dès ses débuts, tonné contre les « facilités » qui étaient données à ceux et celles qui demandaient une déclaration de nullité de leur mariage, le pape François, tout au contraire, a, par *motu proprio*[1], considérablement assoupli et simplifié la procédure. Le pape jésuite fait publiquement le constat que les questions de mœurs et de morale personnelle et sexuelle ont pris une importance démesurée dans l'enseignement de l'Église catholique, aux dépens des vertus évangéliques d'accueil et de fraternité universelle : ce n'est rien de moins qu'un désaveu flagrant du pontificat de Jean Paul II.

Sur d'autres sujets tout aussi décisifs, François prend sans hésiter le contre-pied de son anté-prédécesseur, par exemple en renouant avec les théologiens de la libéra-

1. Un *motu proprio* est un acte propre du souverain pontife dans lequel il engage sa pleine autorité.

tion ; non seulement avec Gustavo Gutierrez, qui n'avait jamais été totalement condamné, mais en amnistiant le prêtre nicaraguayen Ernesto Cardenal, que Jean Paul II avait tancé publiquement et qui avait été condamné à la *supsens a divinis*, c'est-à-dire interdit de célébrer tous les sacrements, après qu'il avait accepté un ministère dans le gouvernement sandiniste de Daniel Ortega.

L'autre singularité de cette journée des papes du 27 avril 2014 tient à la personnalité et à l'itinéraire des deux défunts papes qui sont, selon la formule classique, « élevés sur les autels ». On est là face à ces étonnants arbitrages dont le Vatican est coutumier. La double canonisation est une bonne façon de tenter une réconciliation impossible et surtout de persister à prétendre que tout, dans l'histoire catholique, est dans la continuité de ce qui a précédé et lui demeure fidèle. Cet art de concilier l'inconciliable s'exprime dans la décision de joindre dans la même célébration de canonisation l'initiateur du concile Vatican II, Jean XXIII, et celui qui mit fin à ce qu'il est d'usage d'appeler « l'esprit conciliaire », Jean Paul II. Il serait inutile de chercher dans les textes officiels de la papauté des propos explicites du pape polonais discréditant le concile. Cependant, tout dans son action a bien eu pour objectif d'enterrer la plupart des grands élans que le concile avait inaugurés. C'est le cas notamment de l'aspiration à la collégialité dans le gouvernement de l'Église. Cette question avait encore hanté les congrégations générales, ces grandes discussions entre cardinaux qui précèdent la réunion du conclave pour élire le nouveau pape. Mais dès son entrée en fonction, le nouvel élu avait douché les espérances de ceux qui le souhaitaient ouvert sur ce point. Pour Karol Wojtyla, qui venait de se choisir, à la suite de son immédiat prédécesseur Jean Paul Ier, les doubles noms des deux papes du concile, Jean et Paul, il n'était rigoureusement pas question d'envisager un quelconque partage du pouvoir entre le pape et qui que ce soit.

Il n'est pas exagéré de dire que le pontificat de Jean Paul II a mis fin à toutes les espérances et les expériences de liberté initiées par le concile Vatican II. Les normes religieuses, en matière doctrinale, liturgique, théologique, morale, furent réaffirmées avec la plus grande force. Le synode des évêques de 1985, célébrant les vingt ans du concile, marqua le début de cette reprise en main qui s'est faite de plus en plus explicite au cours des années 1990 avec la publication du *Catéchisme de l'Église catholique*, de textes comme l'encyclique *Veritatis splendor*, qui prétend que le catholicisme détient la vérité, ou *Dominus Iesus*, qui affirme contre les autres confessions chrétiennes que l'Église catholique est la seule source de salut pour l'humanité.

De tels textes sont bien éloignés de l'esprit de renouveau, de réconciliation et d'œcuménisme que le pape Jean XXIII avait voulu insuffler au concile Vatican II.

Le temps du révisionnisme ?

Ce 27 avril 2014, un peu plus de treize mois après son élection, le pape François, qui préside la double canonisation, a le visage fermé, sans doute saisi par toute la complexité de la charge qui est la sienne. Il connaît déjà les batailles que mènent dans sa propre maison, la Curie, ceux qui veulent poursuivre dans le sens de

Jean Paul II – rigueur et intransigeance sur la doctrine et les mœurs – sans rien céder, malgré les crises et les scandales. Le pape « venu de très loin », comme il s'est défini lui-même le soir de son élection, voit les choses d'un autre point de vue. L'ancien archevêque de Buenos Aires songe aux pauvres des grandes mégapoles du monde émergent. Quand il parle des femmes et des familles, il pense aux mères courage des bidonvilles qui élèvent seules leurs enfants et tentent de les préserver de l'influence des gangs. Lorsqu'il évoque une « culture de mort » ou « du déchet », il ne pense pas seulement à l'avortement mais aussi aux migrants qui perdent la vie en Méditerranée faute d'être secourus et accueillis. Quant à la première encyclique de sa main[1], *Laudato si'*, elle constitue le premier texte d'ampleur jamais publié par une autorité catholique sur l'écologie et le risque que l'activité humaine non maîtrisée fait courir à la planète entière ; un sujet que le pape Jean Paul II a quasiment ignoré.

De fait, le pape François a reçu de ses frères les cardinaux au moment de son élection la très lourde charge de tenter de sortir l'Église catholique de la crise profonde dans laquelle elle s'enfonce, une crise que le cardinal Ratzinger n'ignorait pas au moment de son élection en décrivant l'Église comme la barque de Pierre prenant l'eau de toutes parts. Admettre la réalité et la gravité de cette crise, c'est bel et bien mettre en cause le bilan des vingt-sept années du pontificat de Jean Paul II. On objectera que la sainteté d'un homme ne se mesure pas à la réussite de ses actes de gouvernement et que ce sont

1. La première encyclique publiée sous son pontificat, *Lumen fidei*, a pour l'essentiel été rédigée par son prédécesseur.

les vertus de l'homme, sa foi, sa charité, son espérance qui sont reconnues par sa canonisation. Il reste que cet homme-là fut d'abord pape, et que les ombres de son pontificat s'étendent sur sa personne d'autant plus qu'il a gouverné de façon personnelle et avec l'autorité et la centralité qui sont le propre de la papauté catholique.

En tout état de cause, compte tenu de la gravité de la crise qui affecte le catholicisme au plan mondial, il est légitime d'exercer sur le pontificat wojtylien un droit d'inventaire.

2.

Donnez-nous des saints prêtres !

1er novembre 1946 – Ordination de Karol Wojtyla

La lente mélopée de la litanie des saints s'élève dans l'air froid de la chapelle privée du prince archevêque de Cracovie, le cardinal Adam Stefan Sapieha. Couché à même le pavement les bras en croix, un jeune homme semble faire corps avec la pierre, abîmé en prière. Nous sommes le 1er novembre 1946, le *Veni creator Spiritus* succède à la litanie, deux jeunes clercs en aube de dentelle blanche aident le jeune homme à se relever afin que l'archevêque lui impose les mains et fasse de lui un prêtre catholique. Il chancelle légèrement au moment où il se met à genoux devant le prélat. Il a le visage pâle et grave. Dans la chapelle, il n'y a guère que ses camarades de séminaire qui seront ordonnés prêtres au printemps et un tout petit groupe de parents et amis, dont sa marraine. Depuis que son père est mort, en 1941, le jeune Karol Wojtyla est quasiment seul au monde. Orphelin de mère depuis l'âge de neuf ans, il a perdu son frère aîné, jeune et brillant médecin emporté par la scarlatine en 1932 à l'âge de vingt-six ans. Vingt-six ans, c'est précisément l'âge du jeune prêtre Wojtyla, et s'il est ordonné ainsi, un peu hors saison, c'est parce que son archevêque a pour lui de grandes ambitions.

L'Église polonaise a particulièrement souffert de la violence et de la cruauté de l'occupant nazi. De nombreux prêtres ont été envoyés en déportation du simple fait qu'ils étaient membres du clergé catholique. En 1945, près d'un quart des prêtres polonais n'ont pas survécu à ces terribles années de guerre pendant lesquelles la volonté d'Hitler était d'effacer toute forme de culture polonaise et de réduire en servitude ces Slaves qu'il considérait comme une sous-humanité. Les élites intellectuelles ont aussi payé un très lourd tribut, professeurs et fonctionnaires ont été raflés en masse et fusillés ou envoyés en camp dès les premières semaines d'occupation. C'est dans ce contexte que, dès l'automne 1942, l'archevêque de Cracovie a créé un séminaire clandestin dans son palais épiscopal. Il savait que le pays allait avoir besoin de reconstituer ses élites et en particulier son clergé. Le jeune Wojtyla présentait les qualités parfaites pour être l'un des hommes de la reconstruction de l'Église et de la restauration de l'âme polonaise. C'est ainsi qu'au cours du mois d'octobre 1946 le jeune séminariste a reçu en quelques jours les ordres mineurs, puis le diaconat, qu'il est ordonné prêtre le jour de la Toussaint et qu'il prendra quelques jours plus tard le train pour Rome afin de parachever sa formation à l'université dominicaine de l'Angelicum.

Si les choses sont claires pour l'archevêque, elles l'ont été un peu moins pour Karol. Il a certes grandi dans une atmosphère de grande piété catholique auprès de son père, et la légende familiale dit que sa mère trop tôt disparue espérait que de ses deux fils, l'un serait médecin, l'autre prêtre. Karol Wojtyla n'a cependant pas montré de signes précoces de vocation. Pourtant, pour ses maîtres au lycée comme pour les prêtres qui l'ont accompagné, l'affaire ne se discutait pas : ce garçon-là serait prêtre et il n'y avait guère que lui pour ne pas être frappé par cette évidence. C'était aussi l'avis des camarades de chantier qu'il a côtoyés lorsque, comme tous les étudiants polonais, il a été contraint par l'occupant allemand à abandonner ses études de philologie au sein de la vénérable université Jagellon et à travailler de ses mains dans une carrière. Mais lui hésitait encore. Son attirance pour la langue, pour la poésie et, par-dessus tout, pour le théâtre le retenait. Même la mort de son père en février 1941 n'a pas suffi à le décider. Il voulait réfléchir encore. De son propre aveu, il attendait un signe, un signe de Dieu lui-même qui confirmerait l'appel, la vocation.

Une vision surnaturelle de la prêtrise

Qu'a-t-il reçu, entendu, éprouvé qui l'a confirmé dans sa décision ? Il ne s'en est jamais ouvert. Peut-être lui-même ne le savait-il pas. En revanche, ce dont il était convaincu, c'est que son choix était une réponse à un appel qui le précédait. Lors de la célébration des cinquante ans de son ordination, en 1996, il acceptera – une grande première pour un pape – d'écrire un petit livre de souvenirs intitulé *Ma vocation, don et mystère*. On ne saurait être plus explicite. Le don est celui que Dieu lui-même fait à celui qu'il appelle et il s'agit d'une œuvre spirituelle qui se dévoile à celui qui en est le destinataire ; en cela, elle est un « mystère » : celui de l'élection divine. Il écrit : « Une lumière s'imposait alors de plus en plus à ma conscience : le Seigneur veut que je devienne prêtre. » Devenir prêtre est donc donner une réponse positive à une question que Dieu lui-même pose. Pour décrire ce processus, le pape utilise des citations de l'Écriture : comme celle de l'Évangile de Jean, où Jésus dit à ses disciples : « Ce n'est pas vous qui m'avez choisi mais moi qui vous ai choisis. » Ou celle du prophète Jérémie où Dieu dit : « Avant même de te former au sein maternel, je t'ai connu ; avant même que tu sois sorti du sein, je t'ai consacré ; comme prophète des nations, je t'ai établi. »

Pour Jean Paul II, cela ne fait donc aucun doute, le prêtre est le sujet d'une élection divine ; le doigt de Dieu se pose sur certains hommes qui sont ainsi choisis, consacrés et mis à part toute leur vie. À cette vision littéralement surnaturelle de la vocation du prêtre catholique s'ajoute, pour le pape, une foi profondément providentialiste où Dieu lui-même écrit le destin de chacun. Il s'en expliquera, toujours dans le petit livre sur sa vocation, à propos des dangers et de la violence de la Seconde Guerre mondiale : « Tous les jours, j'aurais pu être arrêté chez moi, dans la carrière de pierre ou à l'usine pour être emmené dans un camp de concentration. Je me demandais parfois : il y a tant de mes camarades qui meurent, pourquoi pas moi ? Je sais aujourd'hui que ce n'était pas dû au hasard. » Et il ajoute quelques pages plus loin, après avoir cité les noms de prêtres héros et martyrs : « La Providence m'a épargné les expériences les plus dures… » Il a foi en la « Providence », c'est-à-dire en un Dieu qui non seulement agit dans les existences humaines mais programme les destins, conduisant l'un à la mort – l'un de ses camarades séminaristes fut arrêté dans la rue par la Gestapo et fusillé –, l'autre au siège de Pierre. Jean Paul II en fait une relecture apaisée et n'y voit aucune forme d'injustice, disant à propos de « ce frère dans la vocation sacerdotale » que « le Christ l'avait uni d'une autre façon au mystère de sa mort et de sa résurrection ». Pour le pape, les décrets de la Providence et le fatalisme slave s'entrecroisent : ce qui doit arriver arrive et ce n'est pas par hasard, il y a une intention, celle de Dieu que seule la foi permet de dévoiler.

Des modèles sacerdotaux d'avant Vatican II

De fait, la spiritualité de Karol Wojtyla et les grandes options pastorales de Jean Paul II seront très étroitement liées à cette conception initiale. Pour le pape, le prêtre avant d'être l'homme d'une communauté est celui d'une élection sacrée. Le concile Vatican II, dans le texte qu'il a consacré aux prêtres, n'a pas tranché entre la vision du concile de Trente, qui fait du prêtre l'homme du sacré par excellence, et celle qui émerge, selon laquelle le prêtre est l'homme de la communion, celui qui anime et fait vivre la communauté des croyants rassemblés autour de la foi et de la parole des apôtres.

Pour Jean Paul II, les choses sont claires : le prêtre est d'abord l'intermédiaire entre le ciel et la terre, le dispensateur exclusif des « grâces ». Il est tout à la fois un savant dans des domaines qui ne sont pas accessibles aux baptisés ordinaires et un « mis à part », qui ne participe en aucune façon aux tâches ordinaires du monde ; il ne travaille pas, n'a ni famille ni attaches.

Même si la dimension sacrale et même sacrificielle est présente dans le texte du concile, il est significatif que le rôle de ministre de la Parole de Dieu vienne en premier, avant celui de ministre des sacrements et de l'eucharistie.

Le texte insiste sur la dimension de la communion fraternelle : « Avec tous les chrétiens, ils sont des disciples du Seigneur, que la grâce de l'appel de Dieu a fait participer à son royaume. Au milieu de tous les baptisés, les prêtres sont des frères parmi leurs frères, membres de l'unique Corps du Christ dont l'édification a été confiée à tous. »

A contrario, Jean Paul II n'aura de cesse, tout au long de son pontificat, de vouloir restaurer la figure sacrée du prêtre. Dans la longue série des lettres aux prêtres qu'il écrira chaque année le Jeudi saint, de 1979 à 2005, il est surprenant de voir que la dimension de ministre de la Parole n'apparaît à peu près jamais. Ce qu'il privilégiera, c'est le rapport au sacré. Le prêtre est le dispensateur des sacrements, celui qui célèbre l'eucharistie (la messe) et le sacrement du pardon et de la réconciliation (la confession). Ces deux aspects seront de surcroît envisagés dans une dimension exclusivement verticale. Le prêtre est celui qui rend le Corps du Christ présent dans le pain et le vin, celui qui pardonne les péchés et sauve les âmes. La dimension collective, de la communauté célébrante qui devient elle-même Corps du Christ, sera totalement absente, de même, le pécheur réconcilié sauve son âme mais la communauté sauvée et réconciliée sera ignorée. Et c'est tout un pan de la théologie promue par le concile qui certes n'est pas ouvertement contesté mais qui est tout simplement occulté.

Le curé d'Ars est son modèle, ainsi qu'il le racontera à André Frossard dans un livre d'entretiens au début de son pontificat : « Au séminaire, j'ai lu avec une émotion qui ne devait rien à la littérature le livre du chanoine Trochu sur Jean-Baptiste-Marie Vianney, curé d'Ars, dont toute la vie a été un témoignage rendu à la puissance du

Christ-prêtre. J'estime que nous n'avons pas le droit de renoncer à de tels modèles sous prétexte d'adaptation ou de recyclages. Nous ne pouvons les tenir pour "périmés" ou "inactuels", et moins encore comme des illustrations défraîchies "à une seule dimension" (on entend cela, parfois). Nous pouvons, nous devons même les imiter, en les relisant à la lumière – ou à la lueur – des temps nouveaux. Si le curé d'Ars vivait de nos jours, il n'y a pas l'ombre d'un doute qu'il s'appliquerait à l'apostolat ou au service pastoral d'aujourd'hui avec tout l'héroïsme de sa vie de prêtre, tout l'amour évangélique qui rayonne de sa personne. »

Cette vision est présente dès le début de son pontificat et il la déroulera jusqu'au dernier jour. Pour lui, ce qu'on nomme « crise » du catholicisme dans les années 1970 et qui voit un nombre important de prêtres quitter le sacerdoce n'aura qu'une explication : l'affaiblissement de la spiritualité spécifique des prêtres. Dès sa première lettre du Jeudi saint, en 1979, il donnera aux prêtres des modèles : « C'est à chacun de nous que parlent, par exemple, saint François de Sales, saint Vincent de Paul, saint Alphonse de Liguori, le saint curé d'Ars, saint Jean Bosco, le bienheureux Maximilien Kolbe, comme tant et tant d'autres. Chacun d'eux était différent des autres, était lui-même, était fils de son temps et "adapté" à son temps. Mais cette "adaptation" de chacun était une réponse originale à l'Évangile, une réponse nécessaire précisément pour cette époque ; elle était la réponse de la sainteté et du zèle. Il n'y a pas d'autre règle hors de celle-là pour "nous adapter", dans notre vie et notre activité sacerdotale, à notre époque et à l'actualité du monde. »

Ce qu'il redoutera le plus, c'est ce qu'il nomme la

« laïcisation » du sacerdoce : « Ceux qui réclament la laïcisation de la vie sacerdotale et qui applaudissent à ses différentes manifestations nous abandonneront certainement quand nous succomberons à la tentation. Nous cesserons alors d'être nécessaires et populaires. »

La recléricalisation de l'Église

La question sacerdotale sera au centre du pontificat du pape polonais qui affronte le départ de très nombreux prêtres et la raréfaction des vocations dans tous les pays d'ancienne chrétienté. À l'automne 1980, la Congrégation pour la doctrine de la foi rappellera que la réduction à l'état laïc des prêtres et la dispense du célibat ne sauraient être le résultat d'une simple opération administrative mais que des motifs graves doivent être invoqués. Le caractère sacré de l'ordination sera remis en avant ainsi que le possible scandale que pourraient ressentir les fidèles devant le départ des prêtres. À la suite de cette instruction, de très nombreux dossiers resteront en souffrance à Rome.

Pour le pape, la chose est établie et certaine ; les prêtres sont des hommes, célibataires, choisis par Dieu. Le célibat est indispensable car il permet au prêtre d'être un « homme pour les autres » qui, n'ayant ni épouse ni enfants, peut exercer une paternité spirituelle. Le caractère consacré, et même sacrificiel de l'état clérical sera au cœur de ses messages aux prêtres au long des années. En 1992, au milieu de son pontificat, alors qu'il vient de publier le texte *Pastores dabo vobis*, « Je vous donnerai des pasteurs », sur la formation des prêtres, il reviendra dans sa lettre aux prêtres sur le célibat. Pour lui, il s'agit de

« vaincre l'esprit de ce monde et de considérer le célibat pour le royaume de Dieu comme un choix de vie contre les faiblesses et les stratégies humaines. Il faut seulement que nous ne nous découragions pas et que nous ayons le souci de ne pas créer autour de cette vocation et de ce choix un climat de découragement ».

Son souci ne se démentira jamais et la prière pour les vocations deviendra le leitmotiv du pontificat. À aucun moment, il n'envisagera que le type de prêtre qu'il cherche à recruter n'appartient pas au présent mais au passé. Tout au contraire, il fustigera le monde qui, par hédonisme, ne permet plus à des jeunes hommes de se tourner vers le sacerdoce. Et puisqu'il refuse de changer le modèle des prêtres, il faudra donc changer le monde ou du moins une partie du monde pour retrouver des candidats au sacerdoce : « Avec une ferveur particulière, nous faisons monter notre prière, en pensant à cette société où domine un climat de sécularisation, où l'esprit de ce monde fait obstacle à l'action du Saint-Esprit, si bien que la semence jetée dans l'âme des jeunes, ou bien ne prend pas, ou bien ne se développe pas » (1993).

Si la question des prêtres est au cœur de son pontificat, c'est parce qu'ils sont l'armée qu'il lève pour son entreprise de réarmement spirituel du catholicisme. Là où les orientations conciliaires mettaient l'accent sur la formation des laïcs, leur accès à la Parole de Dieu et leur prise de responsabilité, Jean Paul II pense qu'il faut surtout et d'abord des prêtres pour les encadrer. À de très nombreuses reprises dans ses écrits, il reprendra la formulation du grand texte du concile sur l'Église, *Lumen gentium*, concernant « le sacerdoce commun ».

Le point est un peu technique, mais il mérite d'être

explicité. Le concile, précisément pour lutter contre les excès du pouvoir clérical qui considérait les fidèles comme un peuple ignorant, avait rappelé que la nouveauté du christianisme est bien de désigner tout le peuple des baptisés (le peuple de Dieu), animé par l'Esprit saint, comme « prêtre, prophète et roi ». C'est d'ailleurs ce qui est proclamé explicitement lors du baptême des petits comme des grands. Ce sacerdoce commun des baptisés est énoncé au chapitre 11, puis il est précisé : « Le sacerdoce commun des fidèles et le sacerdoce ministériel ou hiérarchique, qui ont entre eux une différence essentielle et non seulement de degré, sont cependant ordonnés l'un à l'autre : l'un et l'autre, en effet, chacun selon son mode propre, participent de l'unique sacerdoce du Christ. » Le concile énonce que le sacerdoce des fidèles et celui des prêtres sont « ordonnés l'un à l'autre » mais il ne dit ni comment ni en quoi. En revanche, il spécifie que la différence n'est pas de degré mais d'essence. Si on lit Jean Paul II précisément, on voit bien qu'en fait il accorde aux prêtres de participer de façon exclusive à « l'unique sacerdoce du Christ ». Et lorsqu'il cite ce texte conciliaire, c'est toujours pour insister sur la différence d'« essence ».

En 1991, dans sa lettre aux prêtres, il franchira le dernier pas et pointera carrément la responsabilité d'une fausse compréhension du concile dans la crise des vocations : « Tout cela est étroitement lié à la question de l'identité sacerdotale. Il est difficile de dire pour quelles raisons la perception de cette identité est devenue plus floue dans certains milieux au cours de la période postconciliaire. » Et sans hésiter, il titrera l'un des paragraphes « *Sacerdos alter Christus* », « le prêtre autre Christ », et s'en expliquera ainsi : « Cette expression montre bien combien il est nécessaire de partir du Christ pour saisir la réalité sacerdotale. C'est ainsi seulement que nous pouvons répondre pleinement à ce qu'est le prêtre. »

Dans cette assimilation qu'il fait du prêtre comme étant non seulement le représentant de Dieu, mais le Christ lui-même, il développera une forte spiritualité mariale pour les prêtres et désignera la Vierge Marie comme la « mère des prêtres » en 1998 : « Accompagné par Marie, le prêtre saura renouveler chaque jour sa consécration jusqu'à ce que, sous la conduite de l'Esprit lui-même, invoqué avec confiance sur la route humaine et sacerdotale, il pénètre dans l'océan de lumière de la Trinité. J'invoque sur vous tous, par l'intercession de Marie, mère des prêtres, une effusion spéciale de l'Esprit d'amour. »

Marie est la mère des prêtres et il revient aux femmes de devenir mères pour mettre au monde des prêtres comme Marie a mis Jésus-Christ au monde. Ainsi, en 1995, alors qu'il a publié quelques mois plus tôt *Ordinatio sacerdotalis*, sur l'ordination sacerdotale exclusivement réservée aux hommes, il explicitera la relation entre les prêtres et les femmes et en particulier leur mère : « Combien parmi nous doivent également à leur mère leur vocation au sacerdoce ! L'expérience enseigne que très souvent c'est la mère qui nourrit dans son cœur durant de longues années le désir de la vocation sacerdotale de son fils et l'obtient en priant avec une confiance insistante et une profonde humilité. »

Marie et ce qu'il nomme « le génie féminin », qui s'exprime spécialement dans l'accompagnement par les mères des vocations des prêtres, tout cela fait système dans la pensée du pape Jean Paul II. Et c'est là que se noue le terrible aveuglement sur les nouvelles communautés et congrégations catholiques qui se targuent d'être des recruteuses de vocations de prêtres. On pense d'abord aux Légionnaires du Christ de l'infâme Marcial Maciel, mais aussi à l'Opus Dei, aux Frères de Saint-Jean, aux prêtres de la communauté Saint-Martin, aux Focolari, au Chemin néocatéchuménal et à bien d'autres, qui essaiment partout au détriment des vieux ordres plus circonspects dans le discernement des vocations.

Les évêques découvrent que lorsqu'ils vont à Rome pour la traditionnelle visite *ad limina*[1], ce qui compte, c'est le chiffre des ordinations de prêtres. Toutes les autres initiatives pastorales sont de peu de poids par rapport à cet « effort de guerre » qui est demandé : celui de vaincre la chute des vocations. La pastorale des jeunes est explicitement orientée vers l'appel des vocations. Ainsi, en France, aujourd'hui encore, l'administration dédiée aux jeunes au sein de la conférence des évêques s'intitule « service national pour l'évangélisation des jeunes et pour les vocations ». Bien sûr on dira que la vocation est évoquée au sens large et qu'il peut s'agir de vocation pour le mariage…

Dans son avant-dernière lettre aux prêtres, en 2004, le pape écrira encore : « C'est précisément à cette lumière, chers frères prêtres, qu'il faut privilégier, à côté d'autres initiatives, le soin des servants d'autel, qui constituent comme un "vivier" de vocations sacerdotales. Le groupe des servants d'autel, bien accompagné par vous au sein de

1. La visite *ad limina* – sur la tombe des apôtres Pierre et Paul – est le « pèlerinage » que tout évêque est tenu de faire à Rome tous les cinq ans. Dans les faits, un rapport aux différentes administrations romaines.

la communauté paroissiale, peut parcourir un vrai chemin de croissance chrétienne, formant quasiment une sorte de pré-séminaire. » On ne saurait être plus explicite et on comprend pourquoi les petites filles ont été progressivement éloignées des autels ; puisqu'il n'y avait pas de vocation pour elles, elles n'avaient rien à y faire.

Il n'est pas exagéré de dire que le pontificat de Jean Paul II aura été celui de la recléricalisation de l'Église catholique. Le prêtre est au centre de la sollicitude du pape et il est l'élément moteur de la reconquête idéologique et spirituelle qu'il mène. Dans cette campagne, il enrôle certes les femmes mais en leur donnant la place de « mères des prêtres ». C'est là leur vocation, non pas d'être prêtres mais de devenir mères de prêtres, voilà la véritable gloire d'une femme. Il l'écrira en 1995 dans une lettre aux prêtres : « Marie a donné la vie au Fils de Dieu, comme l'ont fait nos mères pour nous, afin qu'il puisse s'offrir en sacrifice, et nous-mêmes avec lui, par le ministère sacerdotal. »

On est obligé de constater que cette obsession sur la sacralité du prêtre a couvert de lin blanc les fautes et les abus. La figure du prêtre vu comme un homme au-dessus des autres, hors du commun, une sorte de héros, choisi par Dieu de toute éternité « dès le ventre de sa mère » a conduit à fermer les yeux sur les fautes humaines, très humaines, de nombre d'entre eux.

L'armée de prêtres que Jean Paul II voudra mettre en ordre de bataille n'était pas faite que de héros et de saints mais aussi de pauvres pécheurs, de lâches, de pervers et de manipulateurs. Il en fera l'élément majeur du retour de la puissance de l'Église catholique au risque de la voir chuter à cause du discrédit jeté sur ses clercs.

3.

Faire de la liturgie un théâtre

24 décembre 1959 – Messe de Noël à Nowa Huta

Ce soir de décembre 1959, la température est descendue bien au-dessous de zéro dans les faubourgs de Cracovie. Quelques lampadaires diffusent une lumière falote dans les rues enneigées. Des groupes de personnes emmitouflées avancent d'un pas déterminé malgré le verglas des trottoirs. Ils convergent vers une place encore encombrée de grues et d'engins de chantier. Les plus téméraires entonnent le *Bog Sie Rodzi* : Dieu est né. Ce chant de Noël, écrit au XVIIIe siècle sous la domination impériale austro-hongroise, est presque un hymne officieux de la Pologne : « Lève ta main Enfant-Jésus et bénis ton grand pays ! » Les Autrichiens sont partis depuis longtemps mais l'ombre d'un autre empire, l'Union soviétique, plane toujours sur la Pologne du Pacte de Varsovie. Malgré la nuit et le froid, familles et enfants sont venus pour célébrer, sous la direction de leur clergé, la veillée de Noël autour d'une haute croix de bois et d'un autel de fortune.

Pourquoi diable se rassembler dans ce quartier en travaux de la périphérie de Cracovie ? La ville dispose de dizaines d'églises, aux stucs rose crème et aux angelots dorés, plus à même de recevoir les fidèles en cette nuit particulière. C'est qu'ici nous sommes à Nowa Huta, la « nouvelle aciérie » en polonais, quartier édifié depuis 1949 par le régime communiste aux portes orientales de l'ancienne ville, près du village de Bienczyce. Le site doit devenir, si l'on en croit la propagande officielle, le creuset de l'homme nouveau communiste dans sa version polonaise. Le complexe est doté du confort moderne et d'équipements collectifs flambant neufs : un théâtre, des stades, des écoles, un cinéma. Ils montrent l'attachement porté par le pouvoir aux ouvriers de la fonderie Lénine toute proche, l'un des sites sidérurgiques les plus importants du pays. Cependant, les architectes et les urbanistes du régime n'y ont prévu aucun lieu de culte. Nowa Huta doit être à l'image de la Pologne communiste : laborieuse, rationnelle, scientifique, et enfin débarrassée de cet opium qu'est la religion catholique.

Une habile mise en scène

C'est compter sans le jeune évêque Wojtyla – il n'a que trente-neuf ans –, auxiliaire de l'archevêque de Cracovie depuis un an et demi. Très vite, il comprend le potentiel déstabilisateur pour le Parti communiste polonais de soutenir la demande populaire de construction d'une église. Et c'est ainsi qu'il se retrouve en chasuble dorée dans la nuit glacée de Nowa Huta. Le geste ne manque pas d'habileté : quel régime aurait la témérité d'arrêter un prêtre au milieu de ses fidèles le jour de la fête de la Nativité ? Cette intuition et l'efficace mise en scène qu'il orchestre sont les premières d'une longue série et vont en quelque sorte constituer la signature personnelle de Karol Wojtyla.

Pourtant, l'homme qui brave le communisme et le froid glacial de décembre est loin d'être une tête brûlée. Son geste est soigneusement calculé. Il montre la détermination de l'Église, mais une messe de Noël et des enfants qui chantent des cantiques peuvent difficilement être considérés comme une provocation politique. Le risque de se retrouver dans la situation de son mentor le cardinal Wyszynski, arrêté et assigné à résidence au couvent de Komancza en plein stalinisme de 1953 à 1956, est faible. Il est vrai aussi que le 20e congrès du Parti communiste soviétique est passé par là. En URSS, le rapport du camarade Khrouchtchev a pris acte des dérives du « petit père des peuples » : ses purges et le culte déplacé à sa personne. En Pologne, l'étau du stalinisme est en train de se desserrer. Wladislaw Gomulka, jadis en disgrâce, est devenu premier secrétaire du Parti. Il a abrogé le décret de 1953 qui conditionnait la nomination des clercs à l'accord du gouvernement. Gomulka a même signé, en 1956, un nouvel accord avec les évêques. Une simple consultation du gouvernement suffit désormais avant la désignation des ecclésiastiques. Dans sa politique de libéralisation des rapports avec le clergé, le premier secrétaire a même réautorisé les cours de religion. Son projet de mettre sur pied une voie communiste proprement polonaise l'a conduit à la conclusion qu'il est difficile de se passer, du moins dans un premier temps, du catholicisme.

Wojtyla exploite donc parfaitement la situation. Il ne peut même pas être accusé de manipuler la population puisque les habitants du nouveau quartier de Cracovie demandaient un lieu de culte depuis 1956. Dans un premier temps, les autorités s'étaient dites ouvertes à un tel projet. Rapidement une croix de bois, de taille importante, avait été érigée. En 1957, l'épiscopat polonais avait lancé la « Grande Neuvaine », neuf années pour préparer le *Millenium*, la commémoration du millénaire du baptême en rite latin de Mieszko Ier en 966. Il est le fondateur de la dynastie des Piast qui régna jusqu'au XIVe siècle sur la Pologne. Cet anniversaire, les évêques souhaitaient le marquer avec faste ; une façon de rappeler aux communistes au pouvoir depuis à peine plus d'une décennie ce qu'est une institution millénaire.

Dès lors, Nowa Huta était devenue un enjeu. Le quartier incarnait le devenir de la Pologne. Serait-elle catholique ou communiste ? Régulièrement, des prières et quelques messes se tenaient au pied de la croix, dans l'attente de l'église promise. Mais, en 1959, les édiles ont préféré faire édifier une école et ordre a été donné de retirer la croix. La messe de Noël en plein air est donc la réponse de l'évêque auxiliaire de Cracovie à l'offensive du pouvoir.

En faisant de Nowa Huta un lieu de la confrontation pacifique entre catholiques et communistes, Karol Wojtyla rejoint les intuitions des mouvements civiques qui émergent au même moment aux États-Unis ou en Afrique du Sud. Des actions non violentes utilisant des symboles forts sont considérées comme plus efficaces que les rébellions qui échoueraient lamentablement sous la répression. L'étudiant Karol Wojtyla n'avait pas pris les armes contre le nazisme ; il n'envisage pas davantage de se lancer dans une opposition frontale aussi vaine que sanglante. La tragique répression de l'insurrection de Budapest en 1956 dans la république sœur de Hongrie est là pour le lui rappeler. Mais le tout récent évêque a à sa disposition un autre répertoire d'actions. Au moment de l'occupation allemande de la Pologne, il avait d'ailleurs préféré rester avec son père plutôt que prendre le maquis et était devenu membre du Rosaire vivant, animé par son mentor spirituel Jan Tyranowski. Il croyait alors fermement en la puissance de la prière à la Vierge Marie pour s'opposer à l'occupant nazi. Son engagement, étudiant, au sein du Teatr Rapsodyczny, le « théâtre rhapsodique », était déjà un combat culturel. Sans tréteaux ni affiches, les jeunes étudiants se réunissaient dans les appartements pour maintenir vivantes la langue et la culture polonaises qui étaient menacées.

Ce soir de réveillon de Noël 1959, le pouvoir communiste polonais comprend bien la manœuvre et se garde d'intervenir contre des familles qui célèbrent une veillée en plein cœur d'un quartier populaire. Quelques mois plus tard, en 1960, l'histoire prendra un tour plus dramatique. En avril, des ouvriers envoyés par le gouvernement et protégés par des forces armées tenteront d'abattre la croix de Nowa Huta. Des femmes résisteront avec des balais, des cabas, des briques et des bouteilles. Au moment de sortir des usines, les hommes seront un millier à les rejoindre avec des armes de fortune. La manifestation dégénérera. Une douzaine de personnes seront tuées, on comptera de nombreux blessés et 500 participants seront arrêtés. Quatre-vingt-dix d'entre aux écoperont d'une peine de prison. Néanmoins cela n'entamera pas la détermination pacifique des habitants du quartier. Le lieu de culte de fortune sera reconstruit chaque nuit, tandis que les autorités le détruiront durant la journée. L'affaire durera jusqu'en octobre 1967 où, de guerre lasse, le Parti cédera. Une autorisation de construction sera enfin accordée.

Les droits de l'homme au service d'une mystique nationale

En 1969, en grand habit liturgique, celui qui est entretemps devenu cardinal-archevêque de Cracovie (1967), une mitre sur la tête, triomphant, pourra donc inaugurer les travaux. La détermination a payé. La volonté pacifique d'un peuple qui veut un lieu pour vivre sa foi a fait plier les autorités. L'archevêque, lui, sans états d'âme, fait de la liturgie le théâtre de cette bataille. Quelques années plus tôt à Rome, au concile Vatican II, le jeune évêque polonais s'était fait remarquer par le pape Paul VI qui lui avait accordé plusieurs audiences particulières. Le souverain pontife lui a même fait don en 1965 d'une pierre de la première basilique Saint-Pierre, celle que l'empereur Constantin a fait construire à Rome sur la tombe de Pierre au IVe siècle. « Ramenez avec vous cette pierre en Pologne, lui a-t-il confié, et puisse l'église de Nowa Huta être construite à partir d'elle. » Pour Paul VI, il s'agissait de commémorer le lien historique qui rattache la nation polonaise à Rome. Wojtyla voyait pour sa part dans ce cadeau le signe que Dieu agit à travers l'Histoire. Il fait émerger des nations et bénit des lieux particuliers pour parvenir à ses fins. Dans cette perspective, la construction de l'église du quartier de Bienczyce à Nowa Huta prendra une signification métaphysique. Le nouveau bâtiment, « l'Arche » comme les habitants l'appellent, est ultramoderne pour la Pologne des années 1960, avec son architecture tout en bois et en béton. Mais, avec sa flèche surmontée d'une couronne et sa dédicace à Marie reine de Pologne, elle témoigne du nationalisme catholique le plus classique.

Ici s'illustre l'une des convictions puissantes du futur pape. Pour lui, les nations sont semblables à des personnes. Elles peuvent recevoir le baptême et ont le devoir de demeurer fidèles aux promesses de ce dernier. Karol Wojtyla sera, au sein de l'épiscopat polonais, l'un des acteurs les plus engagés du *Millenium* de la Pologne catholique, célébré en grande pompe en 1966. Pour lui, la nation polonaise n'est pas issue de contingences historiques. Elle a comme une épaisseur charnelle et une signification spirituelle. Depuis son baptême et tout au long des siècles, la patrie grandit en maturité. Elle le fait sous la conduite du clergé qui l'a d'abord protégée du monde orthodoxe russe, à l'est, et du protestantisme luthérien, à l'ouest, et qui maintenant dresse ses clochers et ses fastes liturgiques contre le matérialisme athée. Pour l'archevêque de Cracovie, chaque chapelle, chaque lieu de culte à un saint local, chaque sanctuaire marial, la moindre croix de mission ou calvaire qu'il rencontre dans ses nombreuses randonnées doit recevoir une attention mystique et mérite qu'on s'y attarde pour prier.

Dans la piété de cet homme, les événements obéissent à une providence méticuleuse. Étapes de la vie personnelle et grands moments historiques se mélangent pour faire advenir la Révélation chrétienne. Suivant cette perspective, il analyse la laïcisation de la société comme une sortie de route, et le communisme, avec son athéisme d'État, comme un sacrilège. La construction de cette église de Bienczyce lui a permis de donner corps à cette mystique. En recueillant les dons venus de la diaspora polonaise à l'Ouest, et notamment des États-Unis où il se sait écouté, l'héritier apostolique de saint Stanislas associe les enfants dispersés de son pays à son œuvre de reconquête culturelle. Malgré le communisme, la Pologne n'oublie pas son baptême.

Au moment de l'inauguration de l'église en 1977, devant 50 000 fidèles rassemblés, l'archevêque de Cracovie s'enhardira et préviendra : « Nowa Huta a été conçue comme une cité sans Dieu. Mais la volonté de Dieu et de ceux qui ont travaillé ici a prévalu. Que cela constitue une leçon ! » C'est cette « leçon » qu'il exposera dans une lettre pastorale quelques mois après la cérémonie. Pour l'archevêque, la liberté de construire un lieu de culte est l'un des principes fondamentaux des droits humains. Qu'un gouvernement autorise ou non l'érection d'une église est un critère déterminant de son respect de la dignité des personnes.

Moderne à sa façon, Karol Wojtyla se distinguera de ses collègues polonais plus classiquement conservateurs. Il comprendra bien l'intérêt stratégique de se convertir à la rhétorique des droits de l'homme, ou « droits humains[1] ». Rome lui a ouvert la voie dès l'orée des années 1960. De la même façon, il exploitera à son profit la tactique du secrétaire d'État Agostino Casaroli, qui œuvre, avec toute la diplomatie vaticane, pour l'adoption en 1975 des accords d'Helsinki entre des pays du bloc de l'Est et du bloc de l'Ouest. Le texte diplomatique reconnaîtra comme intangibles les frontières issues de la conférence de Yalta et consacrera le respect des « droits de l'homme

1. Conformément aux usages actuels, les auteurs utilisent l'expression « droits humains » pour désigner ce qu'on appelait jusque récemment « droits de l'homme ».

et des libertés fondamentales », et ceci même au sein des démocraties dites populaires.

Cette irruption des droits humains et leur défense est une rupture dans la doctrine de l'Église. Jusqu'au milieu du xxe siècle, ces droits, issus des révolutions libérales des xviie et xviiie siècles en Angleterre, aux États-Unis puis en France, avaient été regardés avec suspicion par l'Église catholique, et, finalement, purement et simplement condamnés. Les droits de l'homme et du citoyen de 1789 ? Une « négation de ceux de Dieu », avait sans nuances tranché le pape d'alors, dès 1790. Au xixe siècle, le soutien du catholique libéral Félicité de Lamennais aux insurrections populaires de 1830, entre autres celles de la Pologne, lui avait valu les foudres pontificales. À cette époque, la liberté des peuples à disposer d'eux-mêmes n'était d'aucun poids face au droit des gouvernants à ne pas souffrir des rébellions, et les catholiques étaient priés de se soumettre sans broncher aux « autorités légitimes », ainsi que saint Paul l'avait énoncé dès le ier siècle. La liste des erreurs du monde moderne, le *Syllabus*, promulguée un peu plus tard en 1864 par le pape Pie IX, condamnait pêle-mêle la liberté de culte, de conscience ou la séparation de l'Église et de l'État.

Mais en ce domaine, Vatican II a nettement fait bouger les lignes. Depuis le concile, le Magistère a admis qu'il existe des compatibilités possibles entre des engagements catholiques portés par l'Évangile et certains combats pour les droits humains. Les « signes des temps », tels que les appela Jean XXIII dans *Pacem in terris* (1963), sont justement ces combats humains où le monde et l'Église convergent s'ils produisent de la justice et de la paix.

Cette rhétorique des droits humains a permis au catholicisme de revenir dans le débat international et même de regagner en crédibilité, et à l'Église de se présenter comme la garante morale d'un ordre démocratique fondé sur le respect de la dignité de chaque être humain. Le voyage de Paul VI à New York et son discours devant l'ONU en 1965 témoignent de l'ouverture de cette nouvelle période : « Ce que vous proclamez ici, ce sont les droits et les devoirs fondamentaux de l'homme, sa dignité, sa liberté et avant tout sa liberté religieuse. »

Mgr Wojtyla, se faisant l'apôtre de cette liberté à Cracovie, se situe dans la droite ligne de cette ouverture, qu'il combine avec les accents propres à son national-catholicisme polonais. Devenu pape, il érigera les droits humains comme un point d'appui de son pontificat dans l'une de ses premières encycliques, *Redemptor hominis* (1979), où il affirmera : « Les droits de l'homme doivent être dans le monde entier un principe fondamental des efforts accomplis pour le bien de l'homme. »

Pourtant, la conversion de Jean Paul II – et de l'Église dans son sillage – aux droits humains mérite d'être interrogée. Elle est en fait soumise à de multiples restrictions. L'Église catholique se prétend garante des droits humains dans les systèmes autoritaires. Mais dès qu'il est question de les pratiquer en son sein à elle, c'est une autre affaire. Les processus démocratiques sont globalement ignorés de la gouvernance. Quant aux questions de genre, d'intime et de sexualité, qui sont aujourd'hui l'expression du droit des personnes, elle n'y voit que des « dérives » de l'idéologie des droits humains. En fait, quand l'Église parle de la liberté, il s'agit d'abord de la liberté « religieuse » et elle concerne surtout le droit de l'institution à organiser le culte et à tenter d'obtenir pour ses clercs et religieux des aménagements favorables et parfois dérogatoires au droit commun.

L'annonce de la nouvelle évangélisation

Dans un système autoritaire comme la Pologne communiste de 1959, demander la liberté de culte est assurément un pas dans un processus d'affirmation des droits humains, mais un pas seulement.

De fait, celui qui va devenir Jean Paul II trouve dans Nowa Huta le haut fait qui va lui donner une stature. Cette messe de Noël de 1959 est aussi exemplaire en ce qu'elle fonctionne comme un prologue de ce qui va être la principale préoccupation du pape polonais : la restauration d'une Église puissante. Jean Paul II ne s'en cache pas. En 1979, lors de son premier voyage pontifical en Pologne, il fera de Nowa Huta le thème de son homélie lors de la messe au sanctuaire de Mogila. S'il s'exprime dans cette église d'un couvent cistercien, c'est que les autorités communistes lui ont interdit de se rendre dans celle de Bienczyce qu'il a inaugurée deux ans auparavant. En ce lieu de pèlerinage se trouve une chapelle de la Sainte-Croix. Le jeune pape entame une réflexion sur ce que cette dévotion représente. Il mêle des notations théologiques sur sa valeur métaphysique et des rappels d'épisodes importants du roman national catholique de la Pologne. « L'histoire de Nowa Huta est écrite sous le signe de la croix [...] d'abord de la croix antique de Mogila, héritée des siècles, puis sous le signe de l'autre, la nouvelle... qui a été élevée non loin d'ici. » Dans son esprit, la première évangélisation a débuté au

Moyen Âge et a été stoppée par le communisme et son matérialisme athée. Avec la nouvelle croix, « une deuxième annonce » débute.

Les droits humains n'apparaîtront pas dans ce discours. Le pape poursuit un autre but, bien plus urgent désormais à ses yeux. Dans sa vision providentialiste de l'Histoire, la première victoire de Nowa Huta le convainc que l'Église catholique doit être la gardienne de l'âme chrétienne des nations d'Europe. À partir de ce lieu, il s'agira désormais de refaire catholiques ces vieilles nations et de relativiser les ruptures historiques de l'époque contemporaine. « À partir de la croix de Nowa Huta, la nouvelle évangélisation a commencé : l'évangélisation du nouveau millénaire. » Trois ans avant l'appel à une rechristianisation de l'Europe à Compostelle, en 1982, Nowa Huta tient une place particulière dans la métaphysique de Jean Paul II. Si la Providence l'a mené sur le trône de saint Pierre, lui le premier non-Italien depuis la Renaissance et le premier Slave à cette fonction, c'est que l'expérience vécue par la nation polonaise doit servir de leçon à l'Église universelle. Pour lui, laïcisation et modernisation ne sont pas synonymes de gain démocratique mais d'affaiblissement du catholicisme, voire, ainsi qu'il l'a vécu en Pologne, de persécutions anticatholiques. Cet abaissement du catholicisme fait le lit de la « culture de mort » qu'il fustigera tout au long de son pontificat.

La remise en ordre de l'Église pour affronter le nouveau millénaire ne se comprend qu'à l'aune de cette expérience polonaise initiale. Le communisme n'est finalement que l'un des visages d'une modernité antichrétienne qu'il lui faut affronter pour remettre en ordre une Église puissante, enracinée dans son histoire, mais ayant pour elle un nouveau *soft power* adapté à une époque mondialisée et surmédiatisée. Lui, le petit Polonais devenu de façon totalement providentielle chef de l'Église catholique, sera l'instrument de Dieu. Il deviendra l'acteur principal de la pièce qu'il écrit et met en scène sous la dictée de Dieu lui-même, qui l'a choisi pour cela.

4.

La croisade des ventres

25 juillet 1968 – Publication de l'encyclique *Humanae vitae* par Paul VI

Le 25 juillet 1968 est publiée l'encyclique controversée de Paul VI, *Humanae vitae*, sur « le mariage et la régulation des naissances ». Le texte n'est rendu public que quelques jours plus tard, le 29 juillet, et provoque la stupeur dans le monde catholique. « Le pape réprouve les méthodes artificielles de contraception. Il les déclare contraires à la loi morale naturelle et à une civilisation vraiment humaine », annonce *La Croix* à la une de son édition du 30 juillet 1968. La décision de Rome est un choc.

Il faut dire que la question du contrôle des naissances est débattue depuis de nombreuses années et qu'elle a rebondi avec l'invention et la commercialisation de la pilule contraceptive. L'Église catholique doit-elle se prononcer pour ou contre la pilule ? C'est la question qui est sur toutes les lèvres. Et elle est si sensible qu'elle a, par la volonté du pape, été retirée des débats du concile. Depuis lors, on attendait. Des commissions successives travaillaient et le texte tant attendu tardait. Il tombe enfin dans la torpeur de l'été 1968, après que tout l'Occident a été bouleversé par la révolte de la jeunesse étudiante qui réclame la liberté de penser, de s'exprimer, de débattre et de s'émanciper du poids des pesanteurs, des traditions et de l'ordre ancien.

La pilule en débat

Le débat sur le contrôle des naissances troublait l'Église catholique, en Occident en tout cas, depuis plusieurs décennies déjà. Dès les années 1880-1890, alors que le malheur de la surmortalité infantile commençait à être vaincu, les confesseurs firent remonter à leur hiérarchie les difficultés que rencontraient les couples catholiques face à cette fécondité que l'Église envisageait sans limites au nom du « Croissez et multipliez » du texte biblique inaugural. En parallèle, les découvertes médicales s'accéléraient, notamment celles sur le cycle féminin. À l'été 1930, l'Église anglicane avait estimé que les conditions de la vie moderne appelaient une nouvelle déclaration sur la sexualité et le mariage. Tout en exhortant les couples à la fécondité, elle avait admis le recours à la contraception dans le cadre du mariage, y compris les diaphragmes et les préservatifs qui se répandaient, au motif que rien dans l'Écriture ne s'y opposait directement.

La réaction de l'Église catholique avait été immédiate et sans nuances. Dans la réponse que fit le pape Pie XI avec l'encyclique *Casti connubii* de décembre 1930, seule l'abstinence de rapports sexuels était possible, et les époux catholiques devaient « se tenir debout au milieu de ces ruines morales » afin de ne pas sombrer dans la permissivité des schismatiques anglicans.

Peine perdue, les années 1930 avaient été celles de la démocratisation de la méthode Ogino, notamment en France, que les couples catholiques avaient largement adoptée. Ce contrôle des naissances fut bientôt amélioré par la méthode des températures dans les années 1950 et, surtout, par la pilule contraceptive dans les années 1960. Les modes de vie changeaient vite et profondément. La quasi-disparition de la mortalité infantile, le développement du travail des femmes et l'exode rural rendaient une fécondité sans limites inenvisageable. Les prêtres et aumôniers ne cessaient de constater la détresse des couples et des femmes.

Si, en 1951, le pape Pie XII avait lâché du lest en faveur de la méthode Ogino, c'est-à-dire la continence appuyée sur la connaissance du cycle féminin, la question était pourtant loin d'être tranchée pour l'Église catholique. Dans les pays en voie de développement, l'explosion démographique menaçait et inquiétait. Certains commençaient à avancer l'idée d'une « bombe démographique »... Les Nations Unies avaient ainsi annoncé la tenue d'une conférence mondiale en 1964, à New Delhi, sur ce sujet. Pour s'y préparer, en 1963, le Vatican nomma six experts au sein d'une commission secrète « pour l'étude des problèmes de la population, de la famille et de la natalité ». Il s'agissait de conseiller le Saint-Siège dans ce domaine.

La première réunion de cette commission eut lieu en mai 1963. Dans son bilan, elle soulignait l'efficacité et la valeur morale de la continence périodique, mais demandait un examen approfondi sur la pilule contraceptive avant toute prise de position définitive. La commission s'était réunie à plusieurs reprises et, chaque fois, des experts supplémentaires avaient apporté leur contribution. Autour de la régulation des naissances, deux tendances se dessinaient, celle des novateurs et celle des conservateurs. Le concile Vatican II, convoqué par Jean XXIII, se déroulait en parallèle. Karol Wojtyla y participait en tant qu'archevêque de Cracovie. La commission avait planché sur un schéma qui pourrait être proposé aux pères conciliaires[1] sur ces questions de mariage et de contraception.

Mais, en juin 1964, il devint évident qu'entre la version très conservatrice proposée par la Curie et celle des experts plus ouverts, le consensus était de plus en plus difficile à trouver. Du côté du concile, des voix s'étaient élevées qui voulaient que l'assemblée des évêques se prononce. Finalement, Paul VI rendit officielle l'existence de la commission pontificale travaillant sur la question. Il déclara que c'était lui qui trancherait le débat en dernier ressort. La question demeurerait un privilège papal.

Au concile, le cardinal Suenens, primat de Belgique, alerta sur le risque de faire « un nouveau procès de Galilée » en cas de condamnation de la pilule contraceptive. À l'automne 1965, lors du vote du texte *Gaudium et spes*, l'article consacré au mariage fut rédigé de façon à ne faire pencher la balance ni dans un sens ni dans l'autre en attendant la décision de Paul VI. Et la commission continua de se réunir.

1. Père conciliaire : nom donné à un évêque ayant participé au concile.

La « loi du don »

Mgr Wojtyla, appelé par Paul VI, vint grossir les rangs du camp opposé à la contraception, bien qu'il ait développé une argumentation qui dans ses fondements et sa logique différait du discours traditionnel et conservateur.

Cette position n'avait rien d'étonnant. L'archevêque de Cracovie l'avait largement exposée dans son ouvrage titré *Amour et Responsabilité*, publié en 1960, et dans l'enseignement qu'il avait dispensé à l'université polonaise de Lublin, où il fut professeur de théologie morale de 1954 jusqu'à son élection pontificale. Ce qu'il nomme « loi du don » est au cœur de ses réflexions. Pour Wojtyla, prêtre et professeur, ce qui conduit à l'accomplissement humain, c'est l'abnégation responsable de soi, et non l'affirmation de soi. Ce principe est pour lui une éthique destinée aux chrétiens, mais plus encore une exigence morale universelle. Dès ses premières années comme prêtre, il accompagna des groupes de jeunes, garçons et filles, dans des aumôneries étudiantes, en tant que confesseur, et prépara au mariage de jeunes couples. Il en tira la conviction que l'éthique sexuelle de l'Église avait besoin d'être développée et mieux présentée.

Dans la Pologne de l'après-guerre, plusieurs éléments contextuels façonnèrent sa réflexion. D'une part, la révolution sexuelle était en route dans les pays industrialisés. D'autre part, le régime communiste tentait d'éloigner la jeunesse polonaise de l'Église catholique, en l'encourageant à l'expérimentation sexuelle et en adoptant une loi qui autorisait l'avortement. Dès lors, il n'y avait plus de lien entre l'amour conjugal et la procréation et la perspective d'une naissance était considérée comme un problème qu'on pouvait traiter en choisissant de poursuivre ou non la grossesse. L'enfant n'était plus un don de Dieu à chérir et la morale sexuelle de l'Église était gravement mise à mal.

Mais Karol Wojtyla se rendait bien compte qu'une morale fondée exclusivement sur l'interdiction ne serait bientôt plus acceptée par les jeunes. Il chercha un meilleur moyen de parler de sexualité, et de rendre la vision de l'Église compréhensible et acceptable. C'est ainsi qu'il mit en avant l'amour et la responsabilité. Selon lui, l'amour est l'expression de la responsabilité individuelle, vis-à-vis d'un autre être humain et de Dieu. Cette réflexion s'applique spécifiquement aux questions d'éthique sexuelle et permet de promouvoir la chasteté conjugale. Le prélat polonais affirma ainsi que l'amour était le socle du mariage, et qu'au sein de celui-ci la dimension de la procréation comme la dimension « unitive » – c'est-à-dire l'union des corps qui est aussi l'union des personnes – donnent sa pleine valeur morale à la sexualité humaine, hors de tout acte de possession ou d'instrumentalisation de son corps ou du corps de l'autre. L'amour fournit au mariage un cadre moral qui est celui du don mutuel. Dans cette perspective, la chasteté n'est plus la soumission à un interdit, mais une vertu qui permet d'aimer l'autre en tant que personne, sans désir de possession.

Le moraliste Karol Wojtyla soutenait donc l'Église dans son opposition à une régulation des naissances par des moyens mécaniques et chimiques, mais pas pour les raisons classiques de « soumission à la loi naturelle ». Il s'en était expliqué avec Paul VI lors d'un entretien en avril 1966 au sujet de ce qu'il comptait argumenter dans le cadre de la commission pontificale. Mais la dernière session eut lieu entre mai et juin 1966, et, cette fois, l'archevêque de Cracovie n'obtint pas des autorités polonaises l'autorisation de se rendre à Rome.

Le 6 mai 1966, la majorité des théologiens de la commission affirma que la contraception artificielle n'était pas une violation intrinsèquement mauvaise de la loi naturelle. Lors de la dernière séance, où étaient présents experts et évêques, l'acte contraceptif fut déclaré conforme à la doctrine catholique. La commission demanda même la suppression de l'éloge de la continence périodique. Cette décision s'inscrivait dans la lignée des réflexions de nombreux théologiens et moralistes depuis une décennie. Mais la minorité conservatrice ne capitula pas. Ainsi, après que le rapport dit de la « majorité » fut présenté au pape le 28 juin, la minorité, contrairement à ce qui était prévu, transmit également le sien, qui se trouva entre les mains du pape le 1er juillet 1966.

Le cardinal polonais à la rescousse du pape

À Rome, Paul VI se refusait toujours à trancher entre les deux propositions. De son côté, l'archevêque de Cracovie, frustré de ne pas avoir assisté à la dernière session, créa sa propre commission diocésaine pour étudier les questions débattues par les experts. Il y réunit des prêtres, des laïcs, des médecins, et reprit les deux moutures du projet romain. Celle de la « minorité », préparée par le Saint-Office, apparut à la commission locale d'un conservatisme absolu, le texte refusant jusqu'aux méthodes naturelles de régulation des naissances pourtant autorisées par Pie XII. Mais pour Karol Wojtyla, celle de la « majorité » se fourvoyait tout autant. Elle déconstruisait totalement la théologie morale, en se méprenant sur ce que Dieu avait inscrit dans la nature dès l'origine. Les théologiens polonais reprirent donc tout depuis le départ et proposèrent finalement un mémorandum à l'image de la pensée de Wojtyla et conforme à la vision qu'il avait développée dans *Amour et Responsabilité.* Même si le raisonnement différait, au bout du compte, la commission cracovienne s'alignait sur la conception conservatrice et ne reconnaissait que la méthode dite naturelle, fondée sur les rythmes biologiques et l'abstinence. Le texte fut envoyé directement à Paul VI en février 1968.

Pendant que les experts polonais travaillaient, le pape, toujours hésitant, créait de nouveaux comités diversement composés. Tous avançaient sans savoir ce que faisaient les autres. Finalement, début 1968, toutes les commissions furent dissoutes. Le pape reprit la main et plus personne ne sut ce qui se passait.

Paul VI continuait ses consultations et on sait que le désormais cardinal Wojtyla, de passage à Rome, fut la dernière personne qu'il consulta avant de rédiger l'encyclique.

Lors de la publication d'*Humanae vitae*, le père Bardecki, l'un des experts cracoviens, estime que 60 % du contenu de l'encyclique provient du mémorandum polonais sans pourtant user de l'argument de la dignité humaine cher à Karol Wojtyla. Tous les historiens ne s'accordent pas sur cette omniprésence des conclusions de la commission de Cracovie ni sur l'influence décisive du futur Jean Paul II sur *Humanae vitae.* Mais ce qui est indéniable, c'est son soutien immédiat à la décision pontificale. L'insistance avec laquelle il défendra le texte pendant tout son pontificat le confirme également.

Au moment de sa publication, l'encyclique provoque la stupeur. Elle ne tient aucun compte de l'avis de la commission nommée par Paul VI lui-même, qui ce faisant désavoue ses membres, dont un grand nombre d'évêques. À quoi il faut ajouter que le texte ne peut pas être publié à un plus mauvais moment. Deux mois à peine après les événements du printemps 1968 qui ont vu la jeunesse contester l'ordre moral partout dans le monde, l'Église catholique va à rebours de toutes les aspirations que les sociétés viennent d'exprimer. Le dominicain Yves Congar met en garde l'épiscopat : « Il se pourrait que Rome ait perdu, en un coup, ce qu'elle a mis seize siècles à construire. » Le cardinal Wojtyla, lui, se lance immédiatement dans une entreprise de justification de l'encyclique. Il prépare rapidement un commentaire théologique et pastoral qui est publié en une de *L'Osservatore Romano* dès le 5 août 1968. La montée au créneau du cardinal polonais fait date et l'installe durablement comme un soutien inconditionnel du pape et du texte. Car, si pour beaucoup l'encyclique est un échec pastoral et doctrinal, pour lui, les réticences tiennent à l'incompréhension des catholiques des fondements anthropologiques des règles qui sont édictées.

L'incarnation d'un ordre moral incontestable

De la pédagogie, c'est ce que le cardinal Wojtyla s'évertuera à faire avec la *Théologie du corps*, ce vaste commentaire de la doctrine d'*Humanae vitae* qu'il achèvera d'écrire alors qu'il est devenu pape. Il le fera connaître en donnant 129 conférences sur la sexualité et le mariage lors de ses audiences du mercredi matin, entre septembre 1979 et novembre 1984. Certes, il sera le premier pape à parler de sexualité en public, et, pour l'Église, c'est une petite révolution. De surcroît, il ne dévalorisera pas la sexualité, du moins lorsqu'elle s'exerce dans le cadre conjugal.

Pie XII, dans les années 1950, avait osé affirmer que les « époux ne font rien de mal en recherchant le plaisir sexuel » mais il avait aussitôt appelé à une « juste modération ». Pour Jean Paul II, le corps, habité par une inclinaison vers l'autre sexe, n'est pas à suspecter mais ce n'est pas pour autant une permission de s'adonner aux plaisirs dévergondés des sens. Le mariage est l'unique cadre licite de la sexualité et son but ultime demeure de concevoir des enfants.

Malgré cet éloge pontifical de la sexualité conjugale, il est clair qu'*Humanae vitae*, qu'il défendra envers et contre tout, revient à la doctrine traditionnelle des fins du mariage et que la procréation demeure bien le premier but du mariage et même sa justification ; tous les autres « biens » du mariage servent cette fin.

Le pape polonais s'appuiera sur l'encyclique *Humanae vitae* pour « rénover » l'ensemble de l'enseignement de l'Église sur le mariage. Le synode sur la famille, convoqué en octobre 1980, donnera lieu à l'exhortation apostolique *Familiaris consortio*, en novembre 1981. Dans ce texte, il expliquera qu'il appartient à l'Église de faire en sorte que tous les conjoints connaissent désormais la doctrine d'*Humanae vitae*, et la considèrent comme la norme catholique pour l'exercice de leur sexualité. Il appellera les théologiens à collaborer avec le Magistère pour mettre en lumière les fondements de cette doctrine. Les abondants débats et réflexions que les théologiens avaient engagés sur la question depuis les années 1960, ainsi que toute l'expérience des couples catholiques, seront balayés sans la moindre hésitation.

Lors de la célébration des vingt ans de l'encyclique, Jean Paul II n'hésitera pas à affirmer que mettre en doute la juste doctrine d'*Humanae vitae*, c'est nier la loi que Dieu lui-même a inscrite dans la nature de la personne humaine. Il parlera alors d'acte de « rébellion » contre Dieu. C'est à cette époque qu'il établira un continuum entre l'acte contraceptif et l'avortement. Pour lui, les deux participent de la même façon et au même degré à ce qu'il nomme alors la « culture de mort ».

Sans en passer explicitement par la procédure de la proclamation d'infaillibilité, le pape ne cessera de proclamer son caractère doctrinal « certain » et de ce fait contestera aux théologiens, et plus encore aux laïcs, le droit de discuter les enseignements de l'Église sur ce sujet. Lors de ses discours et déplacements, il ne manquera jamais une occasion de revenir sur le caractère « prophétique » d'*Humanae vitae*.

Face au sida

En 1988, alors que le sida fait déjà des ravages, et que l'on compte morts et malades par millions, Jean Paul II ne lâchera rien. Selon lui, aucune circonstance sanitaire ou sociale ne saurait justifier le recours à un moyen contraceptif, même pour une raison prophylactique. L'allusion aux campagnes en faveur des préservatifs pour lutter contre l'épidémie est transparente. Cent soixante-trois professeurs de théologie d'Allemagne, de Suisse, des Pays-Bas et du Luxembourg auront beau rédiger la « Déclaration de Cologne » pour dénoncer la manière inadmissible dont le pape étend sa compétence magistérielle, rien n'y fera. Les évêques ne sont pas les exécutants du pape, rappelleront-ils et, d'un point de vue théologique, toutes les doctrines de l'Église ne se valent pas. Ils viseront particulièrement deux discours de Jean Paul II dans lesquels il érige la doctrine de la régulation des naissances en une vérité fondamentale de la foi. Les mêmes théologiens souligneront en même temps que l'Église catholique se montre beaucoup plus flexible et arrangeante sur des sujets comme la peine de mort, la torture ou le racisme.

Rome ne cédera pas et rappellera aux théologiens, et plus largement aux membres de l'Église, que la conscience morale d'un chrétien doit se soumettre au Magistère. Pourtant, *Lumen gentium*, l'une des constitutions conciliaires[1] de Vatican II, avait répété que la prérogative d'infaillibilité appartenait à la communauté des évêques, et que les textes irréformables ne pouvaient être que ceux à propos desquels il existe une communion de pensée de fait au sein de l'Église. Il est évident que cela n'a jamais été le cas pour *Humanae vitae.*

Cette crise ne changera en rien la détermination du pape polonais, qui continuera à défendre cette encyclique.

---

1. Une constitution est un décret solennel d'un haut niveau d'autorité. Sur les seize textes produits par le concile, quatre seulement sont des constitutions, neuf sont des décrets et trois des déclarations.

Le 6 février 1993, à Kampala, devant 60 000 Ougandais dont le pays est l'un des plus touchés par le fléau du sida, il condamnera une nouvelle fois, sans nuances, l'usage du préservatif – sans prononcer le mot – et martèlera que la chasteté est le seul moyen de lutter contre le sida.

Un pape en croisade

L'année suivante, en 1994, Jean Paul II renforcera ses positions. L'ONU a déclaré une « année de la famille » et convoqué une conférence mondiale sur la population et le développement au mois de septembre au Caire. Les travaux préparatoires ne parleront pas de la même famille que celle que promeut le pape. À la vision traditionnelle, l'ONU opposera des familles éclatées, monoparentales, recomposées, homosexuelles... De plus, il y sera question de reconnaître universellement un droit à l'avortement, une motion défendue par l'administration Clinton. Le Fonds des Nations Unies pour la population approuvera le programme porté par le gouvernement américain de définir une sexualité détachée des notions de mariage ou de procréation comme un droit personnel à protéger par des lois internationales. Lorsque le pape Jean Paul II recevra en mars 1994 Nafis Sadik, la représentante de ce fonds, il l'attaquera sans détour et dénoncera une « désintégration de la famille ». Rien ne sortira de ce violent dialogue de sourds, si ce n'est l'image d'un pape obstiné et dogmatique. Jean Paul II décidera alors d'écrire aux chefs d'État du monde entier pour leur faire part de sa consternation à la lecture des travaux préparatoires de la conférence. Dans la foulée, l'ensemble des nonces apostoliques[1] sera convoqué pour lancer un intense lobbying auprès des gouvernements favorables aux thèses de l'Église, catholiques ou ayant des intérêts convergents. C'est ainsi qu'il recevra les délégués de l'Organisation de la conférence islamique, de la Ligue islamique mondiale et de la Conférence islamique internationale pour faire front commun. Les mois suivants, Jean Paul II s'illustrera à plusieurs reprises par des discours et des allocutions au ton furieux dirigés contre les Nations Unies, accusées de mettre en œuvre la destruction de la famille.

La croisade papale sera en partie payante. Le 5 septembre 1994, ce ne sera pas le représentant du Vatican, mais la Première ministre pakistanaise Benazir Bhutto qui défendra le caractère sacré de la vie et condamnera à la fois l'éducation sexuelle et l'avortement. Les pays en développement s'opposeront quant à eux au projet de contrôle des naissances de l'ONU. Mais les représentants de l'Église catholique ne s'arrêteront pas là et ils iront jusqu'à contester l'usage des mots « contraception » et « préservatif ». L'Église catholique en sortira avec une image un peu plus écornée, taxée de conservatisme par une majorité des délégués présents et par les médias. Mais le pape continuera. L'année suivante, le 25 mars 1995, il résumera dans l'encyclique *Evangelium Vitae* tous les enseignements doctrinaux sur l'avortement mais surtout sur ce qu'il appelle la « culture de mort » et la « mentalité contraceptive ». Il englobe sous ces termes tout ce qui n'est pas conforme à sa vision sur la morale familiale, et présentera à cette occasion les pratiques contraceptives et l'avortement comme des maux certes

1. Nonce apostolique : nom des ambassadeurs du Vatican.

différents – le premier s'opposant à la chasteté conjugale, le second violant le précepte divin « Tu ne tueras pas » – mais étroitement liés.

Comme pour enfoncer le clou, le 8 décembre 1995, le Conseil pontifical pour la famille – créé par Jean Paul II – publiera le texte *Vérité et signification de la sexualité humaine. Des orientations pour l'éducation en famille.* Dans la jungle touffue des recommandations qui y seront énoncées, on lit en creux la reconnaissance de la difficulté de transmettre aux jeunes des valeurs que les parents eux-mêmes ont le plus grand mal à comprendre. L'écart se creusera entre l'enseignement du Magistère et la pratique et l'expérience des couples, des familles, des femmes. Au point que certains sociologues parleront de « schisme silencieux » pour désigner la lente mais inexorable désaffection des catholiques qui ne trouvent plus de point de contact entre leur vie personnelle et familiale, leur conscience et un enseignement qui ne prend nullement en compte les différentes réalités humaines.

Une obsession de la natalité

On peut se demander pourquoi ce pape polonais a montré une telle insistance et une telle intransigeance sur ces questions, au point d'inventer un « Évangile de la famille », lequel n'a à peu près aucun fondement dans l'Évangile, où l'on voit *a contrario* Jésus manifester les plus grandes préventions à l'égard des liens familiaux. La longue catéchèse du pape Jean Paul II déployée de mercredi en mercredi pendant près de cinq années n'est d'ailleurs quasiment pas appuyée sur une lecture de l'Évangile et un enseignement de Jésus-Christ mais sur le commentaire sans cesse repris de quelques versets des tout premiers chapitres du livre de la Genèse.

Il reste que cette obsession – le mot n'est pas exagéré – sur les questions sexuelles a eu des conséquences importantes pour le catholicisme dans la mesure où elle est fondée sur une vision des hommes, des femmes, des couples et de la famille qui, les années passant, a de moins en moins à voir avec la réalité sociologique. Les femmes, selon Jean Paul II, sont toujours des épouses et des mères, dédiées à leur famille. La dimension de l'émancipation des femmes – leur participation à niveau égal aux responsabilités du monde du travail, de la vie politique, culturelle et économique –, qui est l'un des plus importants changements anthropologiques de l'histoire de l'humanité, est soit minimisée, soit déplorée. À travers le discours de Jean Paul II sur la sexualité, les femmes demeurent, dans le couple, l'élément de la faiblesse et de la fragilité qu'il faut protéger de la convoitise et de la concupiscence des hommes. Le désir des femmes ou leur plaisir ne sont jamais évoqués, comme si la seule satisfaction qu'une femme pouvait retirer de la sexualité était au bout du compte de devenir mère. On trouve sous la plume du pape des propos dithyrambiques évoquant la capacité des femmes à porter la vie humaine. C'est pour le pape le privilège des privilèges, que rien ne peut égaler. Dans sa logique, les femmes, bénéficiant d'une telle prérogative, n'ont aucune raison de désirer autre chose. D'une certaine façon, seules les femmes trahissant leur nature féminine songent à d'autres responsabilités, à d'autres pouvoirs que cette prodigieuse capacité de donner la vie.

L'insistance de Jean Paul II sur les questions de sexualité et de procréation a progressivement transformé le catholicisme en un natalisme providentialiste : les enfants sont toujours des dons de Dieu, quel qu'en soit le nombre, quels que soient les moyens dont les parents disposent pour les élever et les éduquer. Cet accent mis sur la vie naissante, la vie humaine dès sa première origine cellulaire, a aussi contribué à masquer les questions d'éducation et de développement humain. Dans ce cadre, la protection inconditionnelle des droits de l'enfant à naître n'a pas favorisé les droits des enfants, non plus que les droits des femmes à s'accomplir dans une vie personnelle choisie.

Certains soutiennent que Jean Paul II aurait aussi mené une sorte de « guerre des ventres », convaincu que la puissance du catholicisme tenait au maintien ou au retour de familles nombreuses, lesquelles, à terme, seraient victorieuses en nombre face à des pratiques hédonistes beaucoup plus malthusiennes. Cette hypothèse ne trouve pas directement de confirmation dans les textes du pape lui-même. En revanche, les familles nombreuses sont clairement bénies pour leur capacité à être généreuses et à donner des prêtres à l'Église. Au moins sous cet angle, il ne fait pas de doute que l'Évangile de la famille de Jean Paul II est bien un instrument de reconquête.

Pourtant, cette incroyable bataille menée par le pape polonais a eu, au bout du compte, de funestes conséquences pour l'Église catholique. La première concerne la crédibilité de son discours. Car ni les couples ni les femmes catholiques dans leur immense majorité n'ont considéré qu'ils étaient tenus « en conscience » de respecter cet enseignement. Partout où des enquêtes ont été menées, il apparaît que les femmes catholiques ont en matière de contraception des usages strictement identiques aux non-catholiques, y compris chez les fidèles pratiquantes.

La deuxième touche à l'accusation de crispation sur la question sexuelle qui est portée contre l'Église. La récurrence du discours papal sur ces questions, jusqu'au pontificat du pape François, fera dire que les papes, évêques, prêtres catholiques « ne pensent qu'à ça ». Ce qui est un paradoxe à plus d'un titre. D'abord parce qu'il est singulier de parler de sexualité à tout bout de champ quand on a fait soi-même le choix d'un célibat chaste. Ensuite, parce que les récents scandales autour de la sexualité perverse et criminelle de certains clercs catholiques aggravent l'accusation d'hypocrisie contre eux. Qui sont-ils pour se mêler de la vie sexuelle des couples alors qu'ils sont incapables de se maîtriser et de protéger les enfants ?

Une troisième conséquence de cette bataille de Jean Paul II contre la contraception est liée à la désaffection des femmes. L'intransigeance des règles édictées a mis de nombreuses femmes catholiques en porte-à-faux par rapport à l'enseignement de l'Église. En perdant la confiance de ces femmes, l'Église catholique s'est coupée des premières actrices de la transmission de la foi.

5.

Un conclave aux alliances providentielles

16 octobre 1978 – Élection de Jean Paul II

La foule est nombreuse sur la place Saint-Pierre à Rome en cette fin d'après-midi d'octobre. Des touristes qui flânent comme à l'accoutumée mais surtout beaucoup de fidèles catholiques un peu fébriles. Le troisième jour de conclave s'achève. Des religieuses récitent des chapelets à voix basse tandis que des prêtres accompagnent des groupes de pèlerins qui piétinent dans l'espoir d'être là au bon moment. Depuis le 14 octobre, les cardinaux sont réunis pour désigner le successeur de Jean Paul Ier, décédé le 29 septembre 1978 après un pontificat de seulement trente-trois jours. Les scrutins de l'après-midi vont se terminer et il est possible que le suspense prenne fin. Si le vote décisif a eu lieu, la fumée sera blanche. Peu après 18 h 15, un murmure s'élève sur la place. La fumée commence à s'échapper de la cheminée de la chapelle Sixtine, on hésite encore un peu. Dans la salle de presse, les correspondants du monde entier se précipitent sur les écrans où sont diffusées les images de la télévision italienne. Plus de doute maintenant : « *Bianca, bianca.* » La fumée est blanche ! Le dernier vote de l'après-midi semble avoir été le bon. Les cloches des innombrables églises communiquent la nouvelle à la Ville éternelle. Rome a un nouvel évêque ! Les catholiques ont un nouveau pape ! Sur toutes les chaînes du monde, les émissions spéciales débutent. Les caméras braquées sur la loggia de la place Saint-Pierre attendent que le rideau blanc se lève. La foule romaine se précipite sur la place. Pour l'instant, rien ne bouge mais la tension monte. Qui, parmi les cardinaux, a été élu pape ?

1978, une année à trois papes

L'année 1978 est plutôt compliquée pour la papauté qui connaît deux vacances du trône de saint Pierre et trois pontifes. Le 6 août 1978, Paul VI s'est éteint, malade et fatigué, à Castel Gandolfo après quinze années d'un pontificat complexe. Ce dernier a porté à son terme le concile convoqué contre toute attente par son prédécesseur Jean XXIII, et conforté la stature internationale de la papauté. Il a aussi fait face aux tumultes d'une Église dont l'on dit désormais qu'elle connaît des difficultés. En France, on la présente ouvertement en « crise », les Italiens eux parlent de « *dissenso* ». Contrairement aux espoirs que le concile avait fait naître, les fidèles ont déserté les églises. La morale sexuelle et familiale, socle longtemps solide du christianisme romain, est de plus en plus contestée, surtout depuis la publication de l'encyclique *Humanae vitae* en 1968. Sur sa droite, l'institution fait face à la fronde de ceux qui s'opposent à Vatican II. En 1972, Paul VI lui-même dans une homélie s'en était inquiété : « Nous avons le sentiment que par quelque fissure la fumée de Satan est entrée dans le peuple de Dieu. »

La même question est débattue dans les paroisses, les mouvements catholiques, les assemblées d'évêques, les colloques de théologiens et fait même la une des journaux partout dans le monde : faut-il aller plus loin dans le changement entrepris ou, au contraire, réaffirmer avec force les fondamentaux catholiques quitte à se déjuger et à limiter l'esprit d'ouverture initié par les pères conciliaires ? Il est vrai que la lecture des événements n'est pas aisée. À peine l'Église catholique avait-elle commencé son *aggiornamento*, sa mise à jour, selon les termes du pape Jean XXIII, que l'histoire s'accélérait avec des mouvements d'une ampleur mondiale, portés d'abord par la jeunesse étudiante. Difficile pour l'Église de faire le pari de l'ouverture dans le contexte complètement chamboulé des années 1970 et dans des sociétés dans lesquelles désillusions et déceptions passent par des phénomènes de violence, d'attentats et de terrorisme.

C'est en tout cas un conclave chargé d'enjeux qui réunit à deux reprises, en 1978, les cardinaux catholiques. L'hémorragie sans précédent de prêtres, de religieux et de religieuses au cours de la décennie qui vient de s'écouler pose la question du devenir du sacerdoce, mais la multiplicité des courants au sein du catholicisme comme les interrogations nouvelles en matière de bioéthique sont des éléments qui pèseront lourdement sur le pontificat du prochain pape.

Le 26 août 1978, après quatre tours de scrutin, l'Italien Albino Luciani, patriarche archevêque de Venise, a été élu. Sa réputation de pasteur bon et proche du peuple l'a emporté. Il alliait, disait-on, la bonhomie d'un Jean XXIII et la fermeté doctrinale d'un Paul VI. Comme nom de pape, il fait d'ailleurs le choix du nom composé

« Jean Paul » en hommage à ses deux prédécesseurs. Une façon d'afficher clairement qu'il ne remettrait pas en cause un concile qu'il fallait prendre dans son entièreté. Le coup de théâtre advient trente-trois jours plus tard, lorsque le 29 septembre 1978 Jean Paul Ier est retrouvé mort dans ses appartements. De nombreux livres aux accents complotistes et, au cinéma, *Le Parrain III* de Scorsese et d'autres films ont instillé le doute quant aux causes de sa mort. Plus prosaïquement, il semble que l'homme, cardiaque, aurait succombé à une crise. Avait-il abandonné la prise de son traitement parce qu'il se sentait dépassé par l'ampleur de la charge ? Certains le soutiennent, mais même en ce cas, on ne peut conclure à un meurtre. Après que les obsèques ont été célébrées, il a donc fallu de nouveau convoquer les cardinaux pour qu'ils procèdent à une nouvelle élection. Et en ce soir d'octobre, c'est chose faite…

Il est 18 h 35, et à l'appel des cloches romaines la place Saint-Pierre s'est remplie, le rideau se lève, la fenêtre s'ouvre et un puissant projecteur s'allume. La cérémonie est d'autant mieux rodée qu'on l'a jouée quelques semaines plus tôt. Le cardinal « protodiacre » s'avance d'un pas grave et prononce la célèbre formule : « *Annuntio vobis magnum gaudium, habemus papam !* » (« Nous vous annonçons une grande joie, nous avons un pape ! ») La suite se corse pour les journalistes, le nez perdu dans leurs fiches, lorsqu'il leur faut comprendre le nom du cardinal élu : *Carolum Wojtyla*, en latin. Sur la place, c'est un silence plutôt qu'une clameur qui accueille ces mots. Le cardinal Felici s'est fait préciser peu avant la prononciation du *l* polonais. Il se rapproche du son « ou » des langues latines. Pour certains, il s'agit donc d'un Africain, pour d'autres, d'un Asiatique, avant que le doute ne se dissipe.

« C'est un Polonais : le cardinal Karol Wojtyla ! » Pour le présentateur de la première chaîne de la télévision française, c'est en tout cas « une immense surprise » : « Il a cinquante-huit ans et c'est l'un des plus jeunes cardinaux. Jamais son nom n'avait été prononcé parmi les papabiles. »

L'histoire, comme souvent, est plus complexe que le récit qui se met en place dans les médias. Il sera pourtant repris à l'envi dans les notices biographiques. À y regarder de plus près, si la surprise est réelle, elle n'est pas totale et le cardinal polonais n'est pas un inconnu, loin s'en faut. Au conclave d'août 1978, qui a vu l'élection de Jean Paul Ier au premier tour de scrutin, neuf voix s'étaient déjà portées sur son nom. En octobre 1978, s'il n'est pas le papabile le plus en vue des bookmakers, l'archevêque de Cracovie est compté parmi les outsiders crédibles.

Créature ecclésiastique ou homme providentiel ?

Chaque institution dispose de son propre système pour promouvoir, sélectionner et faire monter en responsabilités ses cadres, surtout s'ils confortent le consensus dominant au sommet, et le cardinal Wojtyla a su jouir de puissantes protections. Le pape Paul VI n'avait ainsi jamais caché son estime pour lui. Il l'avait reçu en audience privée, en marge du concile, dès novembre 1964, peu avant son investiture comme prélat de Cracovie. Le pape voyait en lui un jeune espoir de l'épiscopat polonais, avec qui la relation était bien plus commode qu'avec l'autoritaire cardinal-archevêque de Varsovie Wyszynski. Il offrait un visage plus moderne à l'Église polonaise, et son combat pour la liberté contre le communisme commençait à faire du bruit. Le Cracovien avait fourni, comme on l'a vu, une aide précieuse au pape au moment de la condamnation de la contraception chimique en 1968. Insigne honneur, c'est lui que Paul VI avait choisi pour prêcher le carême à la Curie en 1976 !

En revanche, il est vrai que Karol Wojtyla ne bénéficie pas, aux conclaves de 1978, contrairement à d'autres cardinaux, de l'aura d'un père conciliaire estimé. Treize ans après la clôture des travaux, nombreux sont ceux qui peuvent encore revendiquer d'y avoir pesé. Son influence, lors de l'événement même, est restée limitée. Celui qui allait devenir Jean Paul II est arrivé à Vatican II en octobre 1962 comme « évêque auxiliaire » de l'« administrateur apostolique » du diocèse de Cracovie. C'est si clairement un strapontin que le cardinal Wyszynski avait même omis son nom dans la liste des évêques polonais transmise à Rome, pour la première session. L'oubli avait vite été corrigé et, avec la mort brutale de l'administrateur en juin, il avait reçu une promotion de « vicaire capitulaire ». Toujours est-il qu'en octobre 1962 Karol Wojtyla, quarante-deux ans, était le plus jeune administrateur d'un archidiocèse en Pologne et, sans le moindre doute, un jeune espoir au sein des forces polonaises. Mais au sein de l'Église universelle ? Au concile, dans la hiérarchie très précise des pères conciliaires, il venait dans les derniers rangs.

Si l'évêque Wojtyla s'était fait connaître auprès des autres pères conciliaires, il était peu intervenu. Le théologien Hans Küng, « expert » (*peritus*) au concile, le note dans ses Mémoires : « Au concile, on n'avait entendu rien d'audacieux de la part de Wojtyla [...] seulement un discours très conventionnel sur la vocation à la sainteté en tant que but de l'Église et au sujet des conseils évangéliques. » Il le dépeint même comme un piètre intellectuel et un évêque plutôt affairé à se tisser un réseau : « Wojtyla [...] avait été refusé comme doctorant à la Grégorienne et noue très tôt des relations avec l'Opus Dei qui dispose d'importantes ressources financières. » Le théologien suisse a-t-il eu le regard embué par son ressentiment à l'encontre de celui qui, en tant que pape, validera en 1979 le retrait de sa reconnaissance officielle de professeur de théologie d'une université catholique ? Yves Congar, dans ses Mémoires, est plus mesuré. Il note à peine, à l'automne 1962, la visite du jeune évêque, en quête d'un conseil théologique pour la délégation polonaise, mais lorsqu'il le retrouve en février 1965 dans la commission qui prépare *Gaudium et spes*, il sait reconnaître le charisme de l'homme (qui le créera cardinal en 1994) : « Sa personnalité s'impose. Il rayonne d'elle un fluide, une attirance, une certaine force prophétique très calme, mais irrécusable. » Le religieux dominicain salue également quelques apports ponctuels, mais secondaires, dans le travail des commissions de rédaction des textes du concile.

En 1978, Karol Wojtyla a surtout un immense talent : celui de rendre bien des services à l'institution ecclésiale, qu'il révère plus que tout. Si l'archevêque polonais s'est vite imposé auprès de Paul VI et de la Curie, ce n'est pas tant à cause de talents théologiques que comme un rouage précieux au sein du synode des évêques. Cet organe a été mis en place à la fin du concile pour faire vivre la « collégialité » entre les évêques et le successeur de saint Pierre. Si le pape reste le premier des évêques et celui qui dispose de l'autorité suprême, il décide en accord avec ses frères évêques. Réuni à échéances régulières, le synode se propose de traiter une question spécifique qui touche l'Église catholique dans son ensemble ou bien une région du monde en particulier. Les décisions finales relèvent du pape qui les promulgue dans une exhortation apostolique.

Paul VI, d'abord très favorable à ce mécanisme, comprit vite que le concile avait ouvert une brèche réformatrice au sein de l'épiscopat mondial. Ce dernier, surtout en Occident, ne se contenterait plus d'avaliser les décisions prises à Rome par la Curie. Il souhaiterait désormais s'impliquer dans la gestion des questions qui se poseraient à l'Église, même celles qui étaient les plus polémiques et litigieuses. Le pape avait comme on l'a vu réussi, lors du concile, à retirer de l'assemblée la question du contrôle des naissances. Mais restaient en suspens d'autres dossiers tout aussi brûlants et irrésolus. Ces derniers agitaient alors le sérail des théologiens, l'intrépide revue *Concilium*, certaines universités catholiques et de très nombreux groupes de fidèles qui avaient répondu à l'esprit d'ouverture du concile. Ces questions étaient la réforme de la Curie, celle des ministères ordonnés et notamment leur ouverture aux femmes, la fin du célibat obligatoire pour les prêtres ou bien, en matière d'œcuménisme, la possibilité d'aller encore plus loin dans les relations avec les autres Églises chrétiennes…

Paradoxalement, alors que le synode des évêques avait été imaginé pour décentraliser le pouvoir romain, il devint au cours des années 1970 l'outil qui permit à Rome de casser la dynamique la plus audacieuse du changement. Alors qu'au concile le pape ne siège pas, il est personnellement beaucoup plus présent lors des synodes. L'assemblée est plus resserrée – quelques centaines d'évêques – et la

Curie retrouve toutes ses marges de manœuvre en imposant les textes qui sont à la base des échanges.

Le synode de 1971 sur les ministères ordonnés est un excellent exemple de mise en minorité de la majorité d'ouverture du concile. Malgré la tentative du pape Paul VI, dès l'encyclique *Sacerdotalis caelibatus* en 1967, de rappeler le caractère obligatoire du célibat pour les prêtres et de fermer le débat, certains théologiens essayaient toujours de développer un autre point de vue. Ils montraient le caractère relatif d'une règle qui n'apparaît pas explicitement dans les Écritures et ne s'est imposée que très progressivement en Occident. En 1971, le synode réuni sur le thème précis du « sacerdoce ministériel et [de] la justice dans le monde » opta finalement pour une formule très restrictive qui ne permettait aucune exception à la règle du célibat. La proposition plus ouverte autorisant l'ordination d'hommes mariés « dans des cas particuliers et pour des raisons pastorales » n'avait pas obtenu le nombre de voix suffisant.

De retour de Rome, le jésuite Louis de Vaucelles, professeur à l'Institut catholique de Paris, fit dans la revue *Esprit* le récit amer du synode auquel il venait de participer : « Nous sommes devant une déconvenue générale. » Le théologien, prêt à concevoir que l'Église puisse ne pas toujours marcher du même pas sur certaines questions épineuses, déplorait surtout la procédure et la méthode de travail : « L'initiative des préparatifs échappe presque complètement aux conférences épiscopales et au secrétariat du synode. » Pis, « les textes, orientés par les cercles romains, fixent à l'avance le cadre et les limites de la discussion ; l'“opposition” la plus légitime n'est pas admise à faire entendre son point de vue. »

En 1971, Karol Wojtyla avait lui aussi participé à ce synode sur le sacerdoce. Il y avait pris, sans surprise, des positions contre ce qu'il considérait comme la « laïcisation » du service des prêtres. L'évêque polonais fut l'un de ceux qui défendirent le plus ouvertement la soutane, signe visible de l'Église, et l'antique discipline du célibat. À la fin des travaux, Wojtyla fut élu au conseil permanent du secrétariat du synode. Un rôle parfait pour se faire connaître du pape, de la Curie et de ses collègues évêques du monde entier. Ces derniers se réunirent de nouveau en 1974 pour un synode sur le thème de l'évangélisation dans le monde moderne et, encore en 1977, en vue de réfléchir à la question de la catéchèse.

Durant ses interventions, les mêmes qualités que Congar avait notées étaient ressorties : sa tranquillité, sa force de caractère et son charisme… et aussi un optimisme assez rassurant. Sans nier le moins du monde ce que l'on nommait alors « la crise de l'Église », il assurait que celle-ci était passagère, liée aux soubresauts de la réception du concile, et qu'elle n'était au final qu'une « crise de croissance ». Il associait à sa posture confiante dans la suite des événements une grande fermeté doctrinale. Pour Wojtyla, les choses étaient très claires, aucune adaptation aux changements du monde et des sociétés n'avait à être envisagée : les inflexions du concile n'avaient pas à être accentuées et un nouvel équilibre allait s'établir autour d'une compréhension, contrôlée par Rome, des textes produits par le concile.

Parallèlement, la confiance de Paul VI à l'égard du Polonais n'avait cessé de s'affirmer et il était monté en grade. D'abord membre de la Congrégation pour le culte divin (1970), puis de celle pour les Églises orientales, il entra enfin dans celles pour le clergé et pour l'éducation catholique (1976). En 1977, il avait pris la présidence du secrétariat permanent du synode. Lors des conclaves de 1978, Karol Wojtyla n'était donc plus un inconnu. Certes, il n'était pas membre de la Curie et conservait la responsabilité du diocèse de Cracovie, mais il était désormais très au fait du fonctionnement de Rome, où il se rendait régulièrement depuis une quinzaine d'années. Son réseau d'amitiés était dense et son activité multiforme et prolixe lui assurait l'estime de nombreux cardinaux.

Un Polonais soutenu par les Allemands et les Américains

Pourtant, lors du conclave d'octobre 1978, l'option Wojtyla n'apparaît pas au premier jour du processus électoral. Le 15 octobre, les premiers scrutins révèlent, de manière assez attendue, un affrontement entre un pôle conservateur, porté par Giuseppe Siri, l'archevêque de Gênes, et un pôle plus modéré avec à sa tête Giovanni Benelli, l'archevêque de Florence. Mais Benelli, toujours en tête devant Siri, ne passe jamais la barre fatidique des deux tiers des voix. Au soir du 15 octobre, la situation paraît bloquée. L'idée de ne pas avoir un pape italien fait son chemin, portée par les pays du tiers-monde. Le pape est certes l'évêque de Rome, le plus beau diocèse d'Italie, mais il doit également être le chef de tous les catholiques, lesquels se répartissent sur les différents continents. La décolonisation a marqué les esprits et, grâce au dynamisme démographique, la pratique est désormais davantage sud-américaine, africaine et asiatique qu'européenne !

Un concours particulier de circonstances va porter à la tête de l'Église catholique Karol Wojtyla : l'incapacité de l'archevêque de Florence à rallier sur lui la majorité requise, l'appui des cardinaux électeurs issus du tiers-monde et de puissants relais au sein du conclave qui rendent crédible la candidature du prélat polonais. Ce n'est pas encore un pape du Sud mais ce n'est plus un homme du centre de la chrétienté historique. Depuis les années conciliaires, une telle hypothèse n'était plus inimaginable. Les cardinaux savaient le symbole positif d'universalité que cela créerait et de nombreux épiscopats nationaux commençaient à contester le monopole historique des Italiens. En août 1978, au moment de l'élection de Jean Paul Ier, le cardinal König avait réuni ses collègues du tiers-monde au collège Pio Americano Latino tandis que les cardinaux Marty et Gouyon rassemblaient leurs soutiens – plutôt africains – au Séminaire français. Mais rétrospectivement, la réunion la plus déterminante fut peut-être celle qui se tint à l'initiative des cardinaux américains, qui logeaient dans le très confortable hôtel Columbus via della Conciliazione. Ils y avaient invité leurs collègues allemands pour partager leurs vues. Les Églises de la République fédérale d'Allemagne et des États-Unis avaient un point commun non négligeable. Elles n'étaient certes pas les plus antiques et vénérables nations du catholicisme romain. Mais ensemble, Allemands et Américains fournissaient – et c'est encore le cas aujourd'hui – près des deux tiers du budget du Saint-Siège. En conséquence, les évêques de deux pays souhaitaient avoir une voix au chapitre à la hauteur de leur poids financier.

Au conclave d'octobre, le rapprochement tactique entre les cardinaux de RFA et des États-Unis se fait assez rapidement sur la personne du cardinal de Cracovie. Du côté allemand, le choix du prélat polonais est évident : il a mené la lutte contre la germanophobie de l'épiscopat polonais. En effet, en 1965, les évêques polonais avaient fait parvenir une lettre à leurs collègues allemands. Parmi les rédacteurs, se trouvaient les évêques de Wroclaw, de Poznan… et l'archevêque de Cracovie : Karol Wojtyla. Dans une Pologne encore meurtrie par la terrifiante occupation allemande durant la Seconde Guerre mondiale, une phrase du texte suscita immédiatement un tollé : « Nous vous tendons la main […] nous vous pardonnons et nous vous demandons pardon. » Le régime communiste avait exploité à fond cette phrase pour démontrer le manque de patriotisme des évêques. Le cardinal Wyszynski lui-même était resté en retrait des élans de réconciliation de ses collègues de la conférence épiscopale. Comment, et surtout quoi pardonner du côté polonais alors que le pays avait payé l'un des plus lourds tributs à l'occupation nazie en Europe, avec la disparition de plus de 10 % de sa population et d'un quart de son clergé ?

Mais pour Karol Wojtyla, les temps avaient changé. Il affirmait que, pour construire la paix, il fallait que chacun reconnaisse ses torts. Dans le récit national polonais, entretenu alors très largement par l'État, le monde académique et les différentes forces sociales, il n'y avait que deux camps diamétralement opposés : celui des héroïques victimes polonaises et celui des affreux bourreaux nazis. Il était interdit d'évoquer le sort des minorités allemandes qui avaient dû fuir la Pologne et n'avaient reçu aucune indemnisation suite au changement de frontière à l'ouest du pays. La question était demeurée brûlante en RFA, où les associations d'« expulsés » avaient pignon sur rue et disposaient de forts relais politiques à droite dans la démocratie chrétienne et au sein de l'Église allemande. Le geste des Polonais était inattendu pour les évêques allemands, qui répondirent immédiatement par une lettre remerciant pour le geste d'apaisement. En 1968, 160 catholiques ouest-allemands signèrent le « mémorandum du Cercle de Bensberg », qui se prononçait en faveur de la frontière Oder-Neisse et de l'acceptation de l'état de fait né de la guerre. C'était le prélude au traité de Varsovie signé en 1970 qui normalisa les rapports entre la RFA et la Pologne.

En 1978, à Rome, les évêques allemands n'ont pas oublié le rôle de Karol Wojtyla en 1965 dans la main tendue qui leur avait été offerte, et ce d'autant plus que, par une étrange coïncidence, du 20 au 25 septembre 1978, c'est-à-dire pendant le très bref pontificat de Jean Paul Ier, l'archevêque polonais s'est rendu avec ses collègues en RFA pour concrétiser définitivement la réconciliation des deux épiscopats. Trois semaines plus tard, quand s'ouvre de nouveau un conclave, les cardinaux allemands n'hésitent donc pas à soutenir ce Polonais. Dans leur propre agenda national, un tel geste montre que l'Allemagne a changé et que sa société est désormais animée par des valeurs de justice et de paix. C'est une étape importante dans le long chemin de la repentance allemande d'après-guerre.

Du côté des Américains, Karol Wojtyla peut aussi compter sur de puissants soutiens, ne serait-ce que celui de son homologue de Philadelphie, John Krol, qui n'oublie pas ses origines polonaises. Karol Wojtyla connaît le Nouveau Monde depuis 1967 grâce à un premier voyage au Canada et aux États-Unis. En 1976, il s'y est rendu de nouveau avec dix-sept autres évêques polonais dont il était la figure la plus éminente, pour la tenue du Congrès eucharistique de Philadelphie au sein duquel Krol régnait en maître. La délégation menée par l'actif Wojtyla était venue chercher de l'argent auprès de la diaspora pour l'Église du pays. L'universitaire américaine d'origine polonaise Anna-Teresa Tymieniecka assura le lien avec le monde politique et intellectuel américain, et un journal étudiant de Harvard titra de façon prémonitoire au-dessus de sa photo : « *A possible successor to pope Paul VI* ».

De fait, deux ans plus tard, les réseaux américains pèsent de tout leur poids sur l'élection du souverain pontife, et le cardinal John Krol mène une ardente campagne en faveur du Polonais. Avec l'Autrichien Franz König, cardinal-archevêque de Vienne, ils savent astucieusement évoquer l'hypothèse Wojtyla lors du dîner au deuxième soir du conclave. Le lendemain, lors du cinquième tour de scrutin, son nom commence à se dégager. À la pause déjeuner, le cardinal-archevêque de Barcelone, Narciso Arnau, demande ouvertement le soutien des Latino-Américains pour le cardinal-archevêque de Cracovie. König surenchérit. Joseph Höffner, le puissant cardinal-archevêque de Cologne, fait comprendre où penchera le vote allemand. Wojtyla pleure et le primat Wyszynski vient le réconforter et l'encourage : il en est certain, quelques années après les fastes du *Millenium* de la Pologne, la Providence demande à un Polonais, un cardinal issu de la nation slave la plus fidèle à Rome, de prendre la tête de l'Église catholique pour passer l'an 2000 et suivre le chemin qu'a tracé l'Église de Pologne. En début d'après-midi, l'écart entre les candidats se creuse. Au septième tour, avec 73 votes, Karol Wojtyla est à 2 voix de l'élection. Au huitième tour, à 17 h 20, il passe haut la main la barre des 75. Certes, avec huit tours, l'élection a été relativement compliquée et indécise, mais l'analyse objective montre que Karol Wojtyla est entré en conclave bien plus papabile que la presse n'a voulu le voir. Il est vrai qu'alors l'idée d'un pape non italien est encore une sorte d'impensé. Mais la main de la Providence n'a pas désigné un homme au hasard, et celui qui vient d'être élu est au sommet d'une très belle et rapide carrière ecclésiastique. De surcroît, l'homme est très loin d'être resté confiné dans la Pologne communiste. Entre 1965 et 1978, il a multiplié les voyages en Terre sainte, en Amérique, dans le Pacifique ou en Allemagne et a parfaitement su mettre en scène sa force sereine devant des communautés et un clergé pleins de trouble et d'incertitudes depuis Vatican II. Des épiscopats riches se sont mis à croire en lui, et les courants inquiets de l'après-concile ont perçu son potentiel restaurateur. « On croyait qu'après le concile le soleil aurait brillé sur l'histoire de l'Église. Mais au lieu du soleil, nous avons eu les nuages, la tempête, les ténèbres, la recherche, l'incertitude », avait constaté, avec effroi, Paul VI au début des années 1970. Celui qui devient Jean Paul II a désormais son programme : d'ici l'an 2000, remettre en ordre l'Église et lui redonner toute sa puissance. Avec le célèbre « N'ayez pas peur » de sa messe d'intronisation, Jean Paul II referme l'ère du doute et des incertitudes.

6.

« Superstar » et faux moderne

7 octobre 1979 – Discours de Theresa Kane

Le séjour de Jean Paul II aux États-Unis touche à sa fin. Après le Mexique en janvier, la Pologne en juin, c'est son troisième voyage depuis son élection, le plus long aussi – dix jours. Jusqu'à présent, c'est un triomphe, mais en cette matinée dominicale du 7 octobre 1979 une femme va venir égratigner cette apparente perfection. Dans la basilique de l'Immaculée-Conception de Washington, sœur Theresa Kane, supérieure des Sœurs de la Pitié, s'adresse au pape en tant que présidente de la Conférence générale des religieuses américaines. C'est l'instance officielle de représentation des religieuses américaines, lesquelles sont l'un des visages les plus connus du catholicisme aux États-Unis en raison de leurs nombreux engagements éducatifs et caritatifs. Elles dirigent un grand nombre d'écoles et d'hôpitaux. Leur positionnement est clairement progressiste et ouvertement féministe. L'église néogothique, immense, est pleine à craquer ; près de cinq mille religieuses y ont pris place. Premier accroc : près d'un tiers d'entre elles ne portent pas l'habit de leur ordre mais des vêtements civils alors même que, dès son élection, Jean Paul II a rappelé son attachement à la tenue religieuse et n'a pas manqué de le répéter lors de son séjour américain. D'ailleurs, c'est en tailleur-pantalon que Theresa Kane s'installe face au pupitre.

« Les religieuses des États-Unis ont répondu de manière obéissante aux efforts de renouveau réclamés par l'appel de Vatican II. Nous y avons trouvé joie et peine. En conséquence d'un tel renouveau, les religieuses abordent cette nouvelle décennie avec une identité renouvelée et un sens profond des responsabilités envers l'Église, avec elle et en son sein », commence-t-elle avant de défier le souverain pontife : « Notre réflexion nous amène à affirmer que l'Église, dans sa lutte pour rester fidèle à sa vocation au respect et à la dignité de tous, doit répondre en offrant la possibilité d'inclure les femmes en tant que personnes dans tous les ministères de notre Église. Je vous exhorte, Votre Sainteté, à rester ouvert et à répondre aux voix des femmes de ce pays qui sont désireuses de servir au sein de l'Église et à travers elle en tant que membres à part entière. »

« Inclure les femmes dans tous les ministères de l'Église » : vigoureusement applaudie au sein de la basilique et retransmise en direct à la télévision nationale, la demande d'ouvrir l'ordination aux femmes est limpide. Le refus du pape l'est tout autant. « Votre vie doit être caractérisée par une totale disponibilité à servir comme les besoins de l'Église le demandent », lance-t-il. Le visage du pontife est fermé, la mâchoire crispée. Pour la première fois depuis son arrivée, il a perdu le sourire. Puis, sur un ton où ne résonne aucune sympathie, il insiste de nouveau sur l'importance d'un « habit religieux simple et convenable ». Rappelée à l'ordre quelques semaines plus tard lors d'un voyage à Rome, Theresa Kane ne dévie pas de sa ligne et réclame une fois encore la possibilité d'ordination des femmes. Jean Paul II n'oubliera pas ce qu'il considère comme un affront public. Plus tard, lorsque prendra fin son mandat de présidence et que Theresa Kane demandera à rencontrer Jean Paul II à Rome, il lui sera répondu que sa demande est « inopportune ».

Malgré le caractère houleux de cet épisode final, le séjour américain du souverain pontife reste un franc succès. À tel point que le fameux *Time Magazine* lui consacre sa une du 15 octobre 1979. Explicitement titrée « *John Paul II superstar* », elle donne à voir un pape rayonnant, saluant une foule rendue floue par la masse des personnes qui la composent. « Le pape en Amérique : c'était woo-hoo-woo », résume le titre de l'article qui lui est consacré. « Doux berger à la volonté d'acier, Jean Paul II a enthousiasmé les États-Unis lors d'un pèlerinage glorieux qui a conquis les cœurs et interpellé la nation. » Ce voyage révèle les grandes qualités de mise en scène du pape et le processus de « starification » que peuvent produire les médias grand public.

La tournée pontificale, inventée par Paul VI qui avait été le premier pape à sortir d'Italie depuis que Pie IX s'était enfermé au Vatican en 1870, prend une tout autre dimension. Elle devient un outil politique puissant et le moyen privilégié de délivrer des messages qui atteignent le monde entier sans passer par le biais des structures des Églises et des épiscopats locaux.

La papauté médiatique

Il faut dire qu'au cours de cette semaine d'octobre 1979 le pape ne s'est pas économisé. Il a multiplié messes et discours : une intervention aux Nations Unies, qui est un vibrant plaidoyer pour les droits humains, appuyé sur son expérience de Polonais – « Je viens de ce pays sur le corps vivant duquel Auschwitz a été construit autrefois » –, une messe au Yankee Stadium de New York face à 75 000 personnes, un passage au Madison Square Garden où plusieurs milliers de jeunes scandent : « Jean Paul II, nous t'aimons », une messe pour un million de fidèles au Logan Circle de Philadelphie, un accueil triomphal par les Américano-Polonais de Chicago, une rencontre à la Maison-Blanche avec le président Jimmy Carter – qui le salue d'un « Dieu soit loué ! » en polonais… Ce séjour marque un tournant et donne le ton de ce que sera le règne de Jean Paul II. S'il s'adresse d'abord aux catholiques puis aux chrétiens, il sait que son message va atteindre toute l'humanité. Avec ce voyage, il installe son image de « curé du monde ».

Les États-Unis n'ont pas été choisis au hasard. Rappelons-nous que trois ans auparavant, en 1976, alors qu'il s'appelait encore Karol Wojtyla, le futur souverain pontife avait foulé le sol yankee pour la tenue du Congrès eucharistique de Philadelphie, géré de main de maître par John Krol, cardinal-archevêque de la cité, et d'origine polonaise. Le show à l'américaine n'avait pas manqué d'allure avec la présence de dom Helder Camara et de Ella Fitzgerald. Le 3 août, devant une foule nombreuse, l'archevêque polonais avait prêché sur le thème de la « faim de liberté ». Le public américain avait été conquis par cet apôtre de la « liberté de conscience » en proie aux difficultés dans un pays du bloc de l'Est. Les réseaux polonais avaient aussi été largement exploités, et chaque communauté du pays l'avait reçu en grande pompe. La chorale des enfants sur le pas de l'église, la visite des centres paroissiaux décorés de fleurs en papier crépon rouges et blanches, les chapelets à la Vierge de Czestochowa et les liturgies en polonais préfiguraient les voyages pontificaux ultérieurs.

L'universitaire américaine d'origine polonaise Anna-Teresa Tymieniecka, épouse du professeur d'économie à l'université de Harvard Hendrik Houthakker, par ailleurs membre du comité des conseillers économiques du président Nixon, l'introduisit dans les milieux de la droite républicaine et du monde intellectuel. Elle connaissait le cardinal depuis 1974, date à laquelle elle avait débarqué dans son bureau de Cracovie, certaine d'avoir découvert en celui-ci une personnalité ayant de fortes affinités avec ses propres engagements.

Dès l'année suivante, en 1975, profitant de la perspective du Congrès eucharistique de Philadelphie, elle s'était attelée à la préparation d'une tournée américaine pour le cardinal polonais, afin de le faire connaître : « Je voulais le présenter comme une importante personnalité, un grand homme d'État, mais au début personne n'était prêt à le considérer ainsi. Il venait d'un pays dénué d'importance et nul ne le connaissait. J'ai convaincu le président de Harvard d'organiser un dîner en son honneur », racontera-t-elle. Le mari d'Anna-Teresa Tymieniecka n'hésita pas à qualifier le cardinal polonais de « prochain pape ». Le succès fut au rendez-vous puisque la conférence donnée à Harvard donna lieu à de nombreux articles, dont un du *New York Times*.

La philosophe américano-polonaise ne s'arrêta pas là. Elle prit garde de modérer son ami Wojtyla en l'appelant à ne pas conspuer trop rapidement et trop publiquement les excès de la société américaine hédoniste, dévergondée et vautrée dans un confort inutile. L'universitaire sut habilement lui forger cette envergure de grand intellectuel que, jusque-là, il n'avait pas réussi à acquérir en Europe où il était demeuré à peu près inconnu dans le sérail de la théologie catholique. En lui faisant centrer son message sur la liberté, la personne et sa dignité, elle estompa les rudesses de sa pensée.

Ce séjour américain de 1976 où le cardinal joua au « petit pape », du Wisconsin au Michigan, en passant par le Montana, Los Angeles et San Francisco, fut une répétition générale de ce qui allait devenir le pontificat de Jean Paul II.

Ainsi que le note le sociologue Albert Bastenier, « depuis lors, au cours des trois dernières décennies, il n'aura cessé d'attirer l'attention sur lui par la médiatisation de plus d'une centaine de déplacements internationaux, de ses bains de foule télévisés lors des Journées mondiales de la jeunesse ou encore des cérémonies triomphales au moment du jubilé de l'an 2000. Par contagion, ses apparitions hebdomadaires à la fenêtre de ses appartements, place Saint-Pierre, en furent elles-mêmes progressivement dotées d'une souveraineté symbolique jamais atteinte antérieurement ».

Une icône du néoconservatisme ?

Bien que modernisé dans sa forme, le projet du pape – la restauration de l'Église catholique – se révèle avant tout conservateur sur le fond. Car s'il entend moderniser l'image du catholicisme, il n'en reste pas moins proche de courants de l'Église catholique, comme l'Opus Dei, les

Légionnaires du Christ, les Focolari et d'autres mouvements charismatiques, qui sont attachés à des formes de piété traditionnelles et à une norme morale rigide dans le domaine de la vie familiale et sexuelle.

En 1979, *Time Magazine* qui titrait « Jean Paul II superstar » s'interroge déjà sur l'ambivalence du discours papal : « Comment ce défenseur passionné et éloquent des droits de l'homme [peut]-il être, en même temps, si "doctrinaire" dans son approche [...] [du] contrôle des naissances, [de] l'avortement, [du] divorce et [de] l'ordination des femmes ? » D'après le magazine, l'allocution du pape aux évêques réaffirme « l'idée que le christianisme est un corps de croyances fixes plutôt qu'une foi qui doit être adaptée aux circonstances modernes ».

La visite de Jean Paul II aux États-Unis en 1979 est en ce sens un point de bascule. À la suite de la remontrance adressée aux religieuses et à Theresa Kane, l'épiscopat nord-américain, alors ouvert et progressiste, va être recomposé dans un sens beaucoup plus fermé. Par exemple, le pape nommera en 1984 Bernard Law archevêque de Boston et le fera cardinal un an plus tard. Le diocèse, qui rassemble près de deux millions de catholiques, est l'un des bastions de l'Église américaine. Law est un conservateur assumé, fermement opposé à la contraception et à l'avortement. Il défendra les positions traditionnelles de l'Église catholique, refusera toute remise en cause du célibat des prêtres et bien plus encore l'ouverture de la prêtrise aux femmes. Il sera l'un de ceux qui vont, au cours du pontificat wojtylien, faire passer l'épiscopat américain plutôt libéral et progressiste à des engagements « pro vie ».

Considéré comme le prélat le plus influent des États-Unis, il sera cependant contraint en 2002 de présenter sa démission après que le quotidien *Boston Globe* aura révélé que 87 prêtres de son diocèse ayant commis des violences sexuelles sur des enfants ont été couverts par leur hiérarchie, laquelle s'est contentée de les changer de paroisse pour étouffer les scandales. Jean Paul II acceptera la démission de Law mais ne lui retirera pas sa confiance et le nommera archiprêtre de Sainte-Marie-Majeure, l'une des quatre basiliques les plus importantes de Rome...

Bernard Law ne sera pas le seul conservateur américain à bénéficier de la bienveillance de Jean Paul II. George Weigel, considéré comme le biographe officiel de Jean Paul II, est un influent conservateur américain. Son succès mondial, le monumental *Jean Paul II, témoin de l'espérance*, porte sur la couverture les mots suivants signés de la main du pape : « Cher ami, c'est de tout cœur que je vous encourage à écrire ma vie. Vous êtes bien placé pour le faire et nous nous rencontrons souvent... »

Alors que les évêques américains avaient autrefois contribué à inspirer des réformes sociales comme le New Deal, la recomposition épiscopale menée par Jean Paul II ira dans un sens tout à fait contraire. Le *Times* en fera l'analyse en 2014, relisant les élections de Ronald Reagan et de George W. Bush : « Les dirigeants catholiques, évangéliques et conservateurs ont bâti une formidable alliance dans les années 1970 et 1980 qui est devenue une force majeure de la politique électorale. »

Dès lors, on ne peut guère s'étonner de la guerre que mènent aujourd'hui un certain nombre de responsables catholiques américains nommés par Jean Paul II contre le pape François : ses options radicalement évangéliques en faveur des plus pauvres et des migrants, son engagement sur les questions écologiques heurtent de plein fouet la partie de l'épiscopat américain qui avait trouvé en Jean Paul II le meilleur héraut du conservatisme.

De fait, la volonté de reprise en main de l'épiscopat sous le pontificat wojtylien ne se limite pas aux États-Unis. Partout, des hommes attachés à l'obéissance au Saint-Siège et en accord avec la politique papale sont nommés. Dès janvier 1979, à l'occasion de la Conférence du Conseil épiscopal d'Amérique latine (Celam), au Mexique, Jean Paul II avait clairement pris position contre ce que la Curie appellera la « théologie de la libération ». Même si l'« option préférentielle pour les pauvres » sera conservée, et développée dans ses grandes « encycliques sociales[1] », Jean Paul II pointe dans les courants émancipateurs de la théologie une déformation de la signification des Évangiles et une tentation politique d'inspiration marxiste. « Vous êtes des guides spirituels, pas des dirigeants sociaux ni des cadres politiques ou des fonctionnaires d'un ordre séculier », répète-t-il aux prêtres et aux membres d'ordres religieux d'Amérique latine. Avant de leur rappeler leur devoir d'obéissance envers leur évêque, le respect de leur vœu de célibat et de chasteté et leur obligation de se confesser régulièrement.

La pensée du pape n'est pas facilement réductible aux catégories politiques ordinaires. Il reste qu'il reçoit beaucoup plus de soutien explicite de la droite que de la gauche sur le continent américain. Au Nord, son opposition au marxisme soviétique et sa fermeté sur les questions de mœurs en font très tôt une icône du pôle « libéral-conservateur », comme l'atteste l'ouvrage de Weigel. Au Sud, son indulgence

1. *Laborem exercens* (1981), *Sollicitudo rei socialis* (1987), *Centesimus annus* (1991).

semble plus grande à l'égard des régimes d'ordre, comme celui du Chili, qu'à l'égard des communautés chrétiennes engagées dans les combats pour l'égalité et la justice.

Son soutien à l'Opus Dei, « Œuvre de Dieu », mouvement créé dans le climat de l'Espagne pré-franquiste des années 1930 et qui prospérait dans les pays d'Amérique latine est sans faille. En 1982, quatre ans après son accession au titre de souverain pontife, Jean Paul II accordera à l'Œuvre le statut de prélature personnelle, une juridiction supérieure à celle des évêques. Son fondateur sera d'ailleurs canonisé en 2002 et un certain nombre de ses prêtres accéderont à l'épiscopat et même certains au cardinalat. Ses membres occuperont des postes importants dans la Curie, jusqu'au plus près du pape avec son porte-parole, Joaquin Navarro-Valls.

Ce « Jean Paul II superstar » que découvre *Time* en 1979 est d'abord la star d'un monde conservateur qui, après deux décennies de « progressisme », voit surgir des leaders « décomplexés » comme Ronald Reagan ou Margaret Thatcher. Tous combinent fermeté de la volonté, attachement aux idées traditionnelles en matière d'économie libérale ou de politique familiale, mais savent user d'un discours novateur pour les diffuser dans des sociétés désillusionnées quant aux promesses du progrès. La reconquête idéologique et culturelle de droite s'affirme après l'utopisme de gauche des années 1960 et 1970, et Jean Paul II, en partie, marche avec elle. Est-il si simplement un « homme de droite » ? Si on regarde le discours pontifical sur les questions sociales, on ne peut pas du tout le soupçonner de bienveillance avec le marxisme mais il ne manque jamais de pointer les excès d'un capitalisme cupide et prédateur. Il n'est nullement le chantre du libéralisme économique qu'il voit, à l'instar du socialisme, comme contraire à la dignité humaine et à la loi naturelle.

Les catégories de la droite et de la gauche ne sont donc pas si facilement opérationnelles concernant Jean Paul II. Ce qui en revanche ne fait aucun doute, c'est sa volonté de reprise en main de l'Église. Avec lui, Rome redevient le centre et ne se soumettra ni à la modernité libérale ni à l'ordre soviétique. Pour lui, le mouvement de l'histoire ne saurait s'abandonner aux seules forces humaines : l'homme doit trouver en Dieu et dans la loi naturelle, dont l'Église catholique se fait la seule interprète en dernier recours, son principe final d'organisation.

Ainsi, lorsqu'il se déplacera partout dans le monde, ce ne sera pas tant pour écouter que pour faire entendre sa voix, celle d'un catholicisme qui ne doute pas de lui-même et qui se considère comme porteur de la vérité depuis toujours et pour l'éternité. C'est à cette certitude que s'est heurtée sœur Theresa Kane ce dimanche 7 octobre 1979. Elle fut l'une des premières, beaucoup d'autres en feront la rude expérience.

7.

Viril ou pathétique, un corps en spectacle

1er juin 1980 – Le « sportif de Dieu » au Parc des Princes

Le cardinal-archevêque de Paris, François Marty, n'a jamais été avare d'un bon mot ni d'un trait d'esprit. Catapulté de Reims à Paris au début du mois de mai 1968 alors que la capitale française faisait face à des mouvements sociaux et estudiantins sans précédent, il avait créé la polémique en tonnant du haut de la chaire de Notre-Dame : « Dieu n'est pas conservateur ! » Ce 1er juin 1980, on retrouve son sens de l'à-propos alors qu'il accueille Jean Paul II. C'est le premier voyage en France de cet encore « nouveau pape » qui depuis son élection fascine la planète et les médias. C'est aussi la première visite en France d'un pape depuis le début du XIXe siècle et les tribulations de Pie VII, qui avait tout à la fois béni le couronnement de l'empereur Napoléon Ier et été son prisonnier à Fontainebleau. De longue date, les relations de la France et de la papauté sont compliquées, et dans l'Église de France souffle tantôt le vent ultramontain[1] qui la tourne vers Rome, tantôt les bourrasques du gal-

1. L'ultramontanisme (au-delà des monts, des Alpes) est le courant de l'Église française qui choisit de se soumettre à Rome. Il

licanisme qui l'en sépare. Pour Jean Paul II comme pour l'Église française, l'enjeu de ce séjour est de taille.

Un dispositif inédit est imaginé, dans lequel le pape doit dialoguer avec des jeunes dans un lieu habituellement réservé aux exploits du club de foot du PSG, le Parc des Princes. Présentant l'illustre visiteur à la foule dans une telle enceinte, l'archevêque de Paris le qualifie alors de « sportif de Dieu ». Le succès est immédiat et l'expression fait mouche.

Avec le cardinal Wojtyla, les électeurs ont fait le choix d'un prélat dont le corps, la condition physique et la posture sont en totale rupture avec ceux qui l'ont précédé. L'homme n'est certes pas très grand, 1,74 mètre pour 84 kilos, mais sa stature en impose et tranche avec Paul VI, malade dans les dernières années de son pontificat, mais qui avait toujours donné un sentiment de fragilité. Jean Paul Ier, le pape au sourire, était un petit homme frêle, Jean XXIII tout en rondeur pouvait poser ses mains sur un ventre rebondi. Pour trouver un pape sportif, il faut remonter à Achille Ratti, pape de 1922 à 1939 sous le nom de Pie XI : membre de plusieurs clubs alpins, le prélat dans sa jeunesse avait gravi des sommets comme le mont Rose ou le mont Blanc, mais, devenu pape, il était demeuré au Vatican ou à Castel Gandolfo, sa résidence d'été non loin de Rome, et l'image sportive s'était effacée. Jamais, avant Jean Paul II, un pape n'a, au cours de son pontificat, cédé à ce goût si anglais et, d'une certaine façon si protestant, du sport.

---

s'oppose au gallicanisme qui promeut l'autonomie de l'Église de France.

Le catholicisme a développé un rapport ambivalent au corps. Héritiers de la longue tradition de l'ascèse chrétienne, les prêtres ne le portent pas en haute estime et le considèrent d'abord comme un objet de chute et de désir. On sait que Paul VI, malgré les évolutions conciliaires, soumit le sien à la dure discipline du cilice[1] jusqu'à la fin de sa vie. Le corps se maîtrise ou se « mate » non par la pratique sportive mais par le mépris, l'humiliation et la douleur.

Le pape a un corps et en prend soin

Avec le pape polonais advient une nouvelle ère : le pape prend des vacances, randonne, nage et skie. Il aime être dans la nature et se confronter aux éléments. En cela, sa masculinité n'est guère différente de celle des autres hommes de son temps.

Jean Paul II, dans le prolongement des choix de ses prédécesseurs, renonce également à la pompe la plus ridicule et aux fastes romains les plus décalés. La *sedia gestatoria*, l'antique chaise à porteurs, suivie de gardes nobles tenant des plumets, sur laquelle on exhibait le pape comme une pieuse relique, avait déjà été sagement remisée dans un musée du Vatican. Embrassant le tournant cérémoniel de l'après-concile, Jean Paul II abandonne les surplis

1. Le cilice est une pièce de tissu rugueux qui se porte en chemise ou en ceinture, ou bien une sorte de sangle hérissée de pointes métalliques ordinairement attachée sur la cuisse. Pour ceux et celles qui le portent, sa présence douloureuse est une mortification de l'orgueil et le rappel de l'effort spirituel constant que doit être la vie chrétienne.

en dentelle les plus surannés. Il fait le choix d'habits et d'ornements ecclésiastiques mieux coupés, au design plus moderne et mettant en valeur sa largeur d'épaules. Dans le catholicisme, les vêtements liturgiques ont longtemps été très malcommodes, raides et empesés, et déformant la silhouette masculine. Ils conféraient au prêtre un genre sacerdotal contraint et engoncé fort différent de celui des autres hommes. Et dans l'enceinte du Vatican, les prélats ne se distinguent pas par leur virilité et leurs qualités athlétiques. Bref, la « chrétienté musculaire », le rêve protestant de discipliner par l'activité physique le corps et de faire naître de nouveaux cadres religieux, ne s'est jamais, avant Jean Paul II, diffusée dans le haut clergé. Avec Karol Wojtyla, les choses changent. La prestance du cardinal puis du nouveau pape devient un sujet. La presse parle de son charme, de sa beauté. Le corps du pape, sa masculinité éclatante, est littéralement érotisé, c'est une première, du moins à ce niveau de responsabilités dans l'Église.

Le cardinal Wojtyla appartient à cette culture de la proximité avec les jeunes qui est l'un des accents d'une nouvelle pastorale. Il a fait du kayak, du ski et des randonnées avec des étudiants dans les montagnes près de Cracovie. En 1976, lors de son voyage aux États-Unis, des photos circulaient, montrant le prélat en bermuda à côté d'une tente de camping. Le rapport direct à la nature, le corps découvert s'il fait chaud et le besoin de se ressourcer, lors de vacances après un travail épuisant, ont été autant d'éléments qui ont conféré à l'homme d'Église le qualificatif de moderne.

Tout nouvellement élu, il sait astucieusement se présenter en conflit avec la bienséance risible de la Curie. La légende est déjà là quand l'aménagement de Castel Gandolfo fait débat. Le pape polonais émit très vite le souhait d'y faire creuser une piscine. Immédiatement, les prélats s'inquiétèrent : que ferait-on si le pape était surpris en slip de bain ? Jamais le corps d'un pape n'avait risqué d'être exposé ainsi à l'œil des paparazzi. D'autres s'indignèrent, à l'époque d'une Église « servante des pauvres », attachée, avec les réformes liturgiques, à faire « fuir le bruit de l'argent des autels » : une dépense si somptuaire ne serait-elle pas mal vue ? La réponse prêtée à Jean Paul II et rendue publique nourrit son image d'homme direct qui ne mâchait pas ses mots ni ne retenait ses coups : « Une piscine coûtera moins cher qu'un conclave. »

Être en bonne santé passe pour Jean Paul II par la pratique du sport. Et contrairement à ses prédécesseurs, cardiaques, fragiles ou en surpoids, le pape a la ferme intention de demeurer dans l'excellente condition physique qui est la sienne au moment de son élection et qui a sans doute compté dans le choix des cardinaux. Après la mort subite de Jean Paul Ier, ils ont certainement été sensibles à la relative jeunesse et à la bonne forme du prélat polonais.

Le pape ne les déçoit pas. Comme dans les années 1980, la question écologique en est encore à ses balbutiements, nul n'a idée que les sports d'hiver ont un coût environnemental, et personne ne se récrie devant les descentes à ski pontificales. Tout au contraire, elles participent du mythe naissant. Ainsi, en 1984, le pape se fera-t-il déposer en hélicoptère par l'armée italienne sur le glacier de l'Adamello qui culmine à 3 500 mètres au-dessus du lac de Garde. En 1986, le pape récidivera et se fera héliporter au sommet du mont Blanc. Si ces deux excursions et quelques autres sont médiatisées, en réalité, les moyens de la gendarmerie, en plus de la police vaticane, sont continûment mis à la disposition du pontife pour satisfaire ses envies de hauteur parfois soudaines. Le pape peut s'envoler vers les Abruzzes après une audience générale et revenir dans la soirée. Durant l'été, des hélicoptères sont mobilisés de même que des voitures banalisées, équipées de jumelles et de talkies-walkies lorsque le randonneur sillonne la montagne. De quoi protège-t-on le pape ? À partir de 1981 et de l'attentat dirigé contre lui, des terroristes, assurément, mais des journalistes également. Les photos volées du pape en train de dormir sous un arbre ou de pique-niquer feront à chaque fois le tour du monde. Aux côtés des frasques de la famille princière monégasque ou de Lady Di, elles feront les choux gras des tabloïds des années 1980. L'intimité volée sera toutefois une catéchèse très utile auprès du grand public. De fait, il n'y a rien de honteux ou de sensationnaliste dans ces images. Chacun a le droit à du loisir et à du repos. Mais surtout, à travers le pape, ces images témoigneront de l'assurance sereine d'un prêtre bien dans son corps et ayant des loisirs sains.

Pour un clergé viril et sûr de lui

Tout cela serait anecdotique si les décennies précédant son élection n'avaient pas ébranlé l'image du prêtre et avec elle nombre des certitudes catholiques. Beaucoup, y compris parmi les évêques, étaient certains que l'Église s'acheminait vers l'ordination d'hommes mariés. Pourtant, dès 1967 dans l'encyclique *Sacerdotalis caelibatus*,

Paul VI avait rappelé la discipline du célibat, et le synode de 1971 avait maintenu la position traditionnelle malgré les alertes d'un nombre important d'évêques qui pensaient que l'Église catholique se dirigeait vers la faillite progressive du système sacerdotal. Karol Wojtyla, lui, avait suivi Paul VI dans sa posture de fermeté. Il analysait la rupture des années 1960-1970 comme d'une nature bien différente des précédentes crises des vocations qu'avait déjà connues l'institution au moment des guerres ou des révolutions. Selon lui, les prêtres mariés ou vivant en concubinage, en s'affirmant comme sexués et désirants sans peur du scandale, et même en revendiquant leur droit de connaître cette dimension affective et sexuelle à l'instar des autres hommes, avaient dissipé l'auréole sacrée qui nimbait jusque-là les hommes de Dieu.

Dans le catholicisme romain, l'absence assumée de désir et l'autorité se nourrissent mutuellement. Bien que les choses ne soient jamais exprimées de façon aussi explicite, il y a une sorte d'échange sacrificiel entre la puissance sexuelle et reproductrice et le pouvoir sacerdotal et sacramentel : en se faisant « eunuque pour le royaume », selon la formule consacrée tirée de l'Évangile, le prêtre gagne le droit d'entrer dans le monde du sacré.

Par ailleurs, le discours officiel de l'Église prétend que les prêtres peuvent d'autant plus s'ériger en experts en matière de mœurs et de sexualité dans l'enseignement et la direction des consciences qu'ils ne participent pas au commerce affectif du commun des laïcs. Le don de soi à l'institution leur confère également la charge de gouvernance de l'Église et l'autorité doctrinale.

Les prêtres qui rompent leur engagement pour se

marier – et ils ont été nombreux dans les années 1960 et 1970 – brisent le mystère sacerdotal.

Parallèlement, naît en Occident l'affirmation d'une identité homosexuelle « fière », dévoilée et vécue au grand jour. Or prêtres et gays partagent le même état de vie public : ne pas avoir de femme et évoluer dans des milieux souvent non mixtes. Jean Paul II perçoit immédiatement la menace d'amalgame, d'autant qu'il n'est certainement pas ignorant du fait que nombre de prêtres catholiques sont homosexuels ou au moins « homosensibles », la prêtrise étant depuis longtemps un refuge pour les hommes catholiques homosexuels.

Plutôt que d'assumer cette dimension historique de la vocation sacerdotale, l'institution, sous la houlette de Jean Paul II, est bien décidée à reprendre la main. La solution qui est choisie est de « viriliser » les prêtres en leur injectant une bonne dose de sport afin de correspondre à un modèle plus stéréotypé de masculinité, celle du soldat ou de l'athlète. La personne de Jean Paul II elle-même devient de ce fait l'outil d'une propagande subtile et efficace. Le goût des années 1980 pour les gens célèbres fait le reste. Le pape nageur, skieur et « sportif de Dieu » occupe l'agenda médiatique. Qui oserait encore dire, à le voir, que le sacerdoce catholique ne permet pas de s'accomplir pleinement comme homme ?

Mais le pape ne s'arrête pas là. Sa pensée fait système. Il fera du Christ le modèle point tant de tous les baptisés que des prêtres. Dans l'exhortation apostolique *Pastores dabo vobis* de 1992, conclusion du synode de 1990 sur la formation des prêtres, c'est la question de la vocation et de l'identité du prêtre qui est principalement traitée. Le titre choisi est explicite : « Donnez-nous des pasteurs »

– c'est-à-dire des prêtres. C'est l'une des grandes batailles engagées par le pape contre la désaffection du sacerdoce et ce qu'on nomme « crise des vocations ».

Dans la première partie du document, les causes sont renvoyées à un défaut de compréhension de l'enseignement de l'Église : la « crise [...] apparue dans les années qui ont suivi immédiatement le concile [est] née d'une interprétation erronée, parfois même volontairement tendancieuse, de la doctrine ». Le relativisme moral, l'individualisme et l'émancipation sexuelle sont pointés comme les uniques causes de la crise des vocations, toutes causes extérieures au système ecclésial. Les apports de la théologie ou de l'exégèse sur les ministères, les expériences nouvelles des prêtres missionnaires au travail ou à l'étranger, ou bien encore les progrès de la connaissance psychologique ne sont même pas évoqués. « Le prêtre trouve la pleine vérité de son identité dans le fait d'être une participation spécifique et une continuation du Christ lui-même. » L'ordination « configure le prêtre à Jésus-Christ tête et époux de l'Église ». Cette Église « épouse de Jésus-Christ épousée par le prêtre de manière totale et exclusive ». En passant, le texte donne quelques coups de canif à l'idéal d'une Église « peuple de Dieu » des années conciliaires.

Concrètement, le pontificat de Jean Paul II enclenche un processus désormais bien visible, dans les communautés catholiques, de réaffirmation ostentatoire de l'identité sacerdotale. Dès 1982, le vicariat de Rome interdira le costume laïc aux prêtres de passage dans la Cité éternelle : la soutane signe la fonction du prêtre. Et ce dernier peut et doit être pleinement à l'aise et détendu alors même qu'il revêt une robe, parce que son identité est pleinement rétablie. Comme le pape, le prêtre postconciliaire de l'après-crise catholique fait du sport pour montrer qu'il est à l'aise dans sa vie et dompte son corps comme son désir.

L'attentat vécu comme un martyre

Dans sa longue marche pour revaloriser la fonction sacerdotale, le pape polonais n'avait sûrement pas prévu que son corps lui échapperait. L'attentat dont il sera victime, trois ans après son élection, entraînera le premier grave accident de santé d'un homme de soixante et un ans qui jusqu'alors n'avait pas subi d'actes médicaux importants. Le 13 mai 1981, sur la place Saint-Pierre de Rome, Mehmet Ali Agça et son complice tireront à plusieurs reprises sur Jean Paul II avec un pistolet Browning. Le pape s'effondrera dans les bras de son secrétaire particulier. Toutes sirènes hurlantes, l'ambulance le conduira vers l'hôpital tandis qu'il se vide de son sang. Il demeurera hospitalisé jusqu'au 15 août et, au cours de ces trois longs mois, subira deux opérations : une première immédiatement après l'attentat pour réparer les lésions internes et une seconde plus tard, pour enlever un système de dérivation intestinale qui a été installé. Transfusé, le pape contractera de surcroît une grave infection qui compliquera son rétablissement. Dès que Jean Paul II reprendra conscience, il négociera avec ses chirurgiens. Il ne souhaite pas paraître affaibli devant le public. Pourtant, il enjoindra aux médecins d'intervenir, malgré l'infection, afin de réaliser la seconde opération prévue. Le professeur Crucitti confiera plus tard :

« Il ne voulait sortir de l'hôpital que redevenu ce qu'il était auparavant. Il ne voulait pas nous quitter avant la seconde opération. » À l'orée des années 1980, le pape sportif et en bonne santé ne veut pas donner à voir au public sa vulnérabilité.

Le monde scrute son état de santé : l'attentat va-t-il stopper la course d'un pontificat aussi éclatant depuis 1978 ? Jean Paul II donnera rapidement un sens religieux au drame. Les médecins assurent qu'il est passé proche de la mort. Lui n'a aucun doute : la Sainte Vierge l'a protégé. En effet, l'attentat a eu lieu le jour anniversaire de l'apparition de la Vierge Marie aux trois jeunes bergers de Fatima au Portugal le 13 mai 1917. Le 13 mai est donc, dans le calendrier catholique la fête de Notre-Dame de Fatima. En conséquence, il imposera son calendrier aux chirurgiens. Il souhaitera que la seconde opération se déroule le 5 août, le jour de la fête de Notre-Dame-des-Neiges, un des vocables sous lesquels est invoquée Marie à Rome. Son rétablissement à l'issue de cette dernière opération sera rapide et Jean Paul II rentrera au Vatican pour les célébrations de l'Assomption de la Vierge, le 15 août. De la fête de Notre-Dame de Fatima à l'Assomption, la boucle sera bouclée : de bout en bout, Marie aura encadré l'épisode douloureux.

Un an plus tard, le Vatican autorisera la mise en circulation des témoignages des chirurgiens qui ont opéré le pape. Avant Jean Paul II, le Vatican se conformait aux usages des grandes monarchies. Les chirurgiens intervenaient dans une pièce aménagée dans le palais apostolique et dans le plus grand secret. La Maison de Santé pontificale donnait de laconiques informations sur la convalescence du pontife si celui-ci devait réduire ses activités.

En 1982, le professeur Crucitti commencera ainsi son récit : « Je n'avais qu'une pensée : ouvrir, ouvrir sans perdre une seconde. Et j'ai ouvert. Et j'ai vu du sang, du sang. » Jamais viscères pontificaux n'ont été aussi méticuleusement décrits : « Le mésentère, membrane d'où partent les vaisseaux sanguins qui irriguent l'intestin grêle, était coupé en plusieurs endroits. J'ai fait les résections et les anastomoses nécessaires, lavé le péritoine, suturé le sigmoïde. » Le corps du pape sera exposé sous la lumière crue de la médecine. Mais d'une certaine façon, l'attentat rendra le pape semblable à un martyr des persécutions anciennes. Ses souffrances et les vicissitudes de sa chair deviennent objets de dévotion. S'agit-il des accents baroques d'une piété catholique ou du voyeurisme propre aux codes de la presse *people* qui s'introduisent au Vatican ? Un peu des deux sans doute. La vulnérabilité issue de l'attentat sera mise en scène comme une passion suivie d'une résurrection. La conclusion s'imposera : seul un miracle peut expliquer qu'un homme se relève d'une telle agression.

Malgré leur gravité, les événements de 1981 n'entameront pas le roc physique qu'est Jean Paul II. Très vite, à partir de l'automne, le cours de sa vie reprendra. Les voyages, les audiences et les sorties à ski s'enchaîneront de nouveau à un rythme effréné. L'attentat ne sera qu'une parenthèse. Protégé providentiellement par la Vierge, il reprendra ses activités et montrera pendant toutes les années 1980 une insolente santé, enchaînant voyage sur voyage à travers le monde entier.

La maladie vécue comme une Passion

Ce n'est qu'au cours de la décennie suivante que le corps du pape sera de nouveau défaillant, et cette fois, cela se produira d'une manière beaucoup plus sourde et insidieuse. Le mal menace désormais de l'intérieur. En 1992, le pape subira une nouvelle opération à la clinique Gemelli. Le professeur Crucitti lui retirera une tumeur de l'intestin alors qu'on avait annoncé une opération bénigne. Les tabloïds commenceront à s'inquiéter. Le *Sunday Times* mettra à sa une « les derniers jours du pape ». Les démentis du Vatican n'arrêteront plus les rumeurs. L'arrivée du cardinal Angelo Sodano au poste de secrétaire d'État en 1990 contribuera aussi à changer la donne. Finie la transparence. Mais les communiqués anodins et optimistes sur l'état de santé du pape seront de moins en moins rassurants. Le doute commencera à naître lorsqu'on le verra en public retenir sa main gauche tremblante, son visage se figer, sa silhouette se pencher dangereusement en avant. Une partie de ses propos deviendra incompréhensible. En novembre 1993, à la fin d'une audience, le sportif de Dieu butera sur un tapis, tombera et se cassera une épaule. En avril 1994, il chutera de nouveau et se fracturera le col du fémur. Il n'a que soixante-quatorze ans. Le jour de Noël 1995, il balbutiera et fera un malaise durant la bénédiction de Noël retransmise à la télévision. Puis, en octobre 1996, une opération de l'appendicite le conduira une nouvelle fois à l'hôpital. Il n'y aura plus de doute désormais, le corps du pape lui échappe. Certains spécialistes de la maladie seront formels, ce sont les symptômes de Parkinson. Le porte-parole du pape démentira et parlera d'un obscur « syndrome nerveux extrapyramidal ». Il faudra attendre 2003, deux ans avant sa mort, pour que le Vatican confirme officiellement le diagnostic.

Dans la décennie 2000, aux ennuis de la maladie s'ajouteront ceux propres à un octogénaire : la surdité d'une oreille et l'arthrose. À chaque voyage, à chaque cérémonie, à chaque acte pontifical, on craindra que l'état de santé du pape ne l'oblige à annuler. Pourtant, le vieil homme tiendra bon. Les cérémoniaires du Vatican multiplieront les expédients. Le pape sera désormais déposé au pied de l'autel pour les célébrations place Saint-Pierre. Ce seront les acolytes qui encenseront lors des messes. Il ne se déplacera plus pour donner la communion mais les fidèles viendront à lui. Une estrade mobile l'élèvera quand il faut… Pourtant, le pape ne souhaitera surtout pas alléger ses voyages comme le lui conseilleront ses collaborateurs. En 1999, pour son septième voyage en Pologne, il enchaînera les étapes. Le voyage en Terre sainte en 2000 sera mené tambour battant. En 2001, malgré l'intense année jubilaire qui vient de s'achever, il repartira à Malte, en Grèce, en Syrie, en Ukraine, au Kazakhstan et en Arménie. Contre toute attente, il présidera lui-même les JMJ à Toronto en 2002. Il s'emportera parfois devant ce corps qui se dérobe mais refusera de ralentir pour autant. Renato Boccardo, l'un de ses proches collaborateurs, rapporte l'avoir vu « manquer de tomber un jour, en descendant une marche, et maudire son corps malade : de rage, il a fait sursauter tout le monde en frappant le sol en bois avec le manche de sa crosse ».

Il lui faudra désormais assumer la faiblesse physique qu'il n'a pas voulu montrer lors de l'hospitalisation de 1981. La transition sera loin d'être facile pour cet homme qui s'est si longtemps appuyé sur sa force physique comme image de sa ténacité morale. Mais le corps martyr, puis ressuscité après l'attentat ne peut plus cacher ses défaillances. Le pape sait qu'il va devoir changer de registre. Comme l'excellent acteur qu'il aurait aimé être, il va endosser un autre costume. Dans ce nouveau rôle non plus il ne manquera pas de talent. Le voilà qui se fait désormais Christ montant peu à peu vers son Golgotha.

Jean Paul II consacrera, en 1984, alors qu'il est encore en pleine possession de ses moyens physiques, une lettre apostolique entière au sens chrétien de la souffrance. Intitulé *Salvifici doloris*, le texte confirme l'enseignement traditionnel de l'Église catholique et romaine en la matière. Compréhension chrétienne de la souffrance ou dolorisme inutile ? En 1993, il créera la Journée mondiale des malades. Célébrée le 11 février, le jour de la fête de Notre-Dame de Lourdes, elle se déroule chaque année dans un sanctuaire marial et sur un continent différents. En 2004, lors d'un voyage à Lourdes justement, il l'exprimera de manière directe, sans s'embarrasser des circonvolutions propres à la littérature magistérielle : « Le Christ souffre avec nous, nous offrant la possibilité de partager avec lui nos souffrances. » Dans le mystère de la Rédemption, tel qu'il le comprend, la mort douloureuse du Christ, accomplie une seule fois, n'exclut pas la possibilité, pour les croyants, d'y participer par l'offrande de leurs propres souffrances.

Un sens du sacrifice érigé en modèle

Donner une dimension spirituelle à la souffrance, certes, mais pourquoi donc se maintenir en fonction ?

Lorsque, en octobre 1991, des évêques brésiliens lui souhaiteront un bon jubilé pontifical pour ses treize années de règne, il les reprendra : « Il n'est pas question de parler de treize ans. Nous devrions parler de trois années de pontificat et de dix années de miracle. » Si la Vierge a détourné la balle, c'est que le pape doit survivre et accomplir jusqu'au bout sa tâche. Il s'en expliquera dans une méditation donnée aux pèlerins de la place Saint-Pierre à la veille d'une nouvelle opération le 29 mai 1994, alors qu'il a soixante-quatorze ans : « J'ai compris que mon rôle est de conduire l'Église du Christ vers son troisième millénaire par des initiatives variées, mais aussi par la souffrance, par l'attentat d'il y a treize ans et par ce nouveau sacrifice. » À sa conception providentialiste du monde, il ajoute sur sa propre personne une dimension sacrificielle quasi messianique. Pour sauver l'Église qui s'engage dans le troisième millénaire, il faut donc le sacrifice d'un homme, le pape. Ce sera enraciné dans cette conviction que Jean Paul II, évêque de Rome, ne va pas hésiter à se maintenir en fonction au-delà de la règle commune qui impose à tous les évêques de présenter leur démission à soixante-quinze ans. Il ne le fera pas non plus à quatre-vingts ans, à l'issue des célébrations du jubilé de l'an 2000 comme c'est la règle pour les cardinaux. Il doit aller jusqu'au bout de son destin, de ce grand rôle que la Providence a écrit pour lui.

Le sportif de Dieu se sera transformé en un vieil homme tremblant, malade, au souffle court. Mais, là encore, il aura le talent de faire de cette faiblesse une force. Les hagiographes de Jean Paul II seront sensibles à la figure du pape héroïque qui, malgré la détresse physique et les rictus de douleur, va « jusqu'au bout ». Ils exploiteront la thématique biblique du serviteur souffrant. Pourtant, ces choix sont lourds de conséquences pour le catholicisme du XXIe siècle. Il impose cet héroïsme comme modèle à tous les catholiques et en particulier aux prêtres. Il nourrit ainsi un cléricalisme diffus qui a prospéré, notamment dans les nouvelles communautés. Quand un pape accablé de maux ne se plaint pas, qui pourra dire que la tâche est trop lourde, le sacrifice trop grand ? Comment de jeunes recrues pleines de vitalité pourraient-elles refuser l'offrande de leur vie ?

Plus prosaïquement, au-delà des dégâts spirituels, les conséquences en termes de gouvernance ne sont pas non plus anecdotiques. La Curie, cette administration qui parce qu'elle sert la papauté n'hésite pas à désobéir aux papes, n'attendait que cela. Régulièrement montrée du doigt depuis le concile, elle prend sa revanche. Des proches assurent qu'ils parlent au nom du pape sans qu'on puisse être assuré de la véritable volonté de celui-ci. D'autres sauront exploiter toutes les vulnérabilités du pontife pour dicter leurs propres options, au point qu'à partir du milieu des années 1990 il sera difficile de savoir quelle part Jean Paul II assure encore dans la gouvernance de l'Église catholique.

Il est frappant de constater que son successeur Benoît XVI prendra sur ce point le contre-pied de son illustre prédécesseur en démissionnant quand il sera convaincu que ses forces ne sont plus suffisantes. Assurément, Joseph Ratzinger avait été suffisamment proche de Jean Paul II pour faire le constat des dégâts causés par cette terrible fin de règne.

8.

L'ordre préféré aux pauvres

5 mars 1983 –
Réprimande du père Ernesto Cardenal

Il est 9 h 15 ce matin du 5 mars 1983, lorsque l'avion de Jean Paul II se pose à Managua, la capitale du Nicaragua. Le pape descend l'escalier mobile et se dirige d'un pas alerte vers la délégation gouvernementale qui l'attend. Là, un homme tranche au milieu des costumes kaki des militaires de la junte révolutionnaire au pouvoir. Pantalon noir, chemise immaculée, barbe et chevelure de neige, il s'agit d'Ernesto Cardenal. Cet ancien moine trappiste et poète populaire au Nicaragua a accepté la charge de ministre de la Culture du gouvernement. Alors que Jean Paul II arrive à sa hauteur, le prêtre enlève son béret en signe de respect et pose un genou à terre. Le pape s'arrête mais, sans le saluer, il lève la main et tance du doigt l'homme agenouillé dans un humiliant geste de réprimande. Interloqué, le père Cardenal se redresse, remet son béret et tente de dialoguer. Le visage de Jean Paul II ne se déride pas et, malgré les quelques phrases échangées, il reprend sa marche sans un geste d'amitié ou de conciliation. Le camouflet, enregistré par les caméras du monde entier, n'est pas une sortie de piste d'un pape qui aurait perdu son sang-froid. C'est un avertissement lancé à tout un continent.

Au moment du voyage pontifical, le Nicaragua, petit pays d'Amérique centrale, est en pleine ébullition. En 1979, la dictature de la famille Somoza a été renversée par le mouvement sandiniste. La junte qui a pris le pouvoir sous la direction de Daniel Ortega essaie d'appliquer un programme de gauche tel qu'on l'entend classiquement en Amérique latine. Les efforts pour une meilleure répartition des richesses, jusque-là concentrées dans les mains de quelques puissantes familles, ont pour corollaires une mise à distance de l'armée et des compagnies minières ou agricoles nord-américaines et, bien sûr, le rapprochement avec Cuba. L'île des Caraïbes est toujours un exemple pour la région : elle est le premier pays où, en 1955, une insurrection populaire est parvenue à mettre à bas une dictature. Ernesto Cardenal et son frère Fernando, prêtre lui aussi et jésuite, ont le parcours caractéristique des catholiques qui s'engagent politiquement. Ils sont passés d'un apostolat social à l'engagement public avec l'espoir de faire advenir une nouvelle société plus juste et démocratique. Les frères Cardenal ont décidé de participer activement aux programmes culturel et éducatif du gouvernement. En accord avec leurs évêques, ils ont, pour le temps de leur engagement, suspendu leur vie de prêtre et ne célèbrent plus les sacrements. La « croisade nationale de l'alphabétisation » qu'ils promeuvent est une telle réussite que l'Unesco la salue par la remise d'un prix au Nicaragua en 1980. Durant la décennie, le taux d'alphabétisation passera de 13 à 50 %, l'un des rares succès que les historiens concèdent au bilan de la junte. Cependant, pour Jean Paul II, Cardenal a irrémédiablement fauté en s'engageant aux côtés d'un gouvernement d'inspiration marxiste. À ses yeux, le sandinisme n'a rien à voir avec les élans populaires de Solidarnosc dans son pays d'origine, et la conception dévoyée de l'homme et de la liberté qu'il charrie doit être combattue.

Ce que Jean Paul II n'a pas voulu comprendre

Pour comprendre le catholicisme latino-américain du début de la décennie 1980, il faut remonter quelques années auparavant jusqu'au concile Vatican II (1962-1965) et rappeler le rôle central du Celam, le Conseil épiscopal latino-américain. Né en 1955, cet organe original de coordination pastorale entre évêques et supérieurs religieux a servi à l'affirmation d'un catholicisme populaire et progressiste sur le continent sud-américain. Sous Pie XII, les Églises sud-américaines étaient encore très dépendantes de la puissante Commission de l'Amérique latine à Rome et maintenues dans une situation néocoloniale. Au début des travaux du concile, la plupart des observateurs pensaient que les évêques sud-américains suivraient les instructions de la Curie, et les évêques espagnols et portugais. Mais il était rapidement apparu que les évêques d'Amérique latine, qui représentaient plus de 20 % des effectifs du concile, s'inscrivaient très majoritairement dans la même dynamique d'ouverture que celle qui était portée par les Belges, les Français et les Allemands. Ils y avaient même contribué en apportant, sur de nombreux points, des soutiens décisifs et des interventions de qualité. La figure de dom Helder Camara, évêque de Recife au Brésil, avait fait grande impression. Dom Helder portait la question des pauvres, de l'injustice qui leur était faite par les puissants et les fortunés, et il avait l'oreille bienveillante de Paul VI. Sous son impulsion, alors que le concile s'achevait, en novembre 1965, une quarantaine d'évêques avaient signé un engagement à la pauvreté à l'issue d'une messe célébrée dans les catacombes de Domitille. Ce texte connu sous le nom de « Pacte des catacombes » avait été, dans les mois qui suivirent, signé par plus de quatre cents évêques à travers le monde. En treize points, le « pacte » affirmait la nécessité de changer le style du gouvernement épiscopal, d'abandonner tous les signes extérieurs de richesse et d'axer prioritairement la pastorale vers les plus déshérités.

Réunie à Medellin en Colombie en 1968 pour mettre en œuvre le concile sur le continent, l'assemblée du Celam avait entériné la priorité de la lutte contre l'injustice sociale, « l'option préférentielle pour les pauvres » défendue par dom Helder. La « communauté ecclésiale de base », centrée autour de la lecture et de la pratique de l'Évangile, était proposée comme un modèle pastoral de renouvellement de la paroisse. Les résolutions de Medellin avaient marqué la victoire de l'enseignement de la constitution conciliaire *Gaudium et spes* et de la méthode « voir, juger, agir » de l'Action catholique, qui consiste à partir du social et de ses enjeux et de discerner à partir de cette réalité où se situe l'appel évangélique. Dans une Amérique latine en plein changement, Medellin avait ainsi été le début d'un véritable mouvement social qui avait dès lors revêtu de multiples formes : communautés ecclésiales de base en ville ou dans les villages indiens, groupes de quartier dans les *favelas*, commissions diocésaines « Justice et Paix », mouvements de l'Action catholique, pastorale populaire pour défendre la terre des indigènes, la dignité des femmes ou l'accès aux ressources naturelles... Cette priorité accordée aux enjeux sociaux fonctionnait d'autant plus que la plupart des pays d'Amérique latine connaissaient au cours de ces années 1960-1970 un mouvement de concentration de l'économie. L'agriculture paysanne se marginalisait face aux grands domaines, et les pauvres chassés en ville se retrouvaient dans des bidonvilles aux abords des métropoles. L'expression « théologie de la libération[1] » est en fait forgée par la Curie qui l'emploiera par la suite pour désigner – et condamner – tout un ensemble de réflexions théologiques et d'initiatives pastorales. Cette expression vient d'une communication faite lors de la conférence de Medellin de 1968 par le prêtre péruvien Gustavo Gutierrez Merino, qui a ensuite développé sa pensée dans un livre intitulé *Théologie de la libération* paru au Pérou en 1971.

La trahison de « l'Église des pauvres »

Une telle floraison d'initiatives ne se fit pas sans heurts. Le catholicisme social et populaire porté par l'esprit de Medellin contestait les équilibres politiques traditionnels des sociétés latino-américaines. Ces dernières étaient historiquement marquées par des hiérarchies économiques et raciales de toutes sortes. La puissance de l'Église catholique y était intimement liée à celle des catégories sociales supérieures. Ce sont elles qui fournissaient bon

1. Les historiens de la théologie soulignent plutôt l'existence d'un courant chrétien multiforme de « théologies chrétiennes de la libération » qui ne sont pas exclusivement catholiques : on peut y retrouver par exemple le presbytérien brésilien Rubem Alves.

nombre des vocations, finançaient l'Église par leurs donations et assuraient le patronage de toutes sortes d'œuvres scolaires ou de bienfaisance. Pour ces catholiques attachés à la vision traditionnelle de la charité, les pauvres étaient certes à l'image de Dieu et leur détresse devait bien sûr être soulagée par des organisations paroissiales, diocésaines ou religieuses diverses, mais l'ordre social appartenait aux décrets de la divine Providence. Aussi les révolutionnaires qui rêvaient de changer l'ordre des choses étaient-ils d'abord guidés par un orgueil qui leur faisait croire qu'ils savaient mieux que Dieu lui-même comment le monde devait être organisé. Bref, selon eux, la véritable vocation chrétienne ne consistait pas à devenir révolutionnaire mais saint.

Cette critique était diffusée massivement par la tentaculaire organisation de l'Opus Dei, très bien implantée sur le continent sud-américain, ou bien encore par les groupes brésiliens Permanência et Hora Présente. Ces derniers courants contestaient ouvertement le concile et le Celam. Au Brésil, alors que s'était installée une dictature militaire (1964-1985), l'éditorialiste brésilien Gustavo Corçao n'avait pas de mots assez durs contre dom Helder Camara et ses émules. Les généraux brésiliens firent composer des sambas, massivement diffusées à la radio publique, dont les paroles dénonçaient le « curé rouge ».

L'engagement d'une partie des religieux et des religieuses, des prêtres et de quelques évêques dans la défense des plus démunis se heurta également à l'agenda antimarxiste des États-Unis. Jusqu'à l'aube des années 1980, l'Amérique centrale est, dans son ensemble, gouvernée par des régimes d'extrême droite qui prônent, comme le Nicaragua de Somoza, la doctrine de la « sécurité nationale » diffusée par l'armée et la diplomatie américaines. Les « entorses » aux droits humains sont tolérées si elles permettent de contenir l'idéologie marxiste. Les militants catholiques engagés sur le terrain des droits humains deviennent la proie des dictatures militaires. C'est le cas par exemple au Brésil, en Argentine ou au Chili.

À de rares exceptions, les évêques manquent de lucidité face au tour dramatique que prend la situation dans de nombreux pays. Dans un câble diplomatique de la secrétairerie d'État à Henry Kissinger, révélé en 2012 par les « Vatileaks[1] », on découvre comment, après le coup d'État du général Pinochet contre le régime d'Allende en 1973, Rome reconnut quelques « effusions de sang [...] comme c'est naturel après le coup d'État ». Mais les évêques chiliens contactés par Giovanni Benelli, alors sous-secrétaire d'État, assuraient que « les récits de représailles brutales relayés par les médias internationaux étaient infondés ». Pour beaucoup de responsables religieux, il s'agissait là d'une manipulation de la presse par l'opinion de gauche. Au Chili, alors que les journaux du monde entier relataient les exactions du régime mis en place par le général Pinochet, le Vatican mit plus d'une année à prendre la mesure des représailles contre les soutiens du président Allende – disparitions, arrestations et emprisonnements arbitraires, tortures, exécutions. Pour autant, le Vatican ne suspendit pas ses relations diplomatiques avec le Chili et ne protesta pas publiquement.

1. On nomme ainsi la diffusion, en 2012, de courriers confidentiels du Vatican. Le majordome du pape fut reconnu coupable d'avoir organisé la fuite massive de ces informations. Elles révélèrent un ample réseau de corruption, de népotisme et de favoritisme.

Dans un paysage où les évêques se taisaient ou s'acoquinaient avec les pouvoirs militaires, l'attitude d'Oscar Romero, archevêque de San Salvador, tranchait. Réputé conservateur, proche de l'Opus Dei au moment de sa nomination, alors que son pays sombrait dans la violence, soumis aux raids meurtriers des escadrons de la mort, il s'engagea à partir de 1977 dans la dénonciation des violations des droits humains. Il prit alors le parti d'une « Église des pauvres », laquelle n'avait rien des accents marxistes que l'on caricaturera ultérieurement... Il fut assassiné en 1980, mitraillé dans son église alors qu'il y célébrait la messe. Le jour de son enterrement, une bombe explosa dans la cathédrale en guise d'avertissement : les catholiques qui s'opposeraient au régime subiraient le sort de leur pasteur. Quelques semaines auparavant en Europe, Mgr Romero avait expliqué comment « est attaquée ou persécutée cette partie de l'Église qui s'est mise aux côtés du peuple et se pose en défenseur du peuple. Ici aussi, se trouve la même clé d'explication de la persécution de l'Église : les pauvres ». Il sera proclamé saint par François en 2018. Depuis 1998, il a sa statue sur la cathédrale anglicane de Westminster parmi dix martyrs chrétiens du XXe siècle, entouré entre autres des protestants Martin Luther King et Dietrich Bonhoeffer, théologien et résistant au nazisme exécuté dans sa prison en 1945. Il est cependant significatif qu'il ait fallu attendre la mort de Jean Paul II pour que la cause de sa canonisation avance, alors que la qualification de « martyr de la foi » semblait évidente. Le pape Benoît XVI, qui autorisera en 2007 la procédure de béatification, affirmera encore qu'il est difficile de démêler le politique du religieux dans les causes de son assassinat.

La reprise en main romaine

Lorsqu'il condamne publiquement Cardenal, Jean Paul II ne modifie pas la politique de son prédécesseur Paul VI. Ce dernier avait déjà voulu barrer certains des chemins empruntés, après le concile, par nombre de catholiques sud-américains. En 1970, les statuts du Celam, jugé trop indépendant, avaient été réformés par Rome. Désormais, les présidents de conférence des évêques, mieux contrôlés par la Curie, siégeaient de droit aux côtés des délégués élus afin de contrebalancer le pouvoir des évêques des diocèses périphériques. La politique de nomination de Paul VI avait commencé à changer la physionomie de l'épiscopat. Les nouveaux évêques n'étaient plus choisis parmi les curés des paroisses populaires ou les responsables de l'Action catholique mais issus d'ordres ou de congrégations religieux, ou de mouvements plus modérés voire franchement réactionnaires. Ainsi, en 1972, Alfonso Lopez Trujillo, évêque auxiliaire de Bogota, était devenu le secrétaire du Celam. Fils d'une grande famille colombienne élevé dans la haine du marxisme, il était bien décidé à épurer les Églises d'Amérique latine des « orientations pastorales déviantes » avec, en ligne de mire, 1978 et le dixième anniversaire de la conférence fondatrice de Medellin. Mais la mort, coup sur coup, de Paul VI puis de Jean Paul Ier avait reporté l'assemblée générale des évêques du Celam à 1979.

Dès son élection à l'automne 1978, Jean Paul II fit de l'Amérique latine un enjeu et un marqueur de son pontificat car il savait que c'était l'un des lieux majeurs où se jouait l'interprétation du concile. Redevable à ses soutiens américains, il avait également le sentiment qu'il y soufflait un vent opposé à ses convictions. Ce continent, sensible aux analyses marxistes, s'opposait à sa volonté de remettre en scène une Église catholique puissante, unie, sûre d'elle et de sa doctrine.

Sitôt élu, il avait donc demandé à son secrétaire d'État Jean-Marie Villot de lui organiser deux voyages : l'un en Pologne pour la Saint-Stanislas et l'autre à Puebla, au Mexique, pour l'assemblée du Celam, à laquelle il voulait assister en personne.

Le 28 janvier 1979, la tension était grande dans la salle de la 3e conférence générale où étaient réunis 32 cardinaux, 70 archevêques, 131 évêques et une centaine d'ecclésiastiques, prêtres ou religieux. L'aréopage attendait avec impatience le discours qui déterminerait pour une bonne part la ligne future de la pastorale catholique du continent sud-américain. Karol Wojtyla suivrait-il la ligne conservatrice de Trujillo et Paul VI, ou irait-il vers le catholicisme des communautés évangéliques de base dans l'esprit de dom Helder Camara ?

Malgré l'onction ecclésiastique propre à ce genre de discours, le verdict fut sans appel. « Les conclusions de Medellin ont [du] positif », affirma le pape. Mais aussitôt, il tempéra cette déclaration, disant qu'on ne pouvait pas « ignorer les interprétations incorrectes qu'on en fait parfois ». Pour Jean Paul II, il en était de Medellin et du Celam comme du concile : seule Rome avait la légitimité pour en faire la juste interprétation.

Aux solidarités concrètes et préférentielles et aux engagements sociaux et politiques, il opposa « l'évangélisation », telle qu'elle avait été définie au synode des évêques de 1974. Cette dernière était entendue classiquement comme une extension dans la société, depuis l'Église, des vérités doctrinales catholiques. C'est l'Église qui était enseignante et non la société : on évangélisait le monde, on ne se laissait pas évangéliser par lui. Dans son discours, la pensée « néothomiste[1] » frôlait le syllogisme : l'évangélisation suppose de se soumettre à une vérité conforme à la dignité humaine, or c'est l'Église hiérarchique, c'est-à-dire le pape en dernier recours, qui définit cette vérité. L'évangélisation passe donc par la soumission au Magistère romain…

L'assemblée de Puebla en 1979 confirma quand même l'« option prioritaire pour les pauvres », sans indiquer comment cette préférence devait s'exprimer. À cette occasion, le très conservateur Trujillo fut élu président du Celam dont il n'était jusque-là que le secrétaire. Ce fut un tournant pour le continent. L'archevêque de Medellin put très vite compter sur l'appui du cardinal Joseph Ratzinger. Ce dernier, nommé en 1981 à la tête de la puissante Congrégation romaine pour la doctrine de la foi, fit en personne, dès 1982, le déplacement à Rio pour élaborer un plan afin de marginaliser ceux que l'institution considérait comme des dissidents. Trujillo continua son ascension et il fut promu cardinal en février 1983, quelques semaines avant le voyage pontifical de mars au Nicaragua et la terrible rencontre avec Cardenal.

1. Le néothomisme est un renouveau de la philosophie de saint Thomas d'Aquin au XIXe siècle, dans le but de réfuter le modernisme.

Le procès de la « théologie de la libération »

Pour contrer la multiplicité d'expériences jugées non conformes de cette « préférence pour les pauvres », l'expression « théologie de la libération » sera reprise par la Curie comme une étiquette globale afin de discréditer certains travaux intellectuels et documents pastoraux sur le continent. Dans cette opération de diabolisation, l'« Église des pauvres » sera considérée comme le cheval de Troie des agents soviétiques. Utilisé par les forces conservatrices, l'argument sera d'autant plus efficace que, sur le continent sud-américain, l'orgueil national est vivace : cette accusation de contamination, depuis l'étranger, par le poison d'idées subversives trouvera un écho dans les milieux populaires. Pourtant, la quasi-totalité des théologiens associés au courant dit de la « théologie de la libération » récusera toute assimilation du christianisme au marxisme. Mais pour Rome, ni le doute ni le dialogue n'existèrent. Dans deux instructions respectivement datées de 1984 et de 1986, la Congrégation pour la doctrine de la foi, dirigée par le cardinal Ratzinger, pointera le risque d'importer la « praxis » du matérialisme athée de Karl Marx et de Lénine au sein du christianisme.

Le premier texte, daté de septembre 1984, rappellera que la libération est bien une promesse que le Christ fait à son peuple. Mais cette dernière concerne la « servitude du péché » individuel, la seule qui mérite véritablement d'être combattue et non les formes d'aliénations socio-économiques. Le texte s'inquiétera de l'idéal d'égalité qui se diffuse au sein de l'Église elle-même. Il récusera la critique selon laquelle « sa constitution hiérarchique serait opposée à l'égalité » et que « son Magistère serait opposé à la liberté de pensée ». Selon le texte, la « diversité des charismes » autorise les discriminations et ces dernières ne s'opposent pas à « l'égale dignité des personnes ». Ce refus du terme même d'« égalité » au profit de celui d'« égale dignité » se retrouvera dans les textes concernant les hommes et les femmes. L'éloge de la différence, comme celui de la diversité, cache une véritable phobie de l'égalité effective, laquelle conduirait à la mise en cause de la structure hiérarchique de l'Église. Ce texte romain procède par un système de citations fermées : il ne renvoie qu'à d'autres textes romains. Jamais les théologiens, leurs ouvrages incriminés ou les options problématiques qui leur sont imputées ne sont explicitement évoqués. Comme pour le « modernisme » au début du XXe siècle ou la « théorie du genre » à l'orée du XXIe siècle, l'institution romaine procède par l'amalgame d'une multitude d'options qui sont toutes regroupées sous le même vocable. La condamnation est globale et ne permet aucune controverse intellectuelle.

La seconde note de la Congrégation pour la doctrine de la foi, datée de 1986, complètera et affinera la condamnation initiale. Cette fois, c'est la possibilité d'une libération à l'œuvre dans l'histoire qui est critiquée. La rupture de la Renaissance qui, par « un retour à l'Antiquité en philosophie et dans les sciences de la Nature, pensait [...] permettre à l'homme de conquérir la liberté de pensée et d'action » est fustigée. Pêle-mêle, Luther, les Lumières et la Révolution française sont convoqués à la barre des accusés, dans la mesure où ils ont fait naître le fol espoir de jouir « dès cette terre de la félicité ». Face aux injustices, la réforme peut être envisagée, mais la possibilité de participer à un changement de régime de type révolutionnaire est quasiment exclue. Elle apparaît sous le titre « Un recours ultime » : « pour mettre fin à une tyrannie évidente et prolongée qui porterait gravement atteinte aux droits fondamentaux de la personne et nuirait dangereusement au bien commun d'un pays ». Si on lit attentivement le texte, il est clair qu'il vise la rébellion contre des pouvoirs qui privent leurs ressortissants de « la première de leurs libertés qui est la liberté religieuse ». Il ne s'agit donc pas de l'Amérique latine.

Les cardinaux Trujillo et Ratzinger assurent de cette façon la reprise en main dans l'arrière-scène tandis que Jean Paul II, sous les projecteurs et devant les caméras, fait passer le message avec plus de douceur. Homme d'images et de médias, le pape polonais sait quelles lignes ne peuvent pas être franchies. Durant ses voyages, la secrétairerie d'État et les nonciatures balisent sa route et lui indiquent les mouvements de l'opinion. Il est intransigeant au Nicaragua où il humilie Cardenal, et cela lui vaut d'être hué par des milliers de personnes lors de la messe qu'il célèbre à Managua. Mais prudemment, il ne lève pas la crosse contre dom Helder Camara. Il lui avait même rendu hommage de manière appuyée lorsqu'il avait visité, à l'occasion d'un voyage au Brésil, son diocèse de Recife le 7 juin 1980. Le pape savait que le petit homme était une telle icône auprès de la population qu'on ne pouvait pas y toucher. Tout au plus mit-il en garde assez classiquement les évêques brésiliens contre les risques d'une politisation de l'Église.

La revanche viendra plus tard, en 1985, quand il nommera José Cardoso Sobrinho pour lui succéder. Le choix est cruel : le nouvel évêque, dont l'essentiel de la carrière s'est déroulé à Rome, détricotera méticuleusement tout ce qu'avait initié son prédécesseur. Il fera fermer le séminaire régional et l'institut théologique, renverra les nombreux prêtres européens et américains progressistes envoyés en *fidei donum*, « par don de la foi », pour soutenir la pastorale de Camara. Il enterrera également la plupart des travaux de la commission « Justice et Paix ».

Au cours de son pontificat, Jean Paul II ne manqua ni d'astuce ni de ressources pour poursuivre son travail de reconquête des catholiques sensibles à la dimension caritative du message évangélique. Comme icône de la charité chrétienne, il privilégiera la figure de mère Teresa de Calcutta. Contrairement à dom Helder Camara ou à Oscar Romero, la sainte de Calcutta ne mettait que très secondairement en question les conditions qui conduisent à la pauvreté et à la façon dont les soins sont organisés pour les indigents. Sa compassion à l'égard des pauvres et des souffrants passait par la spiritualisation de la maladie, le consentement fataliste à son destin et surtout un loyalisme sans faille à l'égard de la hiérarchie ecclésiastique. Une telle piété est exemplaire de ce que Jean Paul II aurait voulu proposer au continent sud-américain. À défaut de trouver sur place une telle figure, il se tournera encore une fois vers le culte marial en contribuant à rehausser le prestige du sanctuaire de Notre-Dame-de-Guadalupe.

Une défense des droits humains à géométrie variable

La question des droits humains est toujours délicate pour Jean Paul II. La défense des droits est son cheval de bataille contre le régime polonais et le communisme du bloc de l'Est mais qu'en est-il ailleurs ? Quand les atteintes sont les plus manifestes, le pape sait les condamner, comme en 1983 en Haïti. Alors que la dictature de Jean-Claude Duvalier alias « Baby Doc » a perdu tout crédit sur la scène internationale, il lance à Port-au-Prince sa phrase célèbre : « Il faut que les choses changent ici ! » Mais au Chili en 1987 l'affaire sera beaucoup plus compliquée. Face au catholicisme pieusement affiché d'Augusto Pinochet, Jean Paul II ne fera pas preuve de la même dureté qu'avec le dictateur caribéen. Le Vatican n'ignorait pas qu'une partie de la haute société chilienne et de nombreux officiers catholiques soutenaient le général depuis le début. Qui plus est, l'Italien Angelo Sodano avait été nommé nonce au Chili en 1977 et il le restera jusqu'en 1988. Proche du pouvoir, ami de Pinochet, pendant ces onze années, il n'épargna pas sa peine pour ramener l'Église chilienne vers des options plus conservatrices.

En 1987, lors de la visite du pape, les mesures drastiques conseillées par le FMI ont enrayé les déficits et un relatif boom économique apaise les rapports sociaux. Un processus de réconciliation nationale est en route, les catholiques y prenant une part non négligeable. Pinochet vieillissant voudrait croire à un scénario de transition où il abandonnerait, petit à petit, le pouvoir à une droite conservatrice et libérale plus conforme aux standards démocratiques internationaux. Pour déminer un terrain qu'il sait difficile, le pape défendra dans ses discours à la fois les droits humains et le processus de réconciliation. Il rappellera la séparation du temporel et du spirituel, un principe qui empêche l'Église de prendre parti pour un type de régime en particulier… Jean Paul II se gardera donc bien d'attaquer Pinochet frontalement. Au parc O'Higgins, à Santiago, il condamnera toutefois l'emploi de la torture et aura des paroles pour les catholiques de gauche qui soutiennent les droits des travailleurs, des paysans et des minorités amérindiennes mapuches. Un rude exercice d'équilibriste pour le pontife polonais qui finalement trébuchera en s'affichant tout sourire aux côtés de Pinochet au balcon de son palais devant un parterre de fidèles soutiens. « Un piège que lui aurait tendu le vieux général qui l'a conduit sur ce balcon ! » : c'est la défense qu'élaboreront la plupart des biographes de Jean Paul II. Pourtant, on chercherait en vain dans les discours du pape une condamnation des régimes de dictature sud-américains, non plus que des courants politiques nationaux-catholiques qui les ont soutenus. Il y a bien là un « deux poids deux mesures » : l'engagement politique à droite semblerait beaucoup moins condamnable qu'à gauche.

Jusqu'à sa mort, Pinochet n'exprimera aucun regret sur les années de plomb chiliennes ni ne demandera pardon. Il confiera à plusieurs reprises qu'il estime que la Providence l'avait placé à cette place pour éviter que le pays ne sombre entre les mains des marxistes.

Jean Paul II pense lui aussi que la main de la Providence l'a fait pape pour le salut de la Pologne… et du reste du monde. Est-ce cette proximité de pensée qui explique que le pape ne rompra jamais les ponts avec le dictateur chilien ? En 1993, à l'occasion de leur anniversaire de mariage, le général et sa femme recevront deux lettres manuscrites du Vatican assorties d'une bénédiction pontificale : l'une émanant du cardinal Sodano, l'ancien nonce au Chili, devenu secrétaire d'État en remerciement de ses bons et loyaux services, et l'autre signée du pape en personne. En 1998, le Vatican protestera contre la demande d'extradition de l'Espagne alors que le dictateur séjourne à Londres pour une intervention chirurgicale… Jean Paul II, conseillé par Sodano, ne lâchera jamais le vieux général.

Pourtant, il n'est pas certain que la grille de lecture politique soit la plus pertinente pour comprendre ce que fait Jean Paul II en Amérique latine. L'antimarxisme n'est peut-être pas la clé principale de la condamnation de la « théologie de la libération ». Le refus du marxisme, le refus de voir des catholiques se compromettre avec des guérillas marxistes ou des régimes indulgents à l'égard du bloc de l'Est ont assurément pesé dans ses décisions, mais plus sûrement, il s'agissait pour le pape d'affaiblir voire d'éliminer les défenseurs d'une conception de l'Église en totale contradiction avec ses convictions.

Après le concile, les catholiques d'ouverture du monde entier avaient placé leurs espoirs dans les expériences des Églises latino-américaines. Avec elles, il semblait qu'une autre Église était possible, une « Église des pauvres », moins rigide, moins hiérarchique, plus diverse. Or non seulement ce mouvement a été écrasé – et on voit aujourd'hui que la faiblesse de la position de l'Église catholique auprès des plus pauvres laisse le champ libre aux sectes et aux mouvements évangéliques – mais les prélats les plus engagés dans cette grande restauration trouvèrent toute leur place au Vatican. Le cardinal Lopez-Trujillo quittera le Celam pour le Conseil pontifical pour la famille, objet de toutes les attentions de Jean Paul II. Et, en 1991, le cardinal Sodano deviendra secrétaire d'État, c'est-à-dire Premier ministre de Jean Paul II, poste qu'il ne laissera qu'à regret, plus de dix-huit mois après le décès de Jean Paul II. Il faut ici ajouter au tableau la carrière du fondateur des Légionnaires du Christ, le prêtre mexicain Marcial Maciel, brillant organisateur du premier voyage pontifical au Mexique. Inconditionnellement promu et soutenu par Jean Paul II, il sera quasiment canonisé de son vivant avant que ses ignobles turpitudes ne soient dévoilées.

En sabrant les expérimentations d'une génération qui cherchait à renouveler le monde de la paroisse, en Amérique latine et ailleurs dans le monde, Jean Paul II porte une ample responsabilité dans les modifications qui ont affecté le christianisme latino-américain dans le dernier tiers du XXe siècle. La réhabilitation des dévotions traditionnelles du catholicisme populaire latino-américain n'a finalement pas offert une alternative crédible aux efficaces stratégies de conquête des communautés évangéliques, qui ont si bien prospéré qu'elles sont en passe de prendre la première place dans bien des pays. Il est vrai qu'en matière de mise en scène d'effusions spirituelles et de miracles, les communautés néopentecôtistes issues de l'évangélisme nord-américain sont mille fois plus spectaculaires. Dans la mesure où la question de la transformation sociale n'était plus prise en charge par les communautés catholiques, les « théologies de la prospérité » ou « de la guérison » ont su séduire les catégories populaires. La parole chrétienne profondément évangélique de libération et d'émancipation a été supplantée par des paroles de consolation et de résignation qui, au bout du compte, assignent les pauvres et les déshérités à leur destin pour le plus grand profit des puissants et des riches.

Jean Paul II, pourtant si épris de piété mariale, ne semble pas avoir fait siens les mots du Magnificat prononcés par Marie : « Il renverse les puissants de leur trône, il élève les humbles », à moins qu'il ne les ait lus comme des promesses renvoyées à la fin des temps. En attendant, la peur des théologies populaires, le combat mené contre la « théologie de la libération » et la reprise en main organisée par des prélats conservateurs, loin de renforcer les Églises latino-américaines, les ont gravement affaiblies.

Le pape François, venu de ce continent, en a bien conscience et en prend le contre-pied avec le retour à une « théologie du peuple » ou avec les avancées initiées lors du synode d'Amazonie.

9.

Marie avant Jésus ?

24 mars 1984 – Notre-Dame de Fatima en visite au Vatican

La scène qui se déroule ce samedi 24 mars 1984 sur le tarmac de l'aéroport romain de Fiumicino a de quoi surprendre. Le Boeing 737 de la compagnie Air Portugal se pose sur la piste, attendu par une délégation digne de l'accueil d'un chef d'État : sont présents plusieurs cardinaux et évêques, dont le cardinal Ugo Poletti, évêque vicaire de Rome. Quand la porte de l'avion s'ouvre, les *carabinieri* italiens alignés en rang parfait de part et d'autre de l'échelle de coupée font retentir le claquement sec de leur salut militaire. Pourtant, ce n'est pas une personnalité qui est saluée mais un coffre de bois de taille modeste que deux hommes descendent précautionneusement. En grande pompe, ils sont accompagnés jusqu'à la petite chapelle de l'aéroport. Là, le coffre est ouvert. Il contient une statue d'à peine plus d'un mètre représentant une Vierge lourdement couronnée. C'est la statue originale de Notre-Dame de Fatima, qui a embarqué le matin même au Portugal, accompagnée de ses deux porteurs et de leurs épouses, de l'évêque du lieu, le diocèse de Leira, du recteur du sanctuaire et de quelques prêtres. Une messe a été célébrée à l'aube pour bénir le voyage de la Madone.

À Fiumicino, la pause est de courte durée. La statue est rapidement réintroduite dans son coffre et portée jusqu'à l'hélicoptère qui s'envole pour le Vatican. Cette fois, c'est le cardinal secrétaire d'État en personne, Agostino Casaroli, qui accueille la Sainte Vierge, accompagné d'un aréopage de cardinaux et de prélats de la maison pontificale, ainsi que de tout un petit peuple de religieuses et de séminaristes. Les gardes suisses en grand uniforme sont aussi de la partie. Depuis l'héliport, le cortège s'organise. On ressort la statue de son coffre et, psalmodiant en latin les mystères glorieux du Rosaire, on processionne jusqu'à la cour Saint-Damase où attend le maître des lieux, le pape en personne. Celui-ci, visiblement très ému, se penche sur les pieds de la statue qu'il baise avec vénération puis, prenant place en tête du pieux cortège, il accompagne son illustre visiteuse jusqu'à la chapelle Pauline, voisine moins connue de la Sixtine, dont les murs sont cependant couverts de fresques de la main de Michel-Ange. La statue posée, les derniers Ave du rosaire priés, sur un signe du responsable des cérémonies vaticanes, chacun se retire, laissant le pape agenouillé, plongé dans une intense méditation. Le journal du Vatican précisera que vers 21 heures la statue a été emportée jusqu'à la chapelle privée du pape, où celui-ci a pu continuer à prier tout à loisir. Le lendemain, la statue continue son périple et est offerte à la contemplation de la foule qui se rassemble sur la place Saint-Pierre en ce dimanche 25 mars où est célébrée l'Annonciation et où le pape souhaite prononcer la consécration du monde au Cœur immaculé de Marie. Après un passage dans la basilique

Saint-Pierre sur le maître-autel, sous le baldaquin, où le pape reste de nouveau longuement agenouillé, la Vierge ira encore passer quelques heures à Saint-Jean-de-Latran avant de reprendre l'avion et de regagner le Portugal.

Une piété mariale exacerbée

Le caractère franchement baroque de cet intermède romain ne se comprend qu'en reprenant le cours des événements à partir du 13 mai 1981, quand les coups de feu claquent sur la place Saint-Pierre. Mehmet Ali Agça vient de tirer sur le pape Jean Paul II, qui s'effondre. Nous sommes le jour anniversaire de la première apparition de Fatima, le 13 mai 1917. Ce « hasard » du calendrier ne frappa pas immédiatement le pontife. Si sa piété mariale ne faisait aucun doute, elle avait été, jusqu'à ce jour fatidique, appuyée sur les figures polonaises et en particulier la Vierge noire de Czestochowa. Plus tard, quand il prit conscience de cette conjonction particulière du calendrier, il ne douta pas de la protection que la Vierge lui avait accordée et déclara : « C'est une main maternelle qui guida la trajectoire de la balle et le pape agonisant s'est arrêté au seuil de la mort[1] », certain que la main meurtrière qui avait tiré avait été contrée par une autre main, salvatrice, celle-là, qui avait détourné la balle.

Pour honorer et remercier cette « main », une année jour pour jour après l'attentat, le 13 mai 1982, le pape se rendit en pèlerinage au sanctuaire de Fatima au Portugal pour s'incliner devant la Vierge qui lui avait permis de

1. Aux cardinaux réunis en consistoire à Rome.

réchapper de la mort ; et c'est cette même Vierge qu'il fait maintenant revenir à Rome pour la cérémonie de consécration du monde au Cœur immaculé et aimant de Marie.

Mais même si la dévotion mariale de Jean Paul II a pris une ampleur toute particulière après l'attentat qui a failli lui coûter la vie, il serait faux de prétendre que c'est cette circonstance extrême qui l'a conduit vers la Vierge Marie. Il reste que l'attentat et la visite à Fatima vont donner une couleur tout à fait spécifique à ce pontificat polonais.

Bien sûr, la plupart des papes ont manifesté une dévotion appuyée envers la Vierge Marie, mais peu l'ont poussée au niveau de Karol Wojtyla. De surcroît, il a fait d'une piété personnelle une norme universelle en ne cessant de lier la spiritualité catholique à un culte marial exacerbé, à rebours de ce que l'Église catholique avait tenté de faire lors du concile Vatican II.

La réaction des pères du concile venait après que Pie XII avait en 1950 proclamé, en usant pour la première fois de l'infaillibilité pontificale, le dogme de l'Assomption (la croyance traditionnelle de la montée au ciel de Marie au moment de sa mort). En 1953, il avait écrit l'encyclique *Fulgens corona* et consacré le monde au Cœur immaculé de Marie. Les années 1950 avaient été celles d'une inflation mariale. On trouvait la trace d'une contestation de cette dérive dès les premiers débats du concile Vatican II. Les évêques avaient bataillé contre la Curie romaine pour que les énoncés théologiques concernant la Vierge Marie ne fassent pas l'objet d'un texte conciliaire spécifique mais soient plutôt inclus dans *Lumen gentium*, le grand texte sur l'Église. Leur objectif était de remettre Jésus-Christ et la Parole de Dieu – la Bible et particulièrement les Évangiles – au centre de la théologie chrétienne et que soit évitée la proclamation d'un nouveau dogme marial : les titres de corédemptrice ou de médiatrice étaient alors en lice, qui auraient élevé la mère de Jésus au rang de quasi-déesse ! Cette volonté des pères avait aussi une dimension œcuménique dans la mesure où chaque ajout à une mariologie déjà bien boursouflée contribuait à aggraver la distance entre catholiques et protestants.

Le pape Jean XXIII, pour sa part, avait pour la Sainte Vierge une dévotion simple qui passait par la récitation quotidienne du chapelet ; au début du concile, il avait fait un pèlerinage à Lorette, sanctuaire marial italien où l'humble maison de Nazareth qui vit grandir Jésus au foyer de Marie et de Joseph était réputée s'être déplacée. De plus, la piété du pape Jean XXIII était aussi appuyée sur la figure de Joseph. Il ajouta d'ailleurs son nom à celui de Marie dans la prière eucharistique prononcée à la messe.

Si les pères conciliaires, dans leur très grande majorité, n'avaient pas souhaité faire davantage en matière de piété mariale, c'est qu'ils étaient en phase avec leur temps. Le XXe siècle, à travers le renouveau des études bibliques et la redécouverte des Pères de l'Église, avait réinvesti une théologie de l'Incarnation qui remettait Jésus-Christ au premier plan. Dans de très nombreux endroits, la dévotion mariale avait commencé à péricliter. Pourtant, à la fin de la troisième session du concile, le pape Paul VI, croyant satisfaire les évêques, avait décidé de façon unilatérale et sans consulter l'assemblée conciliaire de proclamer Marie « mère de l'Église », alors que même la commission théologique avait volontairement omis ce titre dans son chapitre consacré à Marie. Un coup de force, aujourd'hui un peu oublié, qui avait semé la consternation parmi les participants du concile. En fait, le pape avait prêté l'oreille à une bruyante minorité qui, entre autres, comprenait l'épiscopat polonais.

Le même Paul VI avait toutefois, dans une exhortation apostolique de 1974, décrit Marie comme la « première » des disciples, ce qui ouvrait un horizon non seulement pour les femmes catholiques mais pour l'ensemble des baptisés. C'était une importante évolution pour le catholicisme. Dans ce même document, le pape avait relevé que l'Église constatait certes que les « générations chrétiennes qui se sont succédé dans des contextes socioculturels différents [ont] considéré la mère de Jésus comme type éminent de la condition féminine ». Mais il avait ajouté aussitôt qu'une dévotion ne devait jamais se lier « aux schèmes des diverses époques culturelles ni aux conceptions anthropologiques particulières qui les soutiennent ». Que de mots choisis pour affirmer que les formes de dévotion peuvent évoluer historiquement et ne doivent pas conduire à des représentations figées pour les femmes !

Quand Jean Paul II fut élu, la piété mariale était donc en perte de vitesse ou cherchait à se reconfigurer ; elle trouve avec le nouveau pape un preux chevalier qui ne va cesser, durant tout son ministère, de la raviver sous sa forme traditionnelle. Son intention est claire dès ses premiers mots et ses premiers gestes, à commencer par son sceau où le M, en bas à gauche de la croix jaune sur fond bleu, rappelle sa dévotion, avec aussi sa devise, *Totus tuus*, « Tout à toi », adressée à la Vierge. Son premier discours au balcon de la place Saint-Pierre est lui aussi révélateur. Seulement sept phrases pour saluer les fidèles assemblés et déjà deux mentions claires de la Vierge Marie ! « J'ai eu peur en recevant cette nomination, mais je l'ai fait en esprit d'obéissance à Notre-Seigneur Jésus-Christ et de confiance totale à sa mère, la Très Sainte Vierge. Je ne sais si je peux bien m'expliquer dans votre... dans notre langue italienne. Si je me trompe, vous me corrigerez. Et voilà, je me présente à vous tous, pour confesser notre foi commune, notre espérance, notre confiance en la mère du Christ et de l'Église. » Certes Jésus est là, mais sa mère plus encore, au point qu'il pourrait sembler que Jésus n'est cité que pour permettre de mettre Marie en avant.

Cette passion mariale se retrouve dans une multitude de citations, dans toutes ses homélies, prières, consécrations, dans tous ses messages. Marie est toujours là, la première est aussi la dernière au sens où elle est toujours la dernière citée comme étant au bout du compte la médiatrice indispensable entre la prière des humains (ses enfants) et son fils. Certes, Jean Paul II ne proclame pas « Marie médiatrice » de façon dogmatique, mais c'est bien la place qu'il lui donne tout au long de son pontificat. Ce zèle marial s'exprime aussi à travers ses encycliques, où l'exemple de la Vierge et l'intercession mariale sont toujours présents, et par la visite systématique de tous les pèlerinages et sites mariaux dans les pays où il se rend. Il procède à la consécration à la Vierge de ces pays. Ainsi, au cours des cinq premières années de son pontificat, il consacra à la Vierge le Mexique, la Pologne, l'Irlande, les États-Unis, le Zaïre, le Ghana, le Brésil, l'Allemagne, les Philippines et toute l'Asie, le Nigeria, la Guinée équatoriale, le Gabon, l'Argentine, l'Espagne, le Honduras et toute l'Amérique centrale, Haïti, la France et l'Autriche. L'année mariale qu'il proclamera en 1987-1988 et qu'il ouvrira avec l'encyclique *Redemptoris Mater* est un point culminant de cette dévotion.

Une tradition typiquement polonaise imposée au monde entier

La dévotion pour Marie n'est pas exceptionnelle pour un homme de son époque mais elle atteint des sommets rarement égalés dans la piété de Jean Paul II parce qu'elle s'enracine à la fois dans la culture polonaise et dans l'histoire propre du jeune Karol Wojtyla.

Orphelin de mère dès l'âge de neuf ans, Marie est devenue pour l'enfant une figure maternelle idéale et pour l'adolescent la figure féminine parée de toutes les perfections. Le jeune homme avait à un moment été inquiété par un conseiller spirituel à propos de cet attachement à la Vierge qui aurait pu en quelque sorte faire passer Jésus au second plan. La découverte des écrits de Louis-Marie Grignion de Montfort l'avait pleinement rassuré et avait donné un substrat théologique à cette dévotion. Du saint vendéen, il avait retenu tout particulièrement la formule « *Totus tuus* », qui deviendra sa devise épiscopale et l'accompagnera tout le reste de sa vie. Elle provient d'une prière que Grignion de Montfort recommande de faire avant la communion : « *Totus tuus ego sum, et omnia mea tua sunt* », « Je suis tout à toi, ô Marie, et tout ce que j'ai est tien ». Le jeune homme polonais a dévoré le *Traité de la vraie dévotion à la Vierge Marie* et y a trouvé tout le réconfort possible. D'après l'auteur, plutôt que d'interférer dans la dévotion au Christ, la piété mariale provient d'elle et l'accompagne. Ainsi, pour Louis de Montfort, la parfaite dévotion à Marie « consiste à se donner tout entier, en qualité d'esclave, à Marie et à Jésus par elle ; ensuite, à faire toute chose avec Marie, en Marie, par Marie et pour Marie ».

Le texte, écrit dans la première décennie du XVIIIe siècle et pour le moins très daté, a été l'un des supports d'un piétisme populaire promu par le clergé afin de contrer les courants naturalistes et rationalistes issus des Lumières en France. L'obéissance à Marie, elle-même figure de la parfaite soumission à la volonté divine, a été instrumentalisée pour assurer l'ascendant du clergé sur des fidèles maintenus en enfance auprès desquels on entretenait des croyances populaires qui confinaient parfois à la superstition.

L'hypothèse psychanalytique, c'est-à-dire le remplacement de la mère trop tôt décédée par une autre mère, divine et parfaite, a sans doute sa pertinence. Elle s'inscrit aussi dans la culture d'origine du jeune Wojtyla. On ne le redira jamais assez : l'enfant, le jeune homme Karol Wojtyla est d'abord polonais. Comme beaucoup de ses compatriotes, il est très attaché au sanctuaire de Jasna Gora (en français « Montagne lumineuse »), à Czestochowa. La légende raconte qu'au XIVe siècle le prince Wladyslaw apporta une icône byzantine au monastère qu'il avait fondé sur cette montagne. Chaque fois que la Pologne traversa des moments tragiques de son histoire, ce monastère et cette icône furent le symbole du courage de la nation à résister à l'envahisseur. Ainsi, à partir de 1795 jusqu'à l'indépendance de la Pologne,

Czestochowa devint la capitale spirituelle d'une nation sans État. À Czestochowa, la dévotion du peuple polonais à la Vierge est indissolublement liée à l'expression de la fierté nationale. Notre-Dame de Czestochowa est devenue un symbole national autant que religieux.

Karol Wojtyla a rapporté à de nombreuses reprises que son père avait souvent emmené ses enfants au sanctuaire de Jasna Gora, notamment après le décès de sa mère alors qu'il n'avait que neuf ans. La famille Wojtyla allait plusieurs fois par an en pèlerinage au sanctuaire de Notre-Dame-des-Anges à Kalwaria Zebrzydowska, plus proche de leur domicile, mais le pape garda une dévotion particulière pour Notre-Dame de Czestochowa, notamment parce que dans sa prière il récitait « l'appel de Jasna Gora[1] » : « Ô Marie, reine de Pologne, je suis près de toi, je me souviens de toi, et je veille ! » Cet « appel » fut pendant une décennie, entre 1957 et les grandes cérémonies de célébration du millénaire du baptême de la Pologne en 1966, une sorte d'acte de ralliement, de communion et de résistance spirituelle. Il était récité secrètement ou en petits groupes chaque jour à 21 heures précises en tous lieux. Il contribuait à lutter contre les politiques de promotion du socialisme athée par les communistes. Par ailleurs, certaines sources attestent que le jeune Karol Wojtyla se trouvait parmi les 25 000 étudiants polonais qui, en mai 1936, se consacrèrent à Marie et firent le vœu de construire une « nouvelle Pologne ». La récitation de l'appel était bien une façon de lutter pour cette nouvelle Pologne contre l'athéisme militant.

1. L'appel de Jasna Gora fut d'ailleurs relancé plus tard par le pape lors des Journées mondiales de la jeunesse de Czestochowa.

Lors de son premier voyage en Pologne, le 4 juin 1979, alors qu'il est tout juste élu, le pape déclara : « Il n'est donc nullement étonnant qu'aujourd'hui je vienne ici moi aussi. De la Pologne, en effet, j'ai emporté avec moi, sur la chaire de saint Pierre à Rome, cette “sainte habitude” du cœur, élaborée par la foi de tant de générations, confirmée par l'expérience chrétienne de tant de siècles et profondément enracinée dans mon âme. » Lors de cette même messe, il dit aussi que l'élection d'un pape polonais n'est pas due au hasard : « Je n'avais même pas besoin de dire, comme mes prédécesseurs, que je comptais sur les prières faites au pied de l'image de Jasna Gora. L'appel d'un fils de la nation polonaise à la chaire de Pierre contient un lien évident et fort avec ce lieu saint, avec ce sanctuaire de grande espérance : “*Totus tuus*”, ai-je murmuré tant de fois dans la prière devant cette image ! » Et c'est lors de cette même messe qu'il consacra non seulement la Pologne mais aussi toute l'Église à Marie.

Une dévotion à la limite de la superstition

Au cours de son hospitalisation à la suite de l'attentat du 13 mai 1981, Jean Paul II fit le lien entre le rôle providentiel de Marie, qui l'avait protégé de la mort, et la bataille qu'il menait contre le communisme. C'est là que la figure de la Vierge de Fatima s'imposa. Il semble que, jusque-là, le pape ignorait à peu près tout du sanctuaire portugais. Ses biographes n'indiquent aucune attention spéciale et particulière aux « révélations » faites aux enfants de Fatima. Il n'est d'ailleurs pas certain que les demandes « anticommunistes » de la Vierge contenues dans la deuxième partie de la révélation et rendues publiques pendant la Seconde Guerre mondiale aient atteint la Pologne, d'abord isolée sous le joug allemand puis passée dans le bloc communiste. Mais après l'attentat, le pape se pencha sur ces fameux « secrets ». Il s'agit en fait d'une révélation en trois parties qui aurait été confiée par la Vierge en 1917 lors d'une série d'apparitions à trois enfants, Jacinthe, François et Lucie. Jacinthe et François étaient morts peu après les apparitions, et c'est Lucie, devenue religieuse du Carmel, qui les avait couchés sur papier. Les deux premières parties avaient été révélées en 1941 tandis que le dernier, le troisième, avait été confié sous scellés aux archives vaticanes. Sœur Lucie avait expressément demandé qu'il ne soit pas ouvert avant 1960. On sait que Jean XXIII en avait pris connaissance et, peu convaincu, avait fait remettre l'enveloppe aux archives. La première révélation donnait une vision de l'enfer ; la deuxième demandait la consécration de la Russie au Cœur de Marie.

C'est donc la troisième partie que Jean Paul II se fit transmettre sur son lit d'hôpital. Nous en avons aujourd'hui connaissance puisque le Vatican l'a rendue publique en 2000. Il y est décrit « un évêque vêtu de blanc, divers autres évêques, prêtres, religieux et religieuses montant sur une montagne escarpée ». « Nous avons eu le pressentiment que c'était le Saint-Père », commentera Lucie. « Il traversa une grande ville à moitié en ruine et, à moitié tremblant, d'un pas vacillant, affligé de souffrances et de peines, il priait pour les âmes des cadavres qu'il trouvait sur son chemin ; parvenu au sommet de la montagne, prosterné à genoux au pied de la grande croix, il fut tué par un groupe de soldats qui tirèrent plusieurs coups avec une arme à feu et des flèches… »

Jean Paul II n'hésita pas à reconnaître dans l'attentat de la place Saint-Pierre une réalisation de la prophétie, et ceci d'autant plus que l'enquête sur Mehmet Ali Agça montrait des liens vers la Bulgarie communiste, voire insinuait que le KGB aurait été impliqué. Le lien avec les deux premières parties du « secret », sur la Russie et le communisme, était évident.

Le pape pas plus que le Vatican ne firent de déclaration explicite sur la connexion communiste de l'auteur de l'attentat mais Jean Paul II, lui, fit clairement le lien avec Fatima. Pendant sa convalescence, il demanda à boire de l'eau de Fatima, laquelle aurait fait tomber sa fièvre, dit-on. Et le 7 juin, encore sur son lit d'hôpital, il consacra le monde au Cœur immaculé de Marie, ainsi que la Vierge l'avait demandé aux jeunes paysans portugais.

Pour que le tour d'horizon de la piété mariale de Jean Paul II soit complet, il faut ajouter le scapulaire qu'il porte depuis l'enfance. À l'origine vêtement de travail de l'ordre du Carmel, le scapulaire est un double petit carré de tissu, porté autour du cou, un carré se trouvant sur la poitrine et l'autre carré étant dans le dos. Le scapulaire est généralement au plus proche de la peau et doit aider le dévot à se nourrir de la présence mariale, de la présence de Dieu. C'est aussi un objet qui apporterait la protection de la Sainte Vierge.

Difficile de ne pas s'interroger sur ces étranges attachements dévotionnels qui frisent parfois la superstition et l'idolâtrie chez un homme dont on loue par ailleurs la puissance intellectuelle. On reste troublé par exemple d'apprendre que, dans l'ambulance qui l'emporte toutes sirènes hurlantes vers la clinique Gemelli le 13 mai, le pape encore conscient ne cesse de gémir : « Ô Marie, ma mère, Ô Marie, ma mère. » Même si, au bout du compte, les méandres de la vie spirituelle de chacun n'ont pas à être jugés, reste que celle de Jean Paul II a eu un retentissement sur la vie de millions d'êtres humains.

Une vision de Marie qui nourrit les stéréotypes de genre

L'attachement marial de Jean Paul II est d'abord un attachement à une figure maternelle : Marie Mère du peuple et Mère de Dieu, Mère de l'Église. Il privilégie cet aspect aux dépens d'autres qui existent dans la spiritualité catholique. Il fait de cette Marie-Mère la figure idéale de la féminité et la propose comme telle en modèle aux femmes catholiques. Marie est exaltée dans son accueil inconditionnel de la maternité, dans sa soumission silencieuse à la Parole divine. Appuyé sur cette vision de Marie comme incarnation parfaite de la féminité, Jean Paul II sépare radicalement le monde des hommes et le monde des femmes. Il assigne les femmes à un rôle spécifique, celui de la mère aimante et dévouée. Les effets pervers de cette spiritualisation des rôles se distinguent aujourd'hui dans le monde catholique, où l'on prive les femmes de la parole en leur refusant du fait de leur « nature » l'accès plénier aux responsabilités. Aucune femme catholique n'a de responsabilité qui ne lui ait été déléguée par un homme, et encore, cette délégation est toujours momentanée, elle ne devient jamais une mission définitive et peut à tout instant être retirée. Aucune femme catholique ne peut prendre la parole dans une assemblée liturgique si elle n'y a pas été invitée par un homme. Les femmes catholiques ne disposent d'aucune « autorité » par elles-mêmes. Peu importe qu'elles soient d'éminentes savantes ou que leur expérience humaine soit reconnue. Elles doivent être autorisées par les hommes, qui eux seuls ont le droit d'être consacrés (accès aux ordres, diacres, prêtres, évêques).

L'exaltation de la figure de Marie est souvent un argument opposé à celles et ceux qui accusent l'Église catholique de misogynie. Mais, loin de libérer les femmes, elle concourt à les cantonner dans des rôles spécifiquement « féminins » et tout particulièrement au dévouement dans la maternité. Les lettres apostoliques *Mulieris dignitatem*, sur la « dignité de la femme », en 1988, et *Ordinatio sacerdotalis*, en 1994, qui interdit « définitivement » l'accès des femmes au sacerdoce sont la conséquence de cette radicale séparation des « natures » des sexes qui prévaut dans le catholicisme contemporain. Il est tout à fait clair que l'attachement marial de Jean Paul II a abondamment nourri sa vision du monde et des rôles respectifs des hommes et des femmes. Sa dévotion extrême à Marie est selon lui la norme des relations hommes-femmes. Sur ce mode, il recommande aux époux amour et dévouement inconditionnel à celle qui va devenir la mère de leurs enfants ; une vision qui laisse fort peu de place aux femmes modernes, autonomes, indépendantes et qui envisagent le couple comme un partenariat à responsabilités partagées.

Marie jeune fille parfaite conçue sans péché, Marie épouse parfaite, Marie mère parfaite, Marie pietà parfaite. Tant de fantasmes masculins se cristallisent sur cette seule figure biblique ! Ils ont concouru à opposer aux femmes leur imperfection dès lors qu'elles avaient pour unique modèle une femme incomparable et inaccessible. En majorant de nouveau la figure de Marie et en privilégiant sa maternité, Jean Paul II est certainement passé à côté du grand mouvement historique d'émancipation des femmes et a entraîné l'Église catholique dans une vision strictement genrée des rôles masculin et féminin qui perdure encore aujourd'hui. Le personnage de Marie ainsi instrumentalisé prétend instiller une dimension féminine à un système fondamentalement patriarcal et masculiniste mais, en fait, il le renforce. Porter aux nues une femme si sainte, si mère, si patiente, si attentive, si offerte, si vertueuse ne rend service à personne : ni aux femmes écrasées par un tel modèle de vertu, ni aux hommes qui ne risquent pas de rencontrer une femme à une telle « hauteur ».

En privilégiant la figure de Marie, Jean Paul II espérait sans doute reconquérir une partie des populations qu'il estimait sensibles à la piété populaire. En la proposant comme modèle aux femmes catholiques, il comptait les convaincre de s'enrôler dans une grande bataille de reconquête d'une société dans laquelle les femmes enfantent, avec le dévouement des mères courage, des bataillons de bons catholiques et de futurs prêtres.

Le bilan est plus que mitigé. Les conséquences sont importantes dans le dialogue œcuménique. L'hypertrophie de la figure mariale s'oppose à un protestantisme plus sensible que le catholicisme aux risques d'idolâtrie ; un reproche classique de la part des luthériens et des calvinistes mais qui est amplement exploité par les Églises évangéliques, qui ne cessent de gagner du terrain partout dans le monde et tout particulièrement au Sud, dans les nations émergentes, en Afrique, en Asie et en Amérique latine.

À l'intérieur du catholicisme, le développement de la spiritualité mariale, en particulier pour les membres du clergé, a finalement augmenté leur misogynie – les femmes du monde réel étant certainement moins silencieuses et soumises que la Sainte Vierge. Il est aussi probable qu'en faisant de la dévotion mariale l'un des critères de choix des futurs prêtres et surtout des évêques l'Église catholique a privilégié une certaine catégorie de prêtres que l'on pourrait qualifier de « pieux et obéissants » au détriment d'autres types de spiritualité chrétienne. Au bout du compte, la dévotion à la Sainte Vierge a souvent semblé plus importante que l'attachement à Jésus-Christ lui-même. Passer par Marie pour accéder à son fils, c'est aussi, dans la vision catholique, se reconnaître sans cesse pécheur et en quelque sorte indigne de s'adresser à Jésus lui-même. La phrase de l'Ave Maria : « Sainte Marie, mère de Dieu, priez pour nous, pauvres pécheurs », ressassée des dizaines de fois dans la récitation du chapelet et du rosaire, influe forcément sur la spiritualité des croyants et des croyantes qui sont toujours replacés dans une situation d'enfants fautifs là où le christianisme les institue par le baptême comme des fils et filles de Dieu, aimés, sauvés, redressés, restaurés et justifiés.

Le 26 mars 1984, alors que la statue de la Vierge de Fatima s'apprête à reprendre l'avion et à retourner dans le sanctuaire portugais, le pape Jean Paul II glisse une petite boîte en bois dans la main de l'évêque du lieu. Elle contient la balle qui a été retirée de son corps après l'attentat. Après bien des hésitations, le prélat lui trouvera une place de choix et la fera sertir au centre de la couronne de la statue, comme une pierre précieuse supplémentaire, accréditant par ce geste l'idée que ce fut bien « la main de Marie » qui aurait détourné la balle. Là encore, on est en droit de questionner cette vision providentialiste dans laquelle Dieu intervient dans l'histoire humaine quand bon lui semble, pour choisir, *via* sa mère, un homme ou un autre, pour détourner une main criminelle ou la laisser opérer. Donner crédit à Dieu ou à la Sainte Vierge du salut d'un pape alors que des enfants innocents meurent chaque jour sous les bombes ou les balles signifie-t-il que, du point de vue de Dieu, la vie d'un pape vaut plus que celle d'un enfant ? Une telle vision est-elle conforme à la foi chrétienne ? Et que penser d'une « main » qui aurait la capacité de détourner une balle mais qui n'aurait pas celle d'enrayer l'arme ou de pousser la balle suffisamment pour qu'elle rate sa cible ? Mais pour Jean Paul II, cela ne faisait aucun doute : Dieu était avec lui et, par la main de Marie, guidait ses pas pour le bien de l'Église et du monde.

10.

L'insupportable désordre de l'homosexualité

1er octobre 1986 – Publication d'une lettre aux évêques sur les personnes homosexuelles

En ce début d'automne 1986, Joseph Ratzinger remet à son commanditaire la toute dernière version du document que vient d'achever sous sa direction la Congrégation pour la doctrine de la foi. L'approuvera-t-il ? Depuis plusieurs mois, ses services travaillent d'arrache-pied, et dans le plus grand secret, sur la question des homosexuels et de l'accompagnement que l'Église catholique peut leur proposer. Certains évêques, du moins en Occident, sont de plus en plus nombreux à faire remonter leurs doutes à Rome : peut-on vraiment lire la Bible de façon littérale et conclure à une condamnation radicale des actes homosexuels ? Que faire si des couples de personnes de même sexe se présentent dans les paroisses ou veulent s'engager dans les mouvements catholiques ? Les aumôniers d'hôpitaux peuvent-ils refuser les sacrements aux personnes mourantes qui ne renoncent pas à être en couple ? Autant de questions brûlantes qui attendent une clarification au sommet. Le cardinal bavarois et ses collègues de la Congrégation pour la doctrine de la foi ont bûché longuement pour parvenir à un texte qui colle à la fermeté de Wojtyla. Dans leurs entretiens préalables, le pape a été formel :

toute forme de sexualité en dehors du cadre conjugal traditionnel doit être condamnée. Jean Paul II semble satisfait, enthousiaste, même.

Le 1er octobre, Rome publie donc un document intitulé *Lettre aux évêques de l'Église catholique sur la pastorale à l'égard des personnes homosexuelles.* Le pontificat vient de s'engager dans une direction qu'il ne quittera plus : celle de la réprobation de la sexualité entre personnes de même sexe et du mouvement d'émancipation civique des LGBT.

« *Objectivement désordonné* »

Pendant longtemps, l'Église catholique, du moins dans des textes normatifs venant du Vatican, ne s'est pas prononcée sur l'homosexualité tant la réprobation sociale générale était unanime, implicite et suffisante. Il s'agissait d'une catégorie que les manuels de confesseur, codés en latin pour ne pas donner de mauvaises idées aux pénitents, ne connaissaient pas, à la différence de la « fornication » ou de la « sodomie ». Mais l'organisation des homosexuels en un mouvement social avec des revendications politiques, à partir des émeutes de Stonewall en 1969 à New York[1] et un peu partout en Occident au cours des années 1960-1970, a changé la donne. Le catholicisme est alors contraint de se positionner sur une réalité sociale et politique émergente.

La lettre d'octobre 1986 n'est cependant pas la pre-

1. Manifestations contre un raid de la police le 28 juin 1969 dans un bar accueillant des gays, point de départ du militantisme LGBT.

mière mention explicite des homosexuels et de l'homosexualité dans la littérature pontificale. Elle confirme une précédente note de la même Congrégation pour la doctrine de la foi adoptée en 1975 sous Paul VI et intitulée *Persona humana.* Onze années plus tard, alors que l'homosexualité est devenue une réalité sociale en passe d'être normalisée, Jean Paul II demande à Joseph Ratzinger de reformuler ce qui était déjà énoncé dans ce texte écrit et validé par leurs prédécesseurs.

Dans les deux documents, on retrouve la même architecture intellectuelle. Malgré les progrès de l'exégèse biblique, Rome n'envisage pas d'abandonner la condamnation contenue dans les lettres de saint Paul au sein du Nouveau Testament. Peu importe si aucun des quatre Évangiles ne rapporte une parole de Jésus explicite sur la question et si les spécialistes s'accordent sur les raisons historiques et culturelles de la condamnation énoncée par Paul. En plus de la lecture littérale des textes bibliques, la doctrine de la foi reprend à son compte une autre source de la condamnation, qui, cette fois, provient de la philosophie médiévale : l'œuvre de saint Thomas d'Aquin. Les arguments thomistes ont été érigés depuis la fin du XIXe siècle comme le meilleur système de défense de l'Église catholique contre la modernité. Selon saint Thomas, chaque être humain peut trouver en lui, par l'exercice de sa raison, ce qui est juste et conforme à sa dignité de personne. Mais une telle affirmation n'est pas un blanc-seing donné à chaque baptisé pour élaborer lui-même, selon sa conscience, les critères de sa vie morale ! En effet, c'est toujours l'Église, présence du Christ sur terre, qui peut interpréter, en la personne du pape, ce qui est moralement et universellement juste.

Dans le texte de 1986, les acquis récents des sciences psychologiques sont d'ailleurs balayés : « L'Église est à la fois à l'écoute des découvertes scientifiques et en mesure d'en transcender l'horizon, sûre que sa vision plus complète respecte le caractère complexe de la personne humaine. » En bref, l'Église, détentrice de la Révélation divine, sait et voit mieux que les médecins, psychiatres, sociologues et psychologues. Selon « sa vision », un acte sexuel doit viser la procréation pour se conformer au sens de la nature et à la finalité des organes sexués. Il faut considérer pour ce qu'il est l'argument : ce qui est dit avec beaucoup de circonvolutions, c'est tout simplement qu'un pénis « est fait » pour aller dans un vagin, et l'opération en question « est faite » pour procréer. La conclusion est donc simple pour Jean Paul II et le cardinal Ratzinger : « L'inclination particulière de la personne homosexuelle constitue [donc] une tendance, plus ou moins forte, vers un comportement intrinsèquement mauvais du point de vue moral. C'est la raison pour laquelle l'inclination elle-même doit être considérée comme objectivement désordonnée. » Mais alors, que dit-on aux personnes concernées ? Là non plus, Wojtyla et son bras droit Ratzinger n'ont pas d'états d'âme : les personnes homosexuelles doivent apprendre à porter « la croix [qui] est au cœur de la manifestation de l'amour rédempteur de Dieu ». Concrètement, la seule issue proposée aux jeunes gens qui se découvrent homosexuels est une vie de prière et de pénitence. Il faut noter que le texte semble surtout considérer l'homosexualité masculine et ignorer presque totalement la féminine, ce qui est normal puisque le désir féminin est l'un des grands points aveugles du discours de l'Église sur la sexualité.

« Intrinsèquement mauvais », « objectivement désordonné » : les mots résonnent de manière cruelle en ce milieu des années 1980. C'est le moment d'émergence de la pire pandémie du XXe siècle qui touche de manière particulière les homosexuels, et des voix certes marginales mais parlant fort n'hésitent pas à parler du sida comme d'une punition divine. Jamais Jean Paul II ne se laissera aller à de tels excès. Mais s'il maintient la distinction classique entre la personne et ses actes, il n'en reste pas moins que, pour lui, le désir homosexuel est en lui-même moralement mauvais. Ni lui ni le document ne font la moindre différence d'appréciation morale entre ceux qui enchaîneraient les rapports avec une relative insouciance et les couples de personnes de même sexe qui s'efforceraient de construire une relation durable.

Pour le pape polonais, l'homosexualité est toujours empreinte du péché dès l'instant où elle s'exprime par des marques de tendresse et des rapports sexuels. En fait, pour lui, la seule homosexualité acceptable est celle qui se flagelle et se mortifie.

Au moment de la disparition du pape en 2005, le père Bernard Lynch, ancien aumônier d'hôpital, très engagé auprès de la communauté homosexuelle au plus fort du sida, fera parvenir une lettre accusatrice au journal *The Irish Times* : « Au pic de la pandémie, tout d'abord à New York puis à Londres, ce fut ma douleur et mon privilège de tenir la main de jeunes hommes gays catholiques de vingt ou trente ans et de tâcher de les assurer qu'ils n'étaient pas condamnés à une damnation éternelle en raison de ce que leur Église enseignait à propos de leur orientation et de leur comportement affectif et sexuel. »

Lors du voyage de Jean Paul II aux États-Unis en septembre 1987, un an après cette note rapidement qualifiée de « lettre d'Halloween » – elle a été rendue publique en anglais à la fin du mois d'octobre, au moment d'Halloween, fête associée à la mort et à l'horreur –, la secrétairerie d'État anticipe une confrontation difficile avec les organisations homosexuelles américaines et une partie de l'opinion. Pour déminer les tensions, une rencontre est organisée dans la ville de San Francisco, qui paie alors un lourd tribut à la pandémie. Le pape polonais embrasse un enfant de cinq ans malade du sida, devant les caméras et les appareils photo et au milieu d'un parterre de victimes, dont des homosexuels en fin de vie. Il rappelle alors « l'amour inconditionnel et éternel que Dieu porte aux victimes ». Une grande partie de la presse catholique et des conservateurs américains applaudissent l'esprit d'ouverture du pape. Certes, il ne parle pas du sida comme d'un fléau divin, mais en embrassant un enfant, réputé « innocent », et non un jeune homme, il envoie un message pour le moins ambigu. La cérémonie ne parvient d'ailleurs pas à apaiser la colère des deux mille manifestants qui crient devant la basilique : « *Pope go home* » et « *Shame !* ». Pour ces militants, la responsabilité du pape et de l'Église ne fait aucun doute. Selon eux, cette vision exclusivement négative de l'homosexualité conduit à la mésestime de soi, qui nourrit les comportements à risque, comme le fait de négliger le recours aux tests réguliers de sérologie et l'assistance de professionnels de la santé, voire de ne pas se protéger, comme si on acceptait par avance un châtiment mortel pour une conduite immorale.

Une pastorale inclusive des LGBT sabordée

L'histoire aurait pourtant pu s'écrire autrement. Dès avant les années 1980, le catholicisme était à un carrefour quant à sa pastorale des personnes ayant une sexualité minoritaire. D'autres chemins commençaient à être explorés dans le sillage des appels conciliaires à accompagner les combats civiques d'émancipation. Aux États-Unis, dès 1969, le mouvement Dignity USA proposait des groupes de soutien aux personnes homosexuelles sans porter un jugement d'emblée dépréciatif sur la façon de vivre de ceux qui les fréquentaient. Une religieuse de l'ordre des Sœurs enseignantes de Notre-Dame, sœur Jeannine Gramick, et le père Robert Nugent avaient fondé en 1977 New Ways Ministry. Cette organisation proposait, et propose encore, un apostolat réaliste à l'égard de l'expérience des personnes LGBT, même si ces dernières vivent en couple.

Rapidement célèbres à l'intérieur et en dehors des États-Unis, les deux mouvements sont perçus par Wojtyla et Ratzinger comme une menace pour la doctrine traditionnelle. La note que fait adopter Jean Paul II en 1986 est diffusée à dessein en anglais dès sa parution. Elle stipule bien qu'« aucun programme pastoral authentique ne pourra inclure des organismes dans lesquels s'associent des personnes homosexuelles, sans que soit clairement affirmé le caractère immoral de l'activité homosexuelle ». Avec le soutien de Rome, la partie la plus dure de l'épiscopat américain bloqua donc les initiatives novatrices. Dès 1984, le cardinal James Hickey avait interdit l'accès du mouvement New Ways Ministry aux paroisses du diocèse de Washington. En 1986, Dignity USA se vit interdit de messe dans les diocèses américains… Le père Nugent parviendra toutefois à proposer son expertise au moment de la rédaction de ce qui deviendra le document *Toujours nos enfants.* Publié par l'épiscopat américain en 1997, ce « message pastoral » ne critiquera en rien la doctrine traditionnelle, mais il marquera les esprits par sa tonalité pleine d'empathie à l'égard de l'expérience des parents qui ont des enfants homosexuels. Pourtant, c'en sera toujours trop pour Rome qui, en 1999, sous la houlette du cardinal Ratzinger, ordonnera purement et simplement à sœur Gramick et au père Nugent de cesser tout apostolat en direction des homosexuels…

Si les États-Unis sont le lieu capital de la reprise en main par Rome, c'est que s'y joue une bataille d'importance pour la cause homosexuelle contemporaine : la culture gay y est née précocement et elle y a emporté ses premières victoires civiques au plus grand dam des conservateurs du monde entier. Autant le continent latino-américain de l'après-concile a été celui des mobilisations en faveur de la justice sociale, autant l'Amérique du Nord est l'endroit stratégique où se détermine le visage d'une pastorale chrétienne de l'homosexualité. Jean Paul II et Joseph Ratzinger ne l'ignorent pas et la tiennent sous haute surveillance. C'est là que pourraient naître des expérimentations susceptibles de s'exporter vers d'autres continents.

Dès les années 1970, des évêques américains conservateurs ont développé des pastorales conformes à la stricte doctrine romaine. En 1980, le cardinal Terence Cooke, évêque de New York, a ainsi mis sur pied avec l'aide d'un franciscain et du père John Harvey l'organisation Courage, qui se propose d'accompagner les homosexuels vers l'abstinence totale. À la même époque, est née Torrents de vie, une structure évangélique organisée par le pasteur californien Andrew Comiskey, qui s'attache à libérer ses membres de l'homosexualité. À l'instar de son homologue protestant, le père John Harvey n'a jamais caché qu'il concevait la sexualité homosexuelle comme une addiction semblable à l'alcoolisme. Pour lui, elle demande le soutien d'un groupe de parole sur le modèle des Alcooliques Anonymes. C'est là que se trouve l'origine des thérapies de conversion qui visent à ramener les personnes homosexuelles vers l'hétérosexualité.

On en constate d'ailleurs la trace explicite dans un long document de 1995 émanant du Conseil pontifical pour la famille et titré : *Vérité et signification de la sexualité humaine. Des orientations pour l'éducation en famille.* On y lit au paragraphe 104, dédié à l'homosexualité : « Il convient de distinguer la tendance qui peut être innée et les actes d'homosexualité qui "sont intrinsèquement désordonnés" et contraires à la loi naturelle. Bien des cas, particulièrement quand la pratique des actes homosexuels ne s'est pas encore structurée, peuvent réagir positivement à une thérapie appropriée. » Le texte ne parle plus, au sens strict, de maladie, mais l'homosexualité demeure, aux yeux de Rome, une altération du développement psychologique qui en aucun cas ne peut être considérée comme « normale » : « Les jeunes doivent être aidés à distinguer ce qui est normal de ce qui est anormal, ce qui est faute subjective et ce qui est désordre objectif. » La conclusion, adressée aux familles et aux éducateurs, est sans nuances : « Les personnes homosexuelles sont appelées à la chasteté. »

Il est clair que des propos comme ceux-ci peuvent entretenir l'idée qu'il est possible d'altérer l'orientation sexuelle, celle-ci étant présentée comme un « désordre » que l'on pourrait, en toute logique, combattre, corriger ou discipliner par la prière et l'ascèse. Jean Paul II soutient sans la moindre ambiguïté cette position. Il est clair que l'épiscopat américain ainsi conforté a proposé des programmes de thérapie proches de ceux des évangéliques les plus fanatiques. Certains, comme Courage, forts de cette onction du Saint-Siège, finiront par traverser l'Atlantique au cours des années 2000.

Le 17 mai 1990, l'Organisation mondiale de la santé fera sortir l'homosexualité de la liste des maladies mentales. Le Vatican, pourtant jamais avare de déclarations, se gardera bien de commenter cette décision, de se prononcer publiquement sur la question ou de réformer ses textes. De fait, le logiciel intellectuel wojtylien lui interdira d'aller dans le sens d'une approche compréhensive des sexualités minoritaires. Il est frappant de constater qu'elles constituent un impensé.

Amour et Responsabilité, l'ouvrage de référence du cardinal polonais pour la préparation des jeunes à leur vie affective adulte, publié au début des années 1960, n'envisageait que les rapports hétérosexuels au sein du mariage. Tout le reste est d'emblée écarté comme relevant des atteintes à la chasteté. La série de 129 catéchèses pontificales délivrées par le pape entre 1979 et 1984 et éditée sous le titre *Théologie du corps* a certes constitué un bel exercice de lyrisme. Le corps, le mariage et la sexualité y sont célébrés dans des termes qui tranchaient avec la sécheresse des enseignements pontificaux précédents sur la question. Mais, au-delà du style, il ne s'agissait que d'une variante de l'enseignement de toujours, et d'un commentaire inlassable du verset de la Genèse : « Homme et femme, il les créa ».

Dans cet enseignement pontifical, l'Église énonce ce qui est conforme à la dignité de ce corps humain. Elle le fait à partir d'elle-même, de son « savoir » sur la nature humaine sans prendre ni en compte ni en charge les expériences réelles des personnes. Les problèmes moraux des homosexuels sont donc d'office exclus et ils ne sont jamais traités puisqu'ils ne sont tout simplement pas supposés exister.

Les hagiographes de saint Jean Paul II soulignent sans cesse la façon dont la forte réprobation morale de l'homosexualité est toujours, dans sa bouche, contrebalancée par l'appel au respect des personnes. La note de 1986 rappelle certes que « la dignité propre de toute personne [homosexuelle] doit toujours être respectée dans les paroles, dans les actions et dans les législations ». Mais le texte ne s'oppose qu'aux « discriminations injustes », sous-entendant qu'il en existerait de « justes ». Les mêmes termes seront répétés dans le *Catéchisme de l'Église catholique* en 1992. Cette même année, 1992, un texte romain de la Congrégation pour la doctrine de la foi, titré *Observations au sujet des propositions de loi sur la non-discrimination des personnes homosexuelles* – il s'agit là des lois civiles de lutte contre la discrimination qui sont votées dans de nombreux pays –, précisera les choses : « Ce n'est pas une discrimination injuste de tenir compte de l'orientation sexuelle [...] dans l'engagement des instituteurs ou d'entraîneurs sportifs. » Il faut préciser ici qu'il n'est nullement question d'une assimilation (qui serait d'ailleurs fautive) de l'homosexualité au risque de pédocriminalité mais bien d'une discrimination à l'égard des personnes homosexuelles, que l'Église considère donc comme moralement nuisibles sur le plan éducatif.

En 2004, l'Organisation de la conférence islamique (OCI), principalement financée par les monarchies islamistes du Golfe, recevra opportunément l'aide du Vatican, observateur à l'ONU, pour bloquer le vote d'une résolution présentée par le Brésil qui souhaitait inscrire dans le texte de la Déclaration des droits de l'homme l'interdiction des discriminations fondées sur l'orientation sexuelle. Jean Paul II, que ses thuriféraires aiment appeler « pèlerin des droits de l'homme », n'utilisera jamais son aura morale pour faire cesser des persécutions homophobes quand elles avaient lieu. Pour lui, le premier des droits est la liberté religieuse ; suivent d'autres « droits à la dignité », qui n'incluent pas le droit d'aimer qui on souhaite sans risquer la prison la mort.

On en trouve une très belle illustration dans son pays natal, où il n'y a jamais eu une condamnation, ni de sa part ni de celle de l'Église catholique polonaise, de l'opération Hyacinthe, qui se déroula entre 1985 et 1987. Mené par la police politique communiste, ce programme ficha près de onze mille personnes, dont certaines seront soumises au chantage, à la prise forcée d'empreintes digitales, et aboutit à la production de « cartes d'homosexuel ». Les nonciatures apostoliques, dans d'autres régions du monde, ne seront pas davantage sollicitées pour exercer quelque pression que ce soit sur les gouvernements qui développent des législations explicitement homophobes, certaines allant jusqu'à la peine de mort. En 2004-2005, lors des débats entourant la refonte du Code pénal du Burundi (pays à 60 % catholique), ni le pape, ni le nonce, ni la conférence épiscopale ne s'opposeront à la repénalisation de l'homosexualité. Au vu de ces éléments, on peut affirmer sans aucune exagération ni polémique que Rome, sous le pontificat de Jean Paul II, a continûment sous-estimé la gravité des atteintes homophobes aux droits humains, voire les a laissées s'aggraver.

« L'Évangile de la souffrance »

Les progrès de tolérance sociale à l'égard de l'homosexualité dans de nombreux pays, loin de faire bouger les certitudes du pape polonais, renforceront bien au contraire son pessimisme. En 1992, la directive adressée aux évêques, *Observations au sujet des propositions de loi sur la non-discrimination des personnes homosexuelles*, leur enjoint publiquement de jeter leurs forces dans la bataille contre les projets d'union civile ou de mariage. Dans la lettre privée à l'épiscopat américain qui l'accompagnera, révélée par la suite par le *Washington Post*, Rome conseillera de comparer les homosexuels aux personnes en situation de handicap. Les évêques doivent expliquer que pour cette raison, qui n'est donc pas une « discrimination », ils ne peuvent pas accéder à l'entièreté des droits civiques. Toujours en 1992, les articles concernant l'homosexualité du *Catéchisme de l'Église catholique*, promulgué par Jean Paul II, seront placés à la fin de la section sur la chasteté, après ceux traitant de la prostitution et du viol.

Le souverain pontife nourrira de plus en plus durant ces années une mystique tragique dans laquelle se mêleront ses propres souffrances physiques, la préparation du jubilé de l'an 2000 et ce qu'il perçoit comme des attaques contre la famille.

L'organisation d'une Marche des fiertés à Rome, l'année du jubilé qu'il a si patiemment organisé depuis son accession au pontificat, sera dénoncée comme une manifestation sacrilège. Du balcon de la place Saint-Pierre, le pape s'indignera : « Au nom de l'Église de Rome, je ne peux pas ne pas exprimer mon amertume suite à l'affront fait au grand jubilé de l'an 2000 et à l'offense faite aux valeurs chrétiennes. » En 2004, dans son ouvrage *Mémoire et Identité*, il commentera les recommandations du Parlement européen sur la lutte contre les discriminations faites aux personnes LGBT. La tonalité se fera alors complotiste : « Il est légitime de se demander s'il ne s'agit peut-être pas d'une composante d'une nouvelle idéologie du Mal, peut-être plus insidieuse et plus secrète, qui tente d'opposer les droits humains à la famille. »

Dans les dernières années de son pontificat, la vision métaphysique de Jean Paul II deviendra la pastorale générale de l'Église catholique. Que ce soit sur l'homosexualité ou sur la bioéthique, il ne sera plus question de travail synodal ou de collégialité. Évêques, théologiens ou moralistes seront là pour recevoir et transmettre la vision du pape. Bien qu'affaibli par la maladie, Jean Paul II se jettera avec la même énergie qu'il a déployée contre le communisme dans un combat social et politique, aux côtés de forces conservatrices en Europe et aux États-Unis, contre l'émancipation civique et culturelle des personnes sexuellement minoritaires.

Avec l'Institut pour la famille, créé dès 1981, puis l'Académie pontificale pour la vie, fondée en 1994, il développe de puissants outils de combat contre la démocratie sexuelle contemporaine. En août 2003, un nouveau texte de la Congrégation pour la doctrine de la foi, approuvé par Jean Paul II, *Considérations à propos des projets de reconnaissance juridique des unions entre personnes homosexuelles*, mettra les députés catholiques dans l'obligation de s'opposer à toute législation reconnaissant les unions de personnes de même sexe, niant purement et simplement toute forme de liberté de conscience dont pourraient user les élus. Si, sur le moment, ces directives passeront assez inaperçues dans l'opinion ou au sein des communautés catholiques, elles expliqueront bien des mobilisations ultérieures. On verra ainsi l'épiscopat nord-américain défendre des législations autorisant la discrimination à l'égard des personnes LGBT dans les commerces ou les lieux gérés par l'Église au nom de la « liberté religieuse ». Là se trouveront aussi les racines de la mobilisation contre ce qui a été dénoncé comme « théorie » puis « idéologie du genre » dans les cursus académiques. Et c'est sur ces prises de position que les campagnes anti-union civile et anti-mariage des personnes homosexuelles se fonderont…

Ici se perd très sûrement l'un des acquis les plus précieux du concile Vatican II : la possibilité laissée à chaque baptisé, dans la sphère temporelle, de se prononcer en conscience et de manière autonome. La logique des points « non négociables », que commence à mettre sur pied le cardinal Ratzinger, ne fera que se renforcer quand il deviendra Benoît XVI.

En assimilant les revendications LGBT à une « mode » regrettable et non à un enjeu des droits humains, l'Église catholique a creusé sous le pontificat de Jean Paul II un large fossé d'incompréhension entre le catholicisme et l'opinion dominante de nos sociétés à l'égard des minorités sexuelles. L'institution qui se prétendait « experte en humanité », suivant l'expression de Paul VI, montrait le visage de l'intolérance et de la discrimination là où on pouvait attendre qu'elle se montre bienveillante, empathique et ouverte. Comment croire un pape qui met en avant les droits des hommes et des femmes et l'amour de Dieu pour tout être humain mais qui condamne les personnes homosexuelles, à cause de ce qu'elles sont, à une vie de pénitence ? La crédibilité de l'Église catholique a été et reste encore très ébranlée par cette intransigeance, malgré les tentatives timides du pape François pour infléchir ce discours.

11.

Du dialogue affiché au repli frileux

27 octobre 1986 – Rencontre d'Assise

Les nombreux clichés qui témoignent de l'événement en gardent le souvenir : il fait très froid ce jour-là à Assise. Mais si la météo est glaciale, la rencontre des dignitaires religieux pour la paix se veut chaleureuse. Accroché en hauteur, un bandeau égrène ce mot en différentes langues : « *pax* », « *friede* », « *vrede* », « *paz* ». En dessous s'alignent de part et d'autre de Jean Paul II, lui-même vêtu d'un épais manteau blanc, plusieurs dignitaires bouddhistes emmitouflés dans leurs robes safran. Le dalaï-lama, pourtant habitué au climat des contreforts indiens de l'Himalaya, s'est enroulé un tissu autour de la tête ! Le chef des anglicans, l'archevêque de Cantorbéry, est, avec sa soutane lie-de-vin, le seul dignitaire chrétien également habillé avec des couleurs chaudes. À ses côtés, les patriarches orthodoxes ou des Églises d'Orient présentent une mine austère dans leurs soutanes toutes de couleur noire. Ils ne se distinguent guère les uns des autres si ce n'est par leurs croix pectorales ou leurs différentes coiffes et chapeaux traditionnels. Malgré le froid, tous essaient de rester concentrés sur le déroulement de la cérémonie et ils manifestent une ferveur certaine.

Si on ne s'attarde pas sur le fait qu'il n'y a pas de femmes (ni d'incroyants) dans cet aréopage de dignitaires religieux, la scène ne manque pas d'allure. Elle force même le respect. Dans l'opinion publique de l'époque, comme aujourd'hui, les religions sont souvent considérées comme sources de guerres ou de divisions. En 1986, la guerre civile fait encore des ravages en Irlande du Nord entre « unionistes » protestants et « séparatistes » catholiques. Et celle du Liban, plus meurtrière encore, est tout aussi interreligieuse que politique – pour ne prendre que ces deux exemples. Mais voici que ce jour-là, à Assise, ville de saint François, le « pauvre de Dieu », pacifiste et écologiste avant l'heure, elles se montrent unies afin d'empêcher la guerre !

Le pape Wojtyla a réussi un beau coup en réunissant cent cinquante chefs religieux qui représentent les bouddhistes, les hindouistes, les jaïnistes, les musulmans, les juifs, les cultes amérindiens, les sikhs, les zoroastriens et les bahaïs – une douzaine de religions représentées, dans leurs différentes branches, pour cette « Journée mondiale de prière pour la paix » selon sa dénomination officielle. La rencontre s'inscrit dans le contexte de « l'année pour la paix » proclamée par l'ONU alors que le monde est encore en pleine guerre froide. Elle répond à l'appel du pape à une « trêve de Dieu », lancé en janvier à Rome puis renouvelé, à Lyon, lors de sa visite pastorale en France. À l'époque de la chrétienté médiévale, les évêques imposaient la « paix de Dieu » à des seigneurs et chevaliers trop belliqueux ; Jean Paul II réinvente la formule à l'échelle du monde.

Au final, il est difficile de savoir si cette journée de 1986 a eu des effets concrets. Mais c'est la première fois que tant de dignitaires religieux, représentant près de trois milliards d'hommes, partagent publiquement une telle préoccupation. Dans les années qui suivront, « l'esprit d'Assise » se mettra à souffler sur le dialogue interreligieux. Des initiatives se propageront. La communauté de Sant'Egidio reprendra le flambeau, organisera à intervalles réguliers des rencontres internationales autour du thème de la paix et servira d'intermédiaire dans des processus de négociation et de paix. En 1993, lorsque la guerre des Balkans fera rage, le pape Jean Paul II exprimera le souhait d'une journée de « jeûne et de prière pour la paix », de même qu'au lendemain des attentats du 11 septembre 2001…

La fureur des lefebvristes

L'événement de 1986 constitue, en tout cas, pour Mgr Lefebvre, le chef de file des catholiques qui remettent en cause le concile Vatican II, un affront terrible. « Cet œcuménisme vous pose comme à moi, chers fidèles, un grave problème de conscience », analyse le prélat en rupture de ban lors d'une conférence célèbre qui suit la rencontre d'Assise. « Nous voulons demeurer catholiques, et le catholicisme signifie garder le Saint Sacrifice et le catéchisme que l'Église a enseignés et transmis durant dix-neuf siècles sans discontinuer », tonne-t-il. Ainsi, avant même l'excommunication de l'évêque frondeur – prononcée deux ans plus tard, à la suite de l'ordination illégale de trois évêques –, Jean Paul II est honni par les intégristes catholiques.

Avant 1986, ils avaient déjà accusé le pape polonais

d'avoir contribué à l'effondrement de la messe en acceptant les filles enfants de chœur, la musique rock et les liturgies pontificales « inculturées ». En mai 1984, ils avaient fait éclater leur colère lorsqu'une femme d'un peuple premier de Nouvelle-Guinée avait lu une épître de saint Paul poitrine nue lors de la messe. En septembre de la même année, le pape Wojtyla avait célébré au Canada une cérémonie dont une partie consistait à brûler de l'herbe douce en l'honneur du grand esprit amérindien Kije Manito. Et que dire lorsque, en 1985, dans une forêt du Togo, il avait procédé à un rite d'aspersion en compagnie d'un sorcier animiste !

Devant la rencontre d'Assise, pourtant, les intégristes retiennent leurs coups ; le schisme n'est pas encore pleinement consommé. Après 1988, ils se déchaîneront et les accusations de sacrilège ne faibliront plus. Mais le pire reste à venir : en 1999, Jean Paul II baisera un exemplaire du Coran, geste impie s'il en est à leurs yeux. Mais, en cette même année 1986, au printemps, Jean Paul II a été le premier pape à entrer dans une synagogue. Pour les lefebvristes, le catholicisme est la seule religion qui permet de parvenir au salut. Elle ne peut souffrir aucune compromission avec d'autres expressions culturelles de Dieu et de sa Révélation. À cette conception figée du dogme s'ajoutent un racisme et un antisémitisme tout juste voilés. De leur point de vue, l'action de Jean Paul II rend manifestes les plus graves erreurs du concile et, tout particulièrement, celle de la déclaration *Dignitatis humanae* sur la liberté religieuse adoptée en décembre 1965. Ce texte énonçait que « l'unique vraie religion existe » dans l'Église catholique, mais il affirmait également que toute personne a le devoir de suivre sa conscience. Le concile a évidemment exclu toute forme de violence pour amener à l'adhésion à la foi chrétienne, mais aussi la simple pression morale. Seule la voie du dialogue est ouverte : le catholicisme propose ce qu'il pense être vrai et juste mais c'est à la conscience de chacun de disposer... Pour les intégristes, un tel « droit » consenti à « l'erreur » a été compris comme la porte ouverte à toutes les hérésies et à l'apostasie[1] généralisée dans les terres de vieille chrétienté. Pour eux, seule la vérité a des droits. En combattant Jean Paul II, ils s'opposent à cette évolution capitale permise par Vatican II.

Rétrospectivement, la controverse violente avec les anticonciliaires a peut-être contribué à composer une image de Jean Paul II plus progressiste qu'il ne le fut réellement. Par effet de contraste, il est apparu comme le héraut d'un dialogue interreligieux contemporain ouvert et dynamique. Il est vrai que le pape Wojtyla n'a pas hésité à aller à la rencontre des autres croyants, mais était-ce la reconnaissance d'autres chemins vers Dieu, comme le lui ont reproché les intégristes ?

« Ne pas prier ensemble »

Si on en observe les détails, la rencontre d'Assise de 1986 est plus complexe qu'il n'y paraît. Le cardinal Roger Etchegaray, alors président de la commission pontificale « Justice et Paix » et l'un des organisateurs de la rencontre, rappelle à la presse dans une conférence que la réunion

1. Apostasie : renonciation publique, abandon de la foi chrétienne.

a pour but de « concilier l'irréductible singularité du christianisme et son universalité missionnaire ». La photographie qui fait le tour du monde, celle de l'assemblée des dignitaires religieux, est prise à la fin d'une journée au cours de laquelle les différentes religions et confessions ont été beaucoup plus séparées.

Avant la scène finale où tous sont rassemblés, chaque délégation a prié dans une église ou une salle qui lui a été affectée en propre. Les représentants chrétiens étaient dans la cathédrale, le groupe bahaï dans une salle près de l'hôtel de ville... Seuls les sikhs et les hindous ont fait un geste notable de réconciliation, dans un contexte marqué par des actes de terrorisme entre communautés en Inde, et ont uni leurs prières à celles des zoroastriens et des jaïnistes. Les musulmans, quant à eux, se sont rassemblés dans une salle particulière. Certes, à Assise, toutes les religions sont là, mais chacune dans son rite, bien séparée des autres. Il n'y a eu ni prières ni gestes de dévotion communs. « Ne pas prier ensemble mais être ensemble pour prier », telle aurait été la consigne donnée par le pape au cardinal Etchegaray ainsi que ce dernier l'a noté dans ses Mémoires...

Devant la polémique qui enfle sur sa droite, dès son retour à Rome, Jean Paul II s'explique dans *L'Osservatore Romano*. Il y affirme que la rencontre avec d'autres dignitaires religieux « n'implique aucune intention de rechercher un consensus religieux entre nous, de mener une négociation sur nos convictions de foi. Il ne signifie pas non plus que les religions peuvent être réconciliées sur le plan d'un engagement commun dans un projet terrestre qui les dépasserait toutes. Il n'est pas non plus une concession au relativisme dans les croyances religieuses ».

Syncrétisme et relativisme sont donc fermement condamnés. Reste cependant les questions de l'évangélisation et de la mission. Enracinées dans les paroles de Jésus lui-même selon les Évangiles, notamment celui de Matthieu (« Faites de toutes les nations des disciples »), comment s'inscrivent-elles dans ce nouveau contexte ?

Ouverture ou mission ?

Au début des années 1980, la décolonisation des décennies précédentes a passablement écorné l'idéal missionnaire chrétien occidental, notamment chez les catholiques. La « mission », héritée du XVIIIe et du XIXe siècle, pouvait mêler en effet un appel à la civilisation, un prosélytisme quelquefois violent et la participation, même indirecte, au projet colonial raciste. La question, brûlante s'il en était, avait été mise en débat lors de Vatican II et elle avait abouti, en 1965, au décret intitulé *Ad gentes.* Le texte cherchait à renouveler les pratiques missionnaires. Mais rapidement d'épineuses questions étaient apparues alors que, dans la continuité de ces remises en cause, les jeunes catholiques du Nord se détournaient des instituts engagés sur le terrain de la mission dans les pays du Sud. « Coopérants » laïcs plutôt que « missionnaires » prêtres ou religieux, ils allaient alors privilégier l'aide au développement du « tiers-monde » naissant en respectant les cultures et en soutenant les aspirations nouvelles des peuples autochtones. Comme le note l'historien Claude Prudhomme, l'idée catholique de mission traversait au mitan des années 1970 une crise sans précédent : « Au lieu de prétendre convertir les autres, le militant s'interroge sur sa propre conversion, sa capacité à être évangélisé, les raisons d'une croyance qui ne va pas de soi. Ce choix ouvre un temps d'incertitude où le chrétien renonce à la prétention d'avoir la réponse à tous les problèmes et se demande s'il a quelque chose de plus que les autres. »

Au Nord, l'expérience des prêtres au travail ou celle des militants de l'Action catholique dans différents milieux sociaux avaient montré qu'il était important d'être sensible à la vie des personnes et de comprendre leur « milieu », avant de leur annoncer de manière triomphale une vérité doctrinale… Au Sud, les Églises prenaient, de leur côté, conscience de leur identité et de leur valeur propres. Depuis des siècles, l'Europe catholique envoyait ses prêtres, ses religieux, avec leurs idées, leurs rites et leur agenda, il était temps pour elles de se prendre en charge et de faire entendre leur propre voix. La rencontre entre évêques venus de tant d'horizons différents lors du concile avait fait comprendre que, dans un monde qui se globalisait, la culture occidentale ne pouvait plus avoir le monopole de l'expression du christianisme.

C'est au cours du synode romain de 1974 sur « l'évangélisation dans le monde contemporain » que les doutes et les dissensions se révélèrent. Des théologiens issus du Sud proposèrent une nouvelle conception pastorale dans laquelle une plus grande autonomie serait accordée aux « jeunes Églises », notamment dans la liturgie ou le rapport aux cultures locales et aux autres religions. Poussé par l'aile conservatrice de sa Curie, Paul VI se fit l'écho des résistances à l'évolution en cours, lors de son discours d'ouverture, lorsqu'il dit craindre qu'on donne « un accent excessif, sur le plan temporel, à la promotion humaine, au progrès social » dans la mission.

C'est là qu'intervint un certain Karol Wojtyla. Il était le rapporteur de la deuxième partie du texte de travail du synode. L'archevêque de Cracovie n'était guère enthousiasmé par le texte qui avait été envoyé en préparation des débats. Durant les travaux synodaux qui suivirent, il fut certes touché par les expériences pastorales des jeunes Églises, ainsi qu'il le rapporta dans un article écrit pour le *Tygodnik Powszechny*, mais, pour lui, avant toute autre considération, la mission devait s'enraciner dans une doctrine claire. Et tout acte d'engagement devait être fortement relié à l'Église catholique et romaine comprise comme le Christ agissant sur cette terre… Il ne prit pas explicitement le parti des tenants d'une conception classique de l'évangélisation, pensée à partir de Rome dans une verticalité descendante, mais tenta de trouver un compromis avec la jeune théologie du tiers-monde. Au bout du compte, le texte de médiation proposé par le secrétariat et la présidence du synode de 1974, en gommant tout ce qui pouvait amener un désaccord, penchait clairement vers Rome. Sa lecture fut accueillie avec froideur et vécue comme un véritable affront par les pays du Sud. Le vote qui suivit rejeta trois chapitres sur les quatre qui composaient le document. Seul le tableau descriptif trouvait une majorité, tandis que les différentes propositions et axes pastoraux étaient mis en minorité.

Au-delà de la question spécifique de l'évangélisation, l'échec du synode romain mit en lumière la crise de gouvernance qui secouait l'Église catholique à son sommet depuis la fin du concile. De toute évidence, la collégialité appelée de ses vœux par le concile ne cessait de se heurter à la centralité romaine. Une fois encore, la question allait être remise entre les mains du souverain pontife, qui trancherait à partir de son seul jugement.

En 1975, malgré l'absence de consensus, Paul VI publia donc une exhortation apostolique d'après synode intitulée *Evangelii nuntiandi*. Le pape espérait dépasser le clivage entre une annonce de la foi descendante et trop confiante en elle-même et une autre annonce, plus implicite, sensible aux conditions socio-économiques ou socioculturelles... Dans le texte, le mot traditionnel de « mission » avait été le plus souvent remplacé par celui d'« évangélisation », beaucoup plus positif et valable pour tous les diocèses catholiques, aussi bien ceux de « vieille chrétienté » que les plus récents. Les changements de noms sont importants. Ainsi, l'ancienne Congrégation pour « la propagande de la foi » avait été remodelée après le concile en un dicastère[1] pour « l'évangélisation des peuples ». Paul VI rappelait aussi que Rome avait rééquilibré les rapports entre Nord et Sud dans son propre personnel. L'« inculturation » était encouragée, mais Rome demeurait la puissance régulatrice en matière de liturgie et de doctrine.

De l'évangélisation à la « nouvelle évangélisation »

Dès son élection en 1979, Jean Paul II reprit l'idée d'évangélisation de son protecteur et mentor Paul VI mais l'amenda. Lors de son premier voyage en Pologne, dans le quartier de Nowa Huta, il promit non plus une

1. Dicastère : organisme de la Curie romaine, équivalent à un ministère.

« évangélisation » mais une « nouvelle évangélisation » de l'Europe. Il n'y avait plus un seul espace à évangéliser mais bel et bien une distinction entre le centre historique du christianisme occidental, objet d'un soin renouvelé, et les périphéries à gagner à la foi catholique. Sa vision de reconquête, sous le terme de « nouvelle évangélisation », était de toute évidence appuyée sur le désir de revenir au passé glorieux d'une Église puissante et ne prenait pas en compte les conditions nouvelles, comme les progrès immenses de la sécularisation ou le multiculturalisme des sociétés européennes.

Le sommet des religions pour la paix de 1986 est donc un jalon dans cet agenda de retour à une conception plus ancienne de l'idée de mission, certes ripolinée en « nouvelle évangélisation ». Loin de manifester une volonté de dialogue ou plus loin encore d'envisager de pouvoir apprendre quelque chose de l'autre dans ce dialogue, Assise révèle une Église catholique si assurée et rassurante dans son identité qu'elle n'a plus vraiment besoin de conspuer les doctrines qui lui sont étrangères pour exister. Avec grandeur d'âme, elle peut même aménager des moments forts non pour « prier ensemble » une improbable divinité syncrétique mais pour « être ensemble pour prier ».

En 1988, le « Secrétariat pour les non-chrétiens », créé au moment du concile, sera ainsi remanié en un « Conseil pontifical pour le dialogue interreligieux ». Son but : « promouvoir la compréhension mutuelle, le respect et la collaboration entre les catholiques et les fidèles des autres traditions religieuses ». Là encore, les mots ont leur poids. La volonté de paix est indiscutable mais en aucun cas il n'est envisagé que les autres religions ou confessions puissent constituer un apport pour le catholicisme et que celui-ci puisse en apprendre quelque chose.

La rencontre d'Assise précède également l'encyclique *Redemptoris missio* de 1990, qui reprendra une série de catéchèses sur la question. Au début de ce texte, Jean Paul II se présentera comme inspiré par l'apôtre Paul et affirmera qu'annoncer l'Évangile n'est pas un titre de gloire mais une nécessité qui lui incombe. À ses yeux, le temps des doutes s'est dissipé et les catholiques doivent se remobiliser. Le dialogue interreligieux ne saurait remplacer la mission. Le mot lui-même n'est plus honteux : « L'élan missionnaire appartient donc à la nature intime de la vie chrétienne. » Pour le pape polonais, « dans l'histoire de l'Église, en effet, le dynamisme missionnaire a toujours été un signe de vitalité, de même que son affaiblissement est le signe d'une crise de la foi ». Le raisonnement est implacable : si la mission atteste de la vitalité de l'Église, le retour de la mission prouve sa renaissance. Les thèmes wojtyliens par excellence seront également présents dans le texte. S'il affirme la centralité du Christ dans l'œuvre de rédemption, il assimile immédiatement le Christ à son Église entendue comme extensive au catholicisme.

Avant même *Redemptoris missio*, Jean Paul II s'était attaché à clarifier lui-même, ou à faire préciser par ses bureaux romains, un certain nombre de questions théologiques qui restaient en débat depuis le concile. L'une d'entre elles était liée à la définition théologique qui fondait l'Église catholique elle-même. Avant Vatican II, les choses étaient simples : « L'unique Église du Christ est le catholicisme », et son corollaire : « Hors de l'Église, point de salut ». De telles affirmations laissaient hors de l'amour divin des millions d'êtres humains dont beaucoup menaient, de toute évidence, des vies justes et droites.

Comment pouvaient-ils être sauvés ? L'Église, comme corps invisible du Christ, était-elle plus large que l'Église visible ? À moins que le Christ ne se révèle sous d'autres formes dans les autres traditions religieuses et spirituelles ? Peut-être l'Esprit saint, lequel souffle où il veut, suffisait-il pour assurer le salut de l'âme ? Dans la constitution sur l'Église *Lumen gentium*, le concile privilégia une formule plus sophistiquée que jadis : l'Église du Christ « subsiste » (en latin « *subsistit* ») dans l'Église romaine. Rapidement cependant, un conflit d'interprétation surgit entre les tenants d'une lecture ouverte, selon laquelle le catholicisme n'avait pas le monopole du salut, et ceux pour qui l'expression « subsiste », employée par saint Thomas d'Aquin, l'un des plus grands docteurs de l'Église d'Occident au Moyen Âge, renforçait en fait le sens du verbe « être ». En conséquence, le texte conciliaire, loin de remettre en cause l'enseignement de jadis, le confirmait.

Cette discussion peut sembler très technique mais elle a de grandes conséquences sur la mission et sur la façon d'être catholique au milieu des autres croyants et des incroyants. Si la communauté catholique n'est pas l'unique lieu du salut, faire de nouveaux convertis devient en effet secondaire. Sinon, la mission est un devoir impératif et, d'une certaine façon, mieux vaut bousculer un peu une conscience que de risquer de perdre une âme...

Ces questions prirent une acuité particulière dans les sociétés contemporaines sécularisées et plurielles. Comment y penser un salut dans et par d'autres traditions ? Ces pistes, certains théologiens commençaient à les explorer, notamment au sein de certains réseaux intellectuels comme ceux de la théologie de la libération en Amérique latine ou ceux de l'association Eatwot[1] propres aux penseurs chrétiens du tiers-monde ou bien encore dans certains instituts théologiques d'Amérique du Nord ou d'Europe.

Une telle ébullition ne pouvait pas passer inaperçue à Rome, surtout au moment où Jean Paul II et son bras droit à la Congrégation pour la doctrine de la foi depuis 1981, Joseph Ratzinger, cherchaient à colmater la brèche du doute qui avait saisi l'Église catholique à la suite du concile. En 1985, Leonardo Boff fut tenu de s'en expliquer pour son livre *Église. Charisme et pouvoir.* Pour ses censeurs, la doctrine catholique admettait qu'« existent seulement des éléments d'Église qui tendent et conduisent vers l'Église catholique ». Toute autre interprétation plus généreuse du statut des autres « communautés ecclésiales » était erronée… Cette condamnation, parmi de nombreuses autres, comme le soupçon porté sur le dominicain français Claude Geffré, montrait que l'ère du questionnement qu'avait ouverte le concile était bel et bien refermée.

« Dominus Iesus » : la trahison de décennies d'élan œcuménique

Un texte de Jean Paul II ira encore plus loin dans cette interprétation restrictive des conditions du salut : il s'agit de la déclaration de la Congrégation pour la doctrine de la foi *Dominus Iesus* « sur l'unicité et l'universalité salvifique de Jésus-Christ et de l'Église », écrite par le cardinal

1. Eatwot : Ecumenical Association of Third World Theologians, Association œcuménique des théologiens du tiers-monde.

Ratzinger et validée par le pape en 2000. C'est peu dire que son effet sera désastreux… Selon ce texte au titre impressionnant, seul le catholicisme possède la plénitude de l'Église fondée par le Christ. Si d'aventure d'autres Églises chrétiennes, qui ne sont pas en communion avec Rome, disposent d'éléments menant vers la sainteté, c'est parce que leur « force dérive de la plénitude de grâce et de vérité […] confiée à l'Église catholique ».

Sitôt publié, le texte sera vécu comme un affront par les autres Églises chrétiennes, notamment celles issues de la Réforme et de la Communion anglicane. Les Églises orthodoxes, en particulier celle unie au patriarche de Moscou, vivaient déjà très mal, depuis la chute du mur de Berlin, le rattachement effectué parfois rapidement et sans ménagement, par exemple en Ukraine, de certains diocèses à Rome. Le texte *Dominus Iesus* arrivera également après quatre décennies de progrès continus dans le dialogue qu'on appelle « œcuménique » (entre chrétiens) pour bien le distinguer d'interreligieux (entre les différentes religions) ou encore d'interconvictionnel (entre les différentes opinions, même celles des agnostiques ou des athées). Ainsi, bien que le Vatican ne siége pas au Conseil œcuménique des Églises, fondé en 1946 par des chrétiens d'obédience plutôt protestante, il en était devenu un membre observateur participant, ponctuellement, aux travaux de certaines commissions. Localement, nombre de catholiques depuis les années 1960 s'étaient investis avec ardeur dans de très sérieux groupes de dialogue, comme le groupe des Dombes. Des théologiens catholiques se réunissaient pour travailler dans des commissions de dialogue avec des orthodoxes, des anglicans, des luthériens ou des calvinistes, afin de parvenir à des consensus minimums et à la levée de certaines condamnations passées.

C'est tout ce travail patient et méticuleux à l'extrême que la déclaration *Dominus Iesus*, publiée en pleine année jubilaire, balaiera. Elle fera craindre, à raison, un retour de l'intransigeance de jadis, quand les autres confessions chrétiennes n'étaient considérées que comme des « communautés ecclésiales » et non des Églises pleines et entières. André Gounelle, professeur de théologie protestante à l'université de Montpellier, se désolera ainsi du virage pris par Rome : « On avait le sentiment que Jean Paul II, en général plutôt conservateur et conformiste, faisait preuve dans le domaine de l'interreligieux d'une ouverture et d'une audace remarquables [...] sur ce dossier, je l'ai admiré [...] et voilà qu'il désavoue ce qu'il a fait de mieux et annule lui-même ce qu'il avait heureusement amorcé, quel gâchis ! » L'Alliance réformée mondialisée, à la parution de la déclaration, s'interrogera : faut-il annuler une rencontre œcuménique avec l'Église catholique ? Même le théologien français Bruno Chenu, dans le quotidien catholique *La Croix*, critiquera l'offensive de Joseph Ratzinger, qui « se livre à une lecture réductrice de Vatican II, au point de mettre en péril l'intention même du concile ». Il faut dire que le texte, sans déjuger totalement le *statu quo* un peu ambivalent qui était issu de Vatican II, durcira le trait, développera des considérations et imposera des mises en garde qui freineront les efforts œcuméniques que le concile avait justement permis. Le Vatican se défendra de revenir en arrière, mais l'élan sera brisé...

Jean Paul II, épaulé par Joseph Ratzinger, a surtout eu pour objectif la restauration d'une Église lavée des errements et des questionnements qui avaient suivi Vatican II. L'évangélisation, nouveau nom donné à la mission, n'a dans leur esprit aucun caractère néocolonial. Elle n'est ni « occidentalo-centrée » ni « romano-centrée ». Elle est seulement centrée sur la vérité du Christ que seule l'Église catholique détient dans sa juste formulation et expression.

Jean Paul II a eu beau faire plus d'une centaine de voyages à travers le monde, il ne s'agissait pas d'une véritable ouverture, du moins pas en profondeur. Avec son fidèle Joseph Ratzinger, ils ne cessèrent d'affirmer que les religions non chrétiennes ne sont que des sagesses, certes respectables mais toujours entachées d'erreurs et que, dans le christianisme, le catholicisme est seul à détenir ce qui est vrai dans son entièreté.

Que reste-t-il aujourd'hui de ces certitudes assenées à coups de discours, d'encycliques et de condamnations de théologiens ? L'apostasie silencieuse du vieil Occident chrétien n'a aucunement ralenti, au contraire. Et cela en dépit des campagnes lancées et intensifiées depuis les années 2000 sous la forme de festivals, de missions de plage ou de rue, en dépit des JMJ de Paris, de Rome, de Cologne, de Madrid ou même de Cracovie… La vigueur missionnaire, en Amérique latine, est beaucoup plus visible au sein des communautés évangéliques qui proposent à foison guérisons et merveilleux à des populations en proie à de considérables difficultés socio-économiques. La question du multiculturalisme, c'est-à-dire la coexistence de plusieurs religions et convictions dans un même espace culturel et national, est plus que jamais d'actualité partout dans le monde. Les religions sont de plus en plus considérées comme des facteurs de guerre et d'intolérance plutôt que de paix et de bienveillance. Pour le catholicisme, les intuitions du concile ont semblé s'effacer. Le pape qui proclamait : « N'ayez pas peur » en 1979 n'a pas empêché un repli frileux en condamnant toutes les initiatives un peu audacieuses, comme si prétendre « détenir » la vérité avait pour conséquence de la maintenir derrière les hauts murs d'un dogme immuable plutôt que d'en faire un vecteur de dialogue.

Le cardinal Bergoglio, lors des échanges entre cardinaux avant son élection, marquera les esprits en disant de l'Église catholique : « Dans l'Apocalypse, Jésus dit qu'il est à la porte, qu'il frappe à la porte. Bien entendu, le texte se réfère au fait qu'il frappe à la porte de l'extérieur pour entrer… Mais je pense aux moments où Jésus frappe de l'intérieur pour qu'on le laisse sortir. L'Église autoréférentielle prétend retenir le Christ à l'intérieur d'elle-même et ne le fait pas sortir. »

Si ce n'est pas un jugement sur ses prédécesseurs, c'est cependant une très forte inflexion.

12.

Remettre les femmes à leur place… naturelle

15 août 1988 – Publication de *Mulieris dignitatem*

La messe de l'Assomption que Jean Paul II célèbre en la basilique Saint-Pierre de Rome revêt en 1988 une solennité particulière. L'Église clôture alors l'année mariale décrétée par le pape polonais. Depuis son accession au siège de Pierre dix ans plus tôt, la célébration du deux millième anniversaire de la naissance du Christ, prévue à la fin du millénaire, ne quitte pas son esprit. Dans cette optique, et fort de son attachement à la figure de la Vierge Marie, il a décidé de célébrer une année mariale, entre la Pentecôte 1987 et l'Assomption 1988, qu'il a vouée à la méditation sur le rôle et la place de « la mère de Dieu et la mère de l'Église ».

Pour ouvrir l'année, en mars 1987, il a publié l'encyclique *Redemptoris Mater*, une méditation sur Marie, mère du Rédempteur ; pour la clôturer, il signe, ce même 15 août 1988, une lettre apostolique, *Mulieris dignitatem*, sur la dignité et la vocation de la femme. Le texte n'est cependant rendu public que le 30 septembre, le temps d'organiser une conférence de presse, qui aurait eu trop peu d'écho en plein mois d'août. Au moment de s'adresser aux journalistes, le cardinal Ratzinger, préfet de la Congrégation pour la doctrine de la foi, indique en souriant que cette lettre va lancer un « féminisme catholique ». Si tel est le cas, il faut admettre que ce féminisme-là n'a pas grand-chose de commun avec le mouvement féministe historique d'émancipation des femmes. C'est cependant un événement historique puisque c'est la première fois qu'un pape écrit un tel document, 120 pages uniquement consacrées à la question féminine.

Libres d'être mères

Depuis le début de son pontificat, le pape polonais a montré une familiarité et une proximité avec les femmes qui tranchent avec l'attitude distante et précautionneuse en vigueur jusque-là parmi les hauts dignitaires de l'Église catholique et particulièrement parmi les membres de la Curie. En 1985, notamment, il a embrassé sur le front, son visage entre ses mains, une jeune femme italienne venue le saluer. L'année suivante, il a donné la main à deux jeunes filles australiennes lors d'une chaîne dans un stade de Sydney. De la part du souverain pontife, de telles attitudes envers la gent féminine faisaient espérer une évolution autour de la place des femmes et de leurs responsabilités dans l'Église catholique.

La deuxième moitié du XXe siècle est sans aucun doute le temps de l'émancipation des femmes. Le basculement est historique et n'a aucun équivalent dans toute l'histoire humaine. Les femmes obtiennent le droit de vote et se débarrassent de la tutelle d'un homme – père ou époux – pour ouvrir un compte en banque, accepter un emploi ou créer une entreprise. Simultanément, les femmes ont accès à la maîtrise de leur fécondité et deviennent maîtresses de leur corps. Partout des lois libéralisant la contraception et légalisant l'avortement sont votées. Face à ce puissant mouvement d'émancipation, l'Église catholique ne bouge quasiment pas. Paul VI, lors de la cérémonie de clôture du concile, dédiait un message aux femmes. Après s'être réjoui de leur arrivée dans les responsabilités de la Cité, il leur rappelait leur vocation « pour la garde du foyer, l'amour des sources, le sens des berceaux ».

Régner sur le foyer, enfanter et protéger les hommes de leur goût pour la guerre et la destruction, voilà le programme de la femme libérée selon l'Église catholique en 1965.

L'encyclique *Humanae vitae* en 1968 sur le mariage et la régulation des naissances posait elle aussi la question de la place qu'acceptait de donner l'Église catholique aux femmes. De façon incroyablement paradoxale, à aucun moment, le mot de « maternité » n'y était prononcé. La femme, même dans sa dimension maternelle, n'y était vue qu'au travers des hommes.

Il est vrai que pour l'Église catholique il n'y a guère qu'un modèle de féminité. D'ailleurs quand on y parle des femmes, on dit « la » femme, c'est-à-dire un concept, une idée, et même un idéal qui a fort peu à voir avec les êtres humains de sexe féminin.

La jeunesse de Karol Wojtyla, on l'a dit, a été marquée par la mort brutale de sa mère alors qu'il n'avait que neuf ans. L'image qu'il a conservée, et qui est devenue une conviction, c'est que la femme, la mère, est le pivot de la famille, ce qu'avait sans doute été sa mère. Et il est vrai qu'après la mort de celle-ci, si l'on en croit les différents témoignages, la vie de la famille Wojtyla, c'est-à-dire du père et de son jeune fils – l'aîné ayant déjà quitté le foyer pour faire ses études –, s'est rétrécie en d'austères piétés. Plus tard, alors qu'il était étudiant puis comme aumônier auprès des jeunes et des étudiants, il avait fait le constat que les femmes étaient souvent considérées comme un instrument de plaisir par les hommes. Pour autant, il ne faisait déjà pas confiance aux idéologies qui prétendaient libérer la femme et qui, au nom de l'égalité, poussaient les femmes à travailler comme les hommes. Pour le jeune prêtre polonais, comme pour le cardinal qu'il allait devenir, il ne faisait aucun doute que le véritable épanouissement des femmes, leur accomplissement, se trouvait dans la vie de la famille dont elles sont l'âme. Il n'envisageait pas qu'il puisse y avoir quelque autre priorité dans la vie des femmes.

Dans les catéchèses dites de la « théologie du corps » qu'il dispensa le mercredi au début de son pontificat, il s'efforçait de justifier les choix de la doctrine catholique sur le mariage et la famille, et il y défendait pied à pied l'encyclique *Humanae vitae* dont il savait combien elle avait été mal reçue. Le pape s'émerveillait devant la capacité du corps de la femme à collaborer au dessein divin en concevant un nouvel homme. Pour lui, ce qu'il nomme « mystère de la femme » ne se révèle qu'au travers de la maternité. C'est là la vocation de la femme et rien ne doit l'empêcher, surtout pas une pilule, un diaphragme ou un préservatif.

Dès sa lettre *Familiaris consortio* de novembre 1981, le nouveau pape s'en était expliqué : l'émancipation des femmes ne peut se faire que si l'on reconnaît la valeur de leur rôle maternel et familial, lequel est premier et supplante les rôles qu'elles pourraient avoir dans une vie publique et professionnelle. Il ne cesse de souligner la différence des sexes voulue par le Créateur. Pour lui, l'égalité ne signifie rien en tant que telle. Il plaide pour l'égale dignité, la dignité des femmes et donc le droit étant d'avoir toute latitude pour exprimer leur véritable être féminin.

Quelques mois plus tôt, en septembre 1981, dans l'encyclique *Laborem exercens* sur le travail humain, Jean Paul II insistait déjà sur la nécessité d'assurer aux mères la possibilité d'élever leurs enfants et de se consacrer à leur éducation. Qu'elles soient contraintes d'abandonner ces tâches pour un emploi rétribué contredisait cette vocation féminine première. Et si, sous la contrainte économique, elles devaient travailler, le processus de travail devait être adapté pour qu'elles puissent remplir leurs aspirations familiales et le rôle spécifique qui est le leur : « La vraie promotion de la femme exige que le travail soit structuré de manière qu'elle ne soit pas obligée de payer sa promotion par l'abandon de sa propre spécificité et au détriment de sa famille, dans laquelle elle a, en tant que mère, un rôle irremplaçable. » À aucun moment, dans sa réflexion, ne se dessine l'idée qu'une femme pourrait se réaliser autrement qu'en étant mère, et que travailler soit pour elle un choix positif.

Marie, mère discrète et chaste, modèle unique de la femme

Ces différents aspects de la pensée de Jean Paul II trouvent leur aboutissement à l'occasion de cette année mariale, avec l'encyclique *Redemptoris Mater,* sur la bienheureuse Vierge Marie dans la vie de l'Église, et sa suite naturelle, la lettre apostolique *Mulieris dignitatem*, sur la dignité et la vocation des femmes. Jean Paul II y conceptualise sa vision de « la femme ».

Marie, vierge et mère, est pour lui l'image la plus accomplie de la vocation féminine authentique. Le pape explique que, comme le dit la Genèse, la femme a été créée pour que l'homme ait une aide assortie. Selon la volonté de Dieu lui-même, la femme est dès le début configurée pour le service. Mais il précise immédiatement : il ne s'agit évidemment pas de servitude, car pour les femmes comme pour Marie, la femme parfaite, « servir veut dire régner ». Pour autant, le pape ne veut pas laisser penser qu'il soumet la femme au bon vouloir de l'homme. Ainsi, lorsqu'il commente la soumission de la femme à l'homme, bien établie dans les textes bibliques, il précise qu'elle doit être interprétée comme une soumission mutuelle des époux. Il dénonce fermement toutes les formes de domination de l'homme sur la femme, rappelant qu'un rapport réciproque est indispensable dans le mariage, que la femme ne peut devenir l'objet de l'homme car tel n'est pas le dessein originel de Dieu.

Jusque-là, comment ne pas être d'accord ? Il y a cependant une nuance : pour Jean Paul II, la domination de l'homme sur la femme n'est pas une question de culture. Le masculinisme, le patriarcat, il ne connaît pas. Ce qu'il accuse, c'est le péché. Au commencement, dit-il, Dieu avait créé l'homme et la femme à son image, non pas identiques mais égaux en dignité. Dès l'origine, souligne le pape, il y a la « différence ». Certes, mais ce qui est étrange, c'est que cette différence ne dit à peu près rien sur les hommes, qui, si l'on y regarde de près, sont dans la perspective wojtylienne la référence. En effet, dans la pensée papale, tout se passe comme si les hommes représentaient l'humanité « de référence », une humanité non spécifique, les femmes représentant « la différence » du fait de leur spécificité féminine. Pas d'inégalité, se défend donc le pape, mais une différence originelle entre le principe et le singulier, le type général et le particulier. Tout se passe comme si l'Adam de la Genèse était à la fois l'Homme avec une majuscule, et l'homme au sens du masculin – selon une interprétation fautive de la Bible qui a longtemps dominé, alors que l'exégèse contemporaine met en évidence que la femme n'est pas « seconde », et que l'Homme en tant qu'être humain a été créé « mâle et femelle ».

Le « féminisme » papal, si l'on retient les mots de Joseph Ratzinger, est fondamentalement différentialiste. Si Jean Paul II entend la question du droit des femmes, il ne conçoit pas que leur libération puisse se faire au détriment de cette spécificité qui est leur plus belle destinée, celle d'être mère. Hors de question pour la femme, au nom de la libération de la domination de l'homme, de se « masculiniser », elle y perdrait sa richesse essentielle. Les droits de la femme ne sont pas le droit à l'égalité, mais à la différence. Le droit des femmes est de vivre pleinement leur nature féminine. Et celle-ci s'exprime par deux dimensions uniquement, longuement détaillées dans l'encyclique : la maternité et la virginité. Mais la maternité n'est pas seulement un fait biologique, rappelle *Mulieris dignitatem*, il s'agit d'une réalité morale et personnelle. La conception et la naissance d'un enfant sont le rôle de la femme. Et par extension de cette participation au « mystère de la vie », les femmes – pour lui, « la femme » – sont par nature protectrices de la vie !

Dans ce texte transparaît le regard particulier de Jean Paul II sur la maternité, une particularité qui s'affirmait déjà lorsque, jeune aumônier, il écrivait à des jeunes filles ou à des jeunes femmes qui lui demandaient des conseils pour leur vie conjugale et familiale. Pour lui, porter les enfants est une sorte de miracle. On sent qu'il éprouve une sorte de « jalousie » vis-à-vis de ce privilège féminin. C'est ce sentiment qu'il exprime lorsqu'il argumente qu'il est normal que les femmes, jouissant de cette incroyable faculté qui les fait participer à l'acte créateur de Dieu, ne demandent rien d'autre, et surtout pas l'ordination.

Une autre vocation de la femme, indique le pape dans son encyclique, est la virginité ; et, dit-il, maternité et virginité coexistent sans s'exclure. Pour lui, l'idéal à suivre est celui de Marie, fermement résolue à conserver sa virginité tout en s'accomplissant dans la maternité. Le pape énonce aussi une « prédisposition innée de la personnalité féminine à la condition d'épouse ». Vierge, mère, épouse : voilà l'idéal que l'Église catholique propose aux femmes alors que l'égalité entre les femmes et les hommes s'impose comme un enjeu incontournable dans toutes les sociétés, tant dans le domaine professionnel que personnel. Le féminisme catholique attendra encore un peu.

La bataille de Pékin

Cette vision de la femme, dont on ne peut même pas dire qu'elle vient du passé tant elle est une composition spécifique de la spiritualité de Jean Paul II, ne cessera d'être exaltée tout au long de son pontificat. Aussi, pour le pape, l'année 1995 va-t-elle être l'année du grand combat de l'Église catholique pour défendre cette vision de « la femme ». Le 4 septembre 1995 doit s'ouvrir à Pékin la 4e conférence mondiale sur les femmes. Jean Paul II s'y prépare depuis plus d'un an : en septembre 1994 s'est tenue au Caire une conférence mondiale sur la population et son lien avec le développement, dans le cadre de l'année de la famille décrétée par l'ONU. Le Vatican y a déjà gagné une grande bataille contre toute forme d'intervention dans la « santé sexuelle » des femmes, en particulier la contraception et l'avortement, s'alliant avec plusieurs organisations de l'islam radical et recevant le soutien de pays en développement. Une étrange victoire cependant lorsque l'on constate que quarante-sept heures de débat ont été consacrées à l'avortement et une heure quinze à la pauvreté. Est-ce une proportion en rapport avec les exigences évangéliques ? Des observateurs et observatrices, y compris catholiques, s'en sont émus sans faire vaciller le moins du monde les certitudes romaines.

En 1995, à Pékin, l'affrontement risque d'être plus direct encore, puisque, cette fois, ce sont les femmes et leurs droits qui sont au cœur de la conférence. Dès le 1er janvier 1995, le pape investit le terrain avec son message annuel pour la Journée mondiale de la paix ayant pour thème : « Femmes, enseignantes de paix ». En février, il attaque une série d'homélies où il donne sa définition du « féminisme ». Il y évoque pêle-mêle l'égalité des personnes, la complémentarité et la réciprocité qui résident dans la différence sexuelle, l'accès à l'éducation, l'équité pour les mères qui travaillent... En mai 1995, il reçoit à

Rome la secrétaire générale de cette conférence de Pékin, Gertrude Mongella. Devant elle, il déplore que la vocation maternelle de la femme soit plus souvent pénalisée qu'estimée et s'inquiète de la vision individualiste qui risque de primer, occultant les différences de l'homme et de la femme au nom d'une égalité qui ne correspond pas aux besoins des femmes. Il pointe également la révolution sexuelle et le fardeau qu'elle fait peser sur les femmes, à cause de l'irresponsabilité masculine.

Le 29 juin 1995, il publie de nouveau une *Lettre aux femmes*, un texte plus court et d'un moindre poids du point de vue des normes catholiques que *Mulieris dignitatem*. Cette fois, il s'adresse réellement aux femmes : « C'est à chacune d'entre vous que j'adresse cette lettre. » Il commence par une série de remerciements pour « le "mystère de la femme", pour toute femme, pour ce qui constitue la dimension éternelle de sa dignité féminine ». Il poursuit en formulant une sorte de programme « féministe ». Il y dénonce le machisme qui juge les femmes sur leur physique et non leurs compétences, leurs valeurs professionnelles, ou leurs activités intellectuelles, rappelle la longue histoire des abus sexuels contre les femmes. Le texte surprend d'autant plus que Jean Paul II y exprime les regrets de l'Église en ce que ses « fils » ont pu contribuer à la marginalisation des femmes dans la société. Révolution papale, conversion ? Pas vraiment. Il revient sur les difficultés liées à la maternité et appelle à empêcher les discriminations à l'égard des femmes qui ont choisi d'être épouses et mères, car, pour lui, c'est toujours là que s'exprime le génie féminin.

Mais Jean Paul II ne se contente ni de prêcher ni d'écrire. Pour Pékin, il organise une délégation majoritairement féminine – du jamais-vu dans une délégation vaticane –, 14 femmes sur 22 délégués, s'inquiète des documents préparatoires et d'une pétition qui demande l'exclusion du Vatican de cette conférence. Selon le Saint-Siège, les textes parlent des droits des femmes sans prendre en compte le fait que la plupart des femmes se marient, ont des enfants, et que la principale question pour elles est de pouvoir assumer cette vie de famille et une éventuelle vie publique et professionnelle. La délégation vaticane insiste : ces problèmes sont bien plus cruciaux, bien plus universels que les questions sexuelles et reproductives. La stratégie est astucieuse. Elle consiste à mettre l'accent sur la défense des femmes et des jeunes filles et d'insister sur la difficulté à naître femme. Dès son discours d'ouverture, la déléguée du Vatican, Mary Ann Glendon, s'illustre par son conservatisme. Elle dénonce des textes dans lesquels le mariage, la maternité et la famille ne sont vus que comme des obstacles à l'épanouissement des femmes. Elle affirme que les problèmes économiques ne sont pas liés à l'inégalité économique mais à la dissolution de la famille. Ces propos qui semblent venus d'une autre époque, d'un autre monde, font réagir les délégués présents à la conférence. La présidence refuse à la délégation du Saint-Siège la possibilité de participer aux séances de travail. Jean Paul II, qui suit le déroulement d'heure en heure, conseille alors au représentant du Saint-Siège à Pékin – lequel n'est autre que Navarro-Valls, le directeur de la salle de presse du Vatican, porte-parole du pontife et par ailleurs membre de l'Opus Dei – de court-circuiter la conférence. Navarro-Valls suit le conseil et improvise une conférence de presse. Il dénonce les gouvernements qui n'ont, selon lui, envoyé que des féministes « extrémistes ». Il organise des « fuites » auprès d'un certain nombre de journalistes, et dévoile les échanges et les discussions qui se tiennent au sein de la conférence. Dans le monde entier, des députés catholiques vont interpeller leurs gouvernements. Le pape espère en appeler au « bon sens » des peuples contre la folie de leurs représentants. La délégation du Vatican refuse que soient dissociés le droit des femmes et la défense de la famille, qui, selon lui, ne font qu'un. Cette fois, la délégation du Saint-Siège ne fait pas d'alliance explicite avec les conservateurs musulmans, elle se retrouve cependant alignée sur les positions de la République d'Iran, des pays arabes, de quelques pays d'Afrique et d'Amérique du Sud qui revendiquent un droit à la différence culturelle ou religieuse contre l'universalité des droits et qui refusent le modèle de la femme occidentale, qui serait, selon eux, imposé par la conférence.

La municipalité de Téhéran va même jusqu'à diffuser une affiche à la gloire de la Vierge, cette image positive de la mère ! Sous la pression des États religieux, les débats sont âpres, et les délégations « féministes » se défendent. On finit par se mettre d'accord sur un texte plus consensuel.

La déclaration finale affirme ainsi les droits fondamentaux des femmes et des petites filles comme faisant absolument partie des droits humains ; elle fait de l'égalité un objectif à atteindre ; elle reconnaît que la prise de décision et l'accès au pouvoir des femmes sont fondamentaux dans la réalisation de l'égalité ; elle pointe le nécessaire partage des responsabilités familiales entre les femmes et les hommes. Elle réaffirme également le droit des femmes à maîtriser tous les aspects de leur santé et appelle, sans que l'avortement soit promu comme méthode de planification familiale, à la révision des lois qui prévoient des sanctions contre les femmes avortant.

Pour le pape et le Vatican, c'est une très petite victoire gagnée sur la question de l'avortement. En revanche, en termes d'image, l'impact sera terriblement négatif. Selon certains observateurs, 1995 est l'année la plus noire du pontificat. Malgré tous ses efforts, l'Église ne parvient plus à imposer sa vision comme norme sur les questions d'émancipation des femmes ou sur les questions de genre qui commencent à apparaître. Le « nouveau féminisme » promu par le Vatican a montré qu'il était surtout un « antiféminisme ». Le catholicisme dans sa voix officielle demeure un bastion du conservatisme. Trente ans après la clôture du concile Vatican II, le courant d'air que le pape Jean XXIII appelait de ses vœux devient celui de la glaciation.

Tu ne seras pas prêtre, ma fille

En parallèle de ce combat sur la place et la vocation des femmes, Jean Paul II leur ferme définitivement l'accès à la prêtrise en 1994. Les femmes laïques sont pourtant de plus en plus nombreuses à s'engager dans le service de l'Église. Faute de prêtres, ce sont elles qui font tourner nombre de paroisses. La lettre apostolique *Ordinatio sacerdotalis* du 30 mai 1994 est un document très court, ce qui est inhabituel pour les déclarations du Vatican, et la forme trahit le fond : c'est un acte d'autorité. Il assène l'unique argument de l'Église catholique pour refuser l'ordination des femmes : le Christ était un homme, le prêtre doit représenter sa personne et doit donc être un homme. C'est tout. Jean Paul II veut trancher le débat pour de longues années ; dans son esprit, pour l'éternité. La doctrine du sacerdoce exclusivement réservé aux hommes découle de la volonté du Christ, l'ordination des femmes est donc contraire à la loi de Dieu et rien n'autorise l'Église catholique à déroger à cette règle. Il n'utilisera pas explicitement la procédure de proclamation de l'infaillibilité pontificale pour imposer de force sa vision, mais le cardinal Ratzinger l'année suivante parlera pourtant d'un énoncé « infaillible » dans le commentaire que la Congrégation pour la doctrine de la foi fera du texte papal. Le cardinal espère par ce nouvel acte d'autorité éteindre les polémiques et ériger un rempart solide. En fait, c'est une nouvelle bombe pour le monde catholique. Elle va provoquer la colère des fidèles, des théologiens et des organisations féministes. C'est aussi un grave accroc pour le dialogue œcuménique. L'Église anglicane et les Églises protestantes, qui admettent des femmes au pastorat, et même désormais, pour les anglicans, à l'épiscopat, contesteront vivement les arguments catholiques.

Au final, ce pape qui aura abondamment parlé pour et à la place des femmes n'envisagera en aucun cas de leur confier une quelconque autorité dans l'Église. Ce privilège qu'il nomme « service » demeurera l'apanage des hommes. Eux seuls, à cause de leur masculinité, sont susceptibles de représenter le Christ.

Sur les femmes, on ne peut certes pas reprocher à Jean Paul II de manquer de clarté : il n'a cessé de déployer sa pensée à travers de nombreux textes et déclarations.

Pour autant, malgré les déclarations d'admiration et les flatteries à leur égard, le message ne passe pas. Ainsi, à la toute fin de son pontificat, le 15 août 2004, à Lourdes, il parlera des femmes comme de « sentinelles de l'invisible », et vantera la place particulière qui leur revient dans la société. Mais en voulant leur prouver son estime, il soulignera de nouveau la particularité et la spécificité de la féminité, à revers des aspirations puissantes à l'égalité dans tous les domaines. Une fois encore, en parlant à la place des femmes, il imposera une image réactionnaire et nostalgique de la papauté. Sa vision heurtera profondément les aspirations de millions de femmes qui partout dans le monde se libèrent de la domination patriarcale et masculiniste.

Dans sa volonté de faire de la famille traditionnelle l'un des bastions de la reconquête catholique, Jean Paul II a enrôlé « la femme » telle qu'il la rêvait. Il y a perdu les femmes, et avec elles des générations d'enfants.

13.

Anticommuniste au nom de Dieu ou de la démocratie ?

1er décembre 1989 – Mikhaïl Gorbatchev au Vatican

10 h 50, le lourd véhicule blindé qui transporte Mikhaïl Gorbatchev pénètre dans la Cité du Vatican. L'événement est historique. En rendant visite au pape en décembre 1989, le dirigeant soviétique rompt avec soixante-dix ans durant lesquels l'URSS non seulement n'a jamais reconnu diplomatiquement le Saint-Siège mais a tout fait pour contrer, voire même pour éliminer le catholicisme dans le bloc de l'Est. Depuis l'arrivée au pouvoir de Mikhaïl Gorbatchev, le ton a changé. Ce dernier respecte la « mission de maintien de la paix » du pape. En le raccompagnant, Jean Paul II déclare à la presse que cette rencontre a été guidée par la Providence. Le lendemain doit en effet s'ouvrir à Malte un sommet à l'issue duquel Russes et Américains mettront officiellement fin à plus de quatre décennies de guerre froide. Quelques semaines plus tôt, la chute du mur de Berlin a marqué la fin de l'affrontement géopolitique qui a fait peser sur le monde le risque d'un conflit nucléaire total.

Revenant sur cet événement dans un entretien à *La Stampa* en 1991, Gorbatchev affirmera : « Tout ce qui s'est passé en Europe de l'Est au cours de ces dernières années n'aurait pas été possible sans la présence de ce pape, sans le rôle éminent – y compris sur le plan politique – qu'il a joué au niveau mondial. » Avec cette confession, tous les éléments seront en place pour permettre un récit dans lequel le pape devient l'un des acteurs majeurs de la chute de l'URSS. Quoi de plus efficace que d'être reconnu comme le vainqueur par son adversaire lui-même ? De fait, il est aujourd'hui difficile de distinguer ce qui relève de l'hagiographie et de la réalité. Il faudra pour cela attendre l'ouverture des archives du Vatican à d'ambitieux programmes de recherche internationaux. Mais au vu des éléments déjà disponibles, il est intéressant de se demander pourquoi Wojtyla, longtemps distant des choses politiques, a manifesté un antisoviétisme forcené. Quelles ont été ses motivations ? Doit-on y reconnaître une conversion sincère aux droits humains et à l'idéal démocratique ou bien agit-il principalement pour la défense d'une Église puissante et maîtresse de vie ?

Des débuts très prudents face au communisme

Aussi loin qu'on puisse se replonger dans la jeunesse de Karol Wojtyla, son goût pour la politique n'est guère documenté. Il a bien entendu un sentiment nationaliste fort. Ce dernier est assez répandu dans cette jeune Pologne qui n'avait retrouvé son indépendance qu'après la Première Guerre mondiale. Lorsqu'il est étudiant à Cracovie, à partir de 1938, on ne lui connaît pas de combat militant ou de revendication politique affichée. Il n'est encarté nulle part. Si le jeune homme fréquentait des œuvres de piété, il se tenait à bonne distance de l'Action catholique et de son apostolat plus engagé sur le terrain social. Il était passionné de théâtre et décrit comme poète, spirituel, voire rêveur. Le jeune Karol ne semblait pas goûter les engagements partisans dans leur trivialité. Il gravitait alors dans l'entourage de Jan Tyranowski. Ce tailleur devenu un mystique influent auprès d'un cercle de jeunes organisait des rosaires pour conjurer les périls qui menaçaient alors la jeune République de Pologne. Le jeune Wojtyla accordait surtout de l'importance à la prière et pensait que c'était la force de celle-ci qui changerait le monde et non un engagement social ou politique. Durant l'occupation allemande, on l'a vu, la contribution du jeune homme à la résistance polonaise a été avant tout culturelle, avec le « théâtre rhapsodique ». Les biographies publiées dès après son élection lui attribuent un engagement clandestin dans un réseau démocrate-chrétien afin d'obtenir des papiers pour une famille juive. Le démenti vient du jeune pape lui-même : « Malheureusement, non », regrette-t-il, interrogé sur ce sujet par son ami l'intellectuel polonais Adam Boniecki.

Après la guerre, alors que le rideau de fer coupait l'Europe en deux, le jeune prêtre Wojtyla ne sembla pas davantage manifester un antimarxisme forcené. En 1948, de retour de Rome, il fut d'abord nommé dans une paroisse rurale, puis une année plus tard, l'archevêque l'affecta dans la paroisse étudiante de Saint-Florian de Cracovie, plus conforme à son goût et à ses aspirations.

Cinq années plus tard, en 1954, il fut nommé professeur de théologie morale à mi-temps à l'université de Lublin. Durant ces années, on ne trouve dans ses articles ou ses homélies aucune prise de position publique explicite sur le communisme, les affaires internationales ou la vie politique de son pays. Il est vrai qu'alors, dans la société polonaise, les citoyens étaient impitoyablement surveillés par un régime qui traque les faux pas jusque dans les correspondances privées ou les conversations. Les mouchards étaient présents au sein même du clergé. Le silence de Wojtyla devint pourtant assourdissant au cours de l'année 1956. En juin de cette année-là, les chantiers navals de Poznan, où bat le cœur du mouvement ouvrier polonais, s'agitèrent et nombre de prêtres en vue prirent le parti des travailleurs – mais pas Karol Wojtyla. Bernard Lecomte, l'un de ses biographes les plus réputés de langue française, le reconnaît sans ambages : « Cette période ne "colle" pas avec l'image qu'on a ensuite façonnée d'un Jean Paul II éminemment politique, résistant courageux, anticommuniste farouche, etc. Ce n'est pas un mince paradoxe que ce tournant dramatique de l'histoire de la Pologne contemporaine ne comporte aucune trace d'intervention du père Wojtyla [...] jusqu'aux années 1960, en effet, Karol Wojtyla n'a jamais fait de politique. Comme s'il vivait en marge de l'actualité. »

Fils d'officier et frère de médecin, Karol Wojtyla n'avait jamais été proche des organisations ouvrières polonaises et de leurs débats des années 1940-1950. Ce n'était pas là qu'il allait chercher les éléments de sa critique du marxisme. Sans nul doute, le jeune prêtre vécut dans le monde intellectuel. C'est au sein de ce milieu qu'il était à l'aise et que s'exprimait son goût littéraire – il ne cessera d'ailleurs jamais d'écrire de la poésie.

Lors de son accession au trône pontifical, la presse parla avec emphase du « premier pape ouvrier ». Le jeune homme avait certes connu l'usine mais pas volontairement. Durant la guerre, il avait, comme la plupart des jeunes Polonais, été assigné au travail obligatoire par les nazis. Après son entrée clandestine au séminaire, en 1942, il avait encore travaillé à l'usine Solvay pendant quelques mois, mais grâce à l'influence de l'archevêque, son nom avait disparu miraculeusement des listes. N'étant plus répertorié comme ouvrier par l'administration, il ne fut pas recherché comme « déserteur ». Après la guerre, il fut surtout professeur de morale et prêtre dans le milieu des étudiants, ce qui lui convenait bien ; il avait les goûts culturels et les manières des jeunes gens de la bourgeoisie urbaine cracovienne.

À son retour à Cracovie en 1949, le régime s'inquiéta quand même un peu du « père Wojtyla », lequel fédérait autour de sa personne, à cause de son charisme personnel, des étudiants et des penseurs, dans une ville qui était l'épicentre intellectuel de la Pologne. L'université Jagellon était sous la très haute surveillance des communistes, bien conscients de l'aura de l'établissement dans les pays de langue allemande et slave. Lénine lui-même y avait été étudiant dans sa jeunesse. Dans l'entourage du « curé des intellectuels », on trouvait les animateurs de la revue *Znak* et du journal *Tygodnik Powszechny*. De ce vivier cracovien émergeront Jacek Wozniakowski, maire de la ville après la chute du régime communiste, ou Krzysztof Kozlowski, premier ministre de l'Intérieur. Tadeusz Mazowiecki, militant proche de Wojtyla, qui animait autour de la revue *Wiez* un club d'intellectuels opposés au mouvement Pax (lancé par le régime pour séduire les catholiques), deviendra quant à lui le premier chef de gouvernement non communiste de la Pologne en août 1989.

Mais si l'on regarde de près ce que publie Karol Wojtyla

lui-même dans ces périodiques, il n'y avait rien de très offensif à l'égard du communisme, et les limites de la prudence n'étaient jamais franchies. Au retour de son séjour en France au cours de l'été 1947, il écrivit un article sur la « mission ouvrière » et la pastorale pour les milieux populaires tentés par le marxisme. Toutefois, ses autres contributions furent très majoritairement des articles de morale, des poèmes, des réflexions spirituelles sur la Vierge Marie et, plus tard, quelques comptes rendus des sessions du concile. Il est difficile d'y lire explicitement les éléments d'une position antimarxiste allant au-delà de la réticence normale à l'égard d'une pensée matérialiste et athée.

Ce que le futur Jean Paul II avait sans doute compris, c'est qu'il n'était pas forcément indispensable de porter la controverse sur un terrain politique pour contrer le matérialisme soviétique. Lorsqu'il célébra la messe de Noël dans le quartier de Nowa Huta, comme on l'a vu, le jeune évêque savait que le terrain culturel et spirituel pouvait avoir plus de retentissement que l'engagement partisan explicite. « Pour moi, la priorité devenait ces jeunes qui frappaient à ma porte. Ils ne venaient pas seulement avec des questions sur l'existence de Dieu, car ils me demandaient surtout comment ils devaient vivre, c'est-à-dire comment ils pouvaient affronter les défis de l'amour et du mariage, les problèmes liés à la vie professionnelle », dira-t-il dans *Entrez dans l'espérance*. Le jeune prêtre et même le jeune évêque qu'il devint se tenait à distance des engagements directement politiques et préférait les questions d'éthique. Était-ce par choix stratégique, par manque de culture politique, par incompréhension des enjeux ?

Pourtant, dans les démocraties dites populaires, les graves atteintes aux droits humains et aux libertés fondamentales pour les catholiques ne manquaient pas dans les années 1950 et 1960. Après l'arrestation de Mgr Beran en Tchécoslovaquie et le début, en Hongrie, du procès contre le cardinal Mindszenty, Pie XII avait fait publier par le Saint-Office en juillet 1949 un décret. Il confirmait la condamnation du communisme comme « intrinsèquement pervers[1] » telle que l'avait formulée Pie XI quelques années auparavant. Le texte interdisait toute collaboration avec les organisations marxistes soviétiques sous peine d'excommunication. Par représailles, le gouvernement polonais s'attaqua à l'organisation Caritas, accusée de détournement de fonds. L'enseignement de la religion fut supprimé dans les écoles. Un prêtre incarnait alors une forme de résistance politique à la stalinisation. Il s'agissait du cardinal Wyszynski, archevêque de Varsovie et primat de Pologne. Orphelin de mère très jeune, comme Karol Wojtyla, mais d'origine populaire et plus âgé de près de vingt ans, Stefan Wyszynski avait fait partie durant la guerre des prêtres jugés dangereux par la Gestapo. Son engagement avait été nourri par sa proximité avec les milieux de l'Action catholique polonaise, qui l'avait rendu sensible aux conditions sociales réelles de la vie des personnes. Le 11 avril 1953, jour de la Saint-Stanislas, il fit publier au nom de l'épiscopat une longue lettre dans laquelle il dénonçait l'absence de Dieu dans l'enseigne-

1. « Le communisme est intrinsèquement pervers, et l'on ne peut admettre sur aucun terrain la collaboration avec lui de la part de quiconque veut sauver la civilisation chrétienne », Pie XI, *Divini Redemptoris*, 19 mars 1937.

ment primaire, les pressions qui s'exerçaient sur le clergé, la liquidation de la presse catholique et l'ingérence du pouvoir dans la vie de l'Église. Wyszynski était alors le membre du clergé polonais qui poussait le plus haut l'opposition politique et idéologique au communisme soviétique. Le 26 septembre, une voiture noire s'arrêta devant son domicile et il fut conduit dans le couvent de Komancza, situé au sud de la Pologne. Prisonnier dans son propre pays, le primat polonais y resta assigné à résidence pendant trois ans, jusqu'en 1956.

Lorsque Karol Wojtyla fut nommé en 1958 évêque auxiliaire de Cracovie, les services secrets ne s'en inquiétèrent guère. Leurs rapports ne pointaient aucun risque politique autour du jeune prélat. Mystique et homme de dialogue, le prêtre promu leur semblait bien moins dangereux que le primat de Varsovie. Le régime ne ferait d'ailleurs jamais de difficultés pour lui délivrer un visa pour aller à Rome au concile. Aux yeux du gouvernement, sa nomination pouvait même aider à mettre en place la nouvelle politique du régime à l'égard du catholicisme. De retour au pouvoir après en avoir été écarté, Wladislaw Gomulka, secrétaire du Comité central, revint sur le décret de 1953 qui plaçait les nominations ecclésiastiques sous contrôle absolu du Parti communiste et avait suscité l'ire du primat de Varsovie. Par réalisme, dans une société polonaise où le catholicisme restait puissant, Gomulka préféra trouver un *statu quo*. Les cours de religion furent rétablis dans les écoles polonaises. Les relations entre catholicisme et communisme évoluaient vers un relatif apaisement et pas seulement en Pologne.

Du côté soviétique, la mort du « petit père des peuples » en 1953 puis le rapport Khrouchtchev en 1956 marquèrent le début d'une nouvelle ère, durant laquelle l'étau du stalinisme se desserrait un peu. Du côté du Vatican, les lignes bougeaient également. Le pape Jean XXIII et le concile Vatican II étaient passés par là. Par rapport à l'intransigeance de Pie XI et surtout de Pie XII, résolument pro-américain, la thématique du dialogue avec le marxisme (lequel n'avait pas reçu de nouvelle condamnation lors du concile, au plus grand dam des conservateurs) se développait. La nouvelle *Ostpolitik* vaticane cherchait à maintenir le contact avec l'URSS et les dirigeants du bloc de l'Est. Il fallait garantir un minimum de droits pour les « Églises du silence » coincées dans un ordre soviétique très paralysant mais avec lequel il fallait bien s'arranger puisqu'il semblait parti pour durer. Pour la puissance soviétique, le rapprochement avec le Vatican incarnait la « coexistence pacifique » et lui permettait paradoxalement de gagner en respectabilité au sein de la communauté internationale.

Pour le petit État pontifical comme pour la grande Russie soviétique, l'Europe était un terrain diplomatique de grande importance. Il permettait au Vatican de revenir dans les relations internationales européennes, après des décennies de mise à l'écart, et à l'URSS de montrer sa volonté de dialogue dans les pays du Pacte de Varsovie, malgré l'intervention à Budapest en 1956. C'était dans ce nouveau chapitre des relations entre URSS et Église catholique que Wojtyla faisait ses premiers pas d'évêque.

L'artisan de cette nouvelle diplomatie catholique à l'Est était un prélat de la secrétairie d'État, Agostino Casaroli, qui allait avoir un brillant avenir puisqu'il deviendrait le cardinal secrétaire d'État de Jean Paul II pendant la première décennie de son pontificat. Mais au milieu des années 1960, Casaroli n'était qu'un diplomate chevronné qui engageait un processus qui suscita de très fortes inquiétudes chez les catholiques de l'Est tant il semblait sous-estimer la gravité de leur situation et la capacité de nuisance de la puissance soviétique. Il rencontra Karol Wojtyla à Cracovie en 1967. Entre les deux hommes, l'entente fut immédiate. Ainsi, par un curieux paradoxe, Jean Paul II, qui passe pour avoir fait tomber le communisme en accentuant la politique antimarxiste du Vatican, s'est diplomatiquement appuyé sur le cardinal qui a incarné la rupture avec la posture intransigeante à l'égard du bloc de l'Est. Karol Wojtyla pour sa part avait très vite compris le parti qu'il pourrait tirer de la nouvelle *Ostpolitik*. Il n'hésita pas à prendre une sorte de contre-pied par rapport à la posture héroïque de résistant de Wyszynski.

Au milieu des années 1970 étaient négociés les accords d'Helsinki, dont le but fut d'établir de façon durable cette coexistence pacifique des deux blocs. L'idée initiale était venue de l'Est, avec l'appel de Budapest signé en 1969 par les membres du Pacte de Varsovie. Il avait reçu le soutien du Vatican et des démocraties occidentales. Lors du sommet, le nonce apostolique de Finlande fit une contribution remarquée en demandant que soit pris en compte le respect de la « personne humaine ». Cette recommandation, qui figurait dans le texte conclusif, est reprise dans l'Acte final d'Helsinki en 1975, qui inscrivit au septième de ses dix points le respect des droits de l'homme et des libertés fondamentales. La thématique de la défense des droits humains devint alors une ressource pour de nombreux militants à l'Est, et l'archevêque de Cracovie vit le parti qu'il pouvait en tirer.

En février 1976, il signa un article dans *L'Osservatore Romano*. Il s'appuyait sur les accords d'Helsinki pour demander une véritable liberté d'expression en Pologne. Le pays commençait à s'agiter alors que le gouvernement proposait une réforme de la Constitution qui consacrait le « rôle dirigeant » du Parti communiste dans la politique nationale et qualifiait les relations avec l'URSS de « privilégiées ». Les évêques polonais publièrent un texte dans lequel ils se prononçaient en faveur d'élections et de syndicats libres, dans lequel beaucoup de commentateurs s'accordèrent à voir la main de Karol Wojtyla mais ce n'est pas avéré.

À cette époque, la critique était loin de n'être portée que par les évêques ou des mouvements catholiques. Elle l'était aussi par des organisations syndicales et des forces laïques de gauche, lassées de l'absence de pluralisme. Tous convergeaient globalement vers une critique des démocraties populaires et de l'emprise soviétique sur l'Europe orientale. En septembre 1976, avant Solidarnosc, apparaissait ainsi le « Comité de défense des ouvriers » (KOR) dans le sillage des émeutes d'Ursus et de Radom[1]. Parmi ceux qui soutinrent la création de ce comité, on trouvait Adam Michnik, né dans une famille juive, et Jacek Kuron, ouvertement athée.

La décennie héroïque

Karol Wojtyla n'était pas à l'origine de la critique du soviétisme à partir du thème de ce qu'on nomme alors

1. En 1976, une hausse des prix décidée par le gouvernement provoqua des émeutes dans différentes villes polonaises, qui furent suivies d'une forte répression politique.

« droits de l'homme », mais son élection comme pape en octobre 1978 allait donner une tout autre dimension à ce combat. Devenu Jean Paul II, il mit méthodiquement toute la puissance du Vatican au service de l'ébranlement du pouvoir soviétique. Pour y parvenir, il accentua sa politique du geste qui avait si bien fonctionné alors qu'il était archevêque. Sitôt élu pape, il demanda au secrétaire d'État, Jean-Marie Villot, d'organiser pour lui un voyage en Pologne pour la célébration du neuf centième anniversaire du martyre de saint Stanislas, évêque de Cracovie… Paul VI avait inauguré le voyage pontifical comme ressource pour soutenir la pastorale dans une Église locale, ou faire passer un message à valeur universelle, comme ce fut le cas en Terre sainte en 1964 ou à la tribune de l'ONU en 1965. Mais il ne l'avait jamais utilisé dans un contexte national aussi spécifique avec un agenda si politique. Le cardinal Villot, en bon diplomate, s'en inquiéta : « Cet anniversaire [de la Saint-Stanislas], est-ce un événement si important ? »

Le nouveau pontife ne croyait pas au hasard. Dès sa première encyclique *Redemptor hominis* en 1979, il s'était mis en scène lui-même comme le « premier pape slave » dans une histoire gouvernée par Jésus-Christ « centre du cosmos ». Il y lisait son accession à la plus haute charge de l'Église catholique comme une intervention spéciale de la Providence. Il était né en 1920, l'année de l'indépendance de la Pologne. Or, ce pays avait manqué d'être anéanti sous la botte nazie et avait fêté le millénaire de son baptême en 1966 sous le joug du communisme. Le pape se donna comme objectif le début des années 2000 pour parvenir à un horizon éclairci en Europe centrale et orientale. Il se percevait comme l'instrument choisi par Dieu pour déstabiliser le bloc des démocraties populaires au nom de la défense de la liberté religieuse et de la dignité humaine. En 1966, Gomulka s'était opposé à la venue de Paul VI en Pologne pour le *Millenium* auquel l'épiscopat polonais voulait l'inviter. Son successeur, Edward Gierek, qui souhaitait, plus encore que son prédécesseur, faire de la Pologne un pays « ouvert » au sein des démocraties populaires, pouvait difficilement refuser la visite à l'un de ses ressortissants élevé à une si haute dignité. Et cela malgré les réticences explicites du grand voisin soviétique.

Le voyage reçut à ses débuts un accueil mitigé. Sans doute les Polonais furent-ils d'abord craintifs et n'osèrent-ils faire éclater leur joie, mais il s'acheva en triomphe. Malgré le quasi-silence des médias nationaux, le 10 juin 1979, un million et demi de fidèles étaient rassemblés sur la prairie de Blonie à Cracovie. L'homélie fut sans détour : « Il faut ouvrir les frontières ! »

Lorsque éclatèrent les grandes grèves polonaises en 1980, le pape était reparti depuis longtemps. Mais les spectateurs des télévisions du monde entier découvraient, accrochés aux grilles des chantiers navals Lénine, une image de la Vierge de Czestochowa et un portrait… de Jean Paul II. Le pape, de son vivant, était devenu une icône !

La décennie 1979-1989 fut celle d'une montée héroïque durant laquelle l'hagiographie de Jean Paul II s'écrivit au temps présent. Le pape était une toile de projection parfaite : à l'Ouest pour ceux qui étaient lassés d'une certaine complaisance de la gauche, y compris chrétienne, avec le marxisme, et à l'Est pour ceux qui avaient besoin d'une figure populaire pour contester l'ordre soviétique inique. Le pape comprenait qu'il avait lié son destin avec la suite du mouvement civique dans une Pologne qui entrait en état de guerre et qui était menacée d'une invasion soviétique. En janvier 1981, Lech Walesa fut reçu officiellement au Vatican. Dans l'encyclique *Laborem exercens* (1981) consacrée au thème du travail, le pape rappela l'importance de la liberté syndicale. Pour la veillée de Noël 1981, il fit placer une bougie sur le balcon de la loggia de la place Saint-Pierre à Rome en solidarité avec les Polonais soumis à la loi martiale du général Jaruzelski. Lorsqu'il revint en Pologne en 1983, les cris « *Solidarnosc !* » saluaient désormais son passage. En 1987, sur le chantier naval de Gdansk, ville au cœur de la contestation, devant les ouvriers, il s'écria : « C'est en votre nom que je parle ! » pour demander l'application des accords signés avec le gouvernement...

Dans les représentations communes, le pape est associé à l'essor de l'organisation syndicale Solidarnosc, souvent perçue comme un mouvement catholique inspiré et financé par l'Église, qui aurait permis que des fonds transitent venant de l'Ouest. L'ouverture des archives dans quelques décennies dira la part de la réalité et celle du fantasme. Ce qui est certain, c'est que les relations entre le pape et le mouvement polonais sont plus complexes. L'immense ombre portée du pape polonais ne doit pas faire oublier le travail quotidien et héroïque des militants de base. Issus de différentes origines confessionnelles et convictions, catholiques, bien sûr, mais aussi juifs, indifférents ou athées, ils ont pris des risques chaque jour pour porter la contestation démocratique. Qui a servi la notoriété de l'autre ? La chose est délicate à démêler. Dans ses Mémoires, *Un chemin d'espoir*, Lech Walesa, le leader de l'organisation syndicale et politique, ne s'en cache pas : « Si la prière nous protégeait [...] cela n'avait plus rien à voir avec la dévotion [...] On exprimait la nostalgie, le désir [...] de se montrer dévoués [...] Nous avons fait sortir l'Église du musée où elle avait été reléguée par la propagande. » Catholicisme patrimonial, symbole de la Pologne vivante, ou bien foi sincère ? Qui peut sonder les reins et les cœurs ? En s'appuyant sur la fibre catholique du nationalisme polonais, le mouvement « Solidarité » n'était pas dupe de ce que pouvait lui apporter le plus célèbre des Polonais vivant à l'Ouest : de l'argent, de la notoriété et une formidable caisse de résonance de son combat dans les médias.

Quant aux causes de l'effondrement du bloc soviétique, elles sont très loin de faire l'objet d'un accord unanime chez les historiens. Si le Saint-Siège et, à sa tête, Jean Paul II ont eu leur rôle, il faut les replacer à côté de bien d'autres causes : la relance de la course aux armements de Ronald Reagan (condamnée par Rome), l'essoufflement économique qu'elle entraîne à l'Est et les dysfonctionnements internes du bloc soviétique. Les divergences d'appréciation entre Rome et Washington furent légion durant la « guerre fraîche » (1975-1985), notamment sur la question du désarmement. Même si Jean Paul II fit une concession vers les Américains à l'ONU en 1982 en assouplissant la position conciliaire sur la dissuasion nucléaire, il ne fut pas, loin s'en faut, un « Reagan au Vatican » comme Pie XII fut, lui, un « Truman au Vatican ».

Le libéralisme des mœurs plus dangereux que le communisme ?

Pour comprendre le combat de Jean Paul II, il faut se pencher sur les sources idéologiques de sa croisade contre le marxisme d'obédience soviétique et pointer les nombreux malentendus qu'elle a suscités. Lorsqu'il était évêque puis archevêque, la contestation du système soviétique au nom des droits humains a eu de nombreux avantages, et d'abord celui de le situer en dehors de la critique de gauche du soviétisme. Sa remise en cause du marxisme était liée aux conceptions philosophiques que le jeune évêque avait exprimées dès sa thèse sur « la personne et l'acte ». Il y soutenait que la personne humaine dispose, dans sa nature créée par Dieu, de droits inaliénables et d'une dignité qu'aucun État ne peut bafouer. C'est en ce sens qu'il affirmait : « L'Évangile est la déclaration la plus achevée de tous les droits de l'homme. » Mais cette vision ne l'amène jamais à une véritable conversion à l'idéal libéral tel qu'on l'entend généralement dans le camp démocratique. Les droits humains ne sont pas, pour lui, les principes régulateurs de droits positifs que les sociétés peuvent faire évoluer et amender selon les progrès de la médecine, de la culture ou des valeurs partagées. Ils doivent être l'expression des principes donnés par Dieu dans sa Révélation une fois pour toutes. Autrement dit, pour lui, les droits de l'homme appartiennent à Dieu et non à la démocratie.

De ce malentendu originel découlent bien des difficultés qui apparaîtront dans les décennies suivantes. Dépouillée de l'aura de son anticommunisme, la pensée de Jean Paul II se montre dans sa réalité, qui est la critique de la démocratie libérale dans laquelle l'exercice de la liberté est selon lui perverti par l'individualisme et l'hédonisme d'un monde sans Dieu.

En décembre 1989, le pape l'affirme à Gorbatchev : « Personne ne doit prétendre que les changements en Europe de l'Est devraient se faire selon le modèle occidental, c'est contraire à mes convictions les plus profondes ! » Au fond, Jean Paul II adhère à la vision ancienne du catholicisme pour qui les droits de Dieu prévalent sur les droits humains, lesquels ne peuvent qu'être l'expression des droits de la nature humaine telle que Dieu l'a voulue. C'est pourquoi le pape peinera à cacher sa déception lorsqu'il reviendra dans une Pologne désormais acquise au camp libéral en 1991. À plusieurs reprises, Jean Paul II s'en prendra au droit à l'avortement maintenu dans la législation malgré la sortie du communisme. Alors que la pluie s'abat sur la cérémonie du 3 juin à Kielce, pendant l'homélie, le pape qui jusque-là rassurait, consolait et donnait de l'espoir à la Pologne laissera éclater sa colère : « Il faut que vous changiez de comportement à l'égard de l'enfant qui vient d'être conçu ! [...] Cette terre est la mienne et c'est pour cela que je me permets de parler ainsi. »

La déception saisira le pape : bien que les Polonais soient massivement catholiques, ils n'adhèrent pas à l'enseignement du Magistère de l'Église catholique en matière de morale. Il n'hésitera pas à pointer du doigt la laïcité polonaise instaurée dans un cadre démocratique : « Réduire la religion à la seule sphère de l'existence privée, l'écarter de la vie publique et sociale serait revenir au pire d'un athéisme d'État. »

Tant que l'ennemi soviétique existait, il maintenait l'unité entre les forces démocrates polonaises mais, dans la situation nouvelle, la coalition s'effrite. Le 4 juin 1991, à Radom, Jean Paul II établira un parallèle plus que douteux entre le cimetière des victimes des camps de concentration et celui des enfants non nés, provoquant une réaction du secrétariat d'État aux droits des femmes du gouvernement libéral et un tollé dans le monde.

Dans les colonnes des journaux, le prix Nobel de littérature Czeslaw Milosz s'inquiétera du risque que soit imposé un « programme d'État religieux ». L'écrivain craint que le catholicisme ne détermine toute la politique nationale en lieu et place du marxisme-léninisme, enterrant les espoirs de transition démocratique. De fait, Lech Walesa, élu en 1990, fera progressivement mettre fin aux cours d'éducation sexuelle laïcs donnés par l'État et les remplacera par des cours sur la « vie de la famille », dispensés par des prêtres. Deux ans plus tard, en 1993, le droit à l'avortement sera considérablement restreint.

Au cours des années 1990, Jean Paul II déplacera donc sa rhétorique de défense des droits humains. Il ne s'agira plus de combattre le totalitarisme athée mais d'engager le fer contre les démocraties occidentales ouvertes aux enjeux de genre et de sexualité. Dans les discours pontificaux, le libéralisme politique sera pointé comme aussi mortifère et dangereux que le communisme soviétique. Qualifiées d'hédonistes et de libertaires, les sociétés occidentales moralement condamnées seront également dénoncées comme portant en elles les germes d'un nouvel ordre eugéniste et crypto-totalitaire… Les droits humains tels que les défend Jean Paul II ne seront guère que le bon vieux Décalogue : une série de préceptes que Dieu aurait fixés immuablement dans la nature humaine, que seule l'Église est à même d'interpréter dans son enseignement.

Lorsque le concile avait promu la liberté religieuse, il avait, pensaient beaucoup des pères, fait le choix définitif de protéger la liberté de conscience. C'était sans compter avec Jean Paul II. Sa volonté de resserrer les rangs du catholicisme et de lui rendre toute sa force l'a conduit, selon sa pente naturelle, à revaloriser la posture d'autorité de l'Église, *Mater et Magistra*, « mère et maîtresse », mais surtout maîtresse et sachant manier la férule. Pour Karol Wojtyla, les droits humains ont été un instrument dans la bataille qu'il a menée. Au nom de Dieu, le pape a défendu la liberté de l'Église, et pour les hommes et les femmes, la liberté d'obéir à l'Église.

14.

Le réarmement doctrinal

11 octobre 1992 – Publication du *Catéchisme de l'Église catholique*

La nouvelle éclate à la mi-novembre 1992, et si l'on en croit les affiches qui l'annoncent, ce sera un phare dans la nuit : l'Église catholique publie un *Catéchisme.* C'est la deuxième fois dans son histoire. La précédente date du concile de Trente, quatre cent vingt-six ans plus tôt. La promotion est assurée par le pape lui-même, qui en annonce la parution le 15 novembre 1988, au balcon de Saint-Pierre lors de l'Angélus dominical. Sa promulgation date du 11 octobre, date anniversaire de l'ouverture du concile Vatican II, sa présentation officielle est prévue pour le 8 décembre, tout à la fois fête de l'Immaculée-Conception et anniversaire de la clôture du concile Vatican II, mais, dès le 16 novembre, les volumes à la couverture d'un bleu nuit profond barré de rouge sont dans les vitrines des librairies françaises, belges et suisses. Deux grands éditeurs, l'un spécialisé dans les publications religieuses, l'autre dans les grands coups éditoriaux, se sont unis pour faire de ce *Catéchisme* l'un des plus grands succès de librairie de cette fin de siècle. Et ça marche ! Les quelque 700 pages serrées qui énoncent et listent les vérités de la foi catholique en 2 863 paragraphes s'arrachent par centaines de milliers. On retrouvera les épais volumes sous les sapins et ils iront fièrement orner les bibliothèques de près d'un million de foyers francophones. Les éditeurs peuvent se frotter les mains ; cette année-là, leur Père Noël s'appelle Jean Paul II.

De toute évidence, l'intention du Vatican est bien de lier la publication de ce *Catéchisme* au concile et de le présenter comme l'aboutissement d'un processus engagé de longue date. La réalité est beaucoup plus nuancée.

Le catéchisme, une vieille idée

L'idée d'un catéchisme trouve son modèle historique lors du concile de Trente au milieu du XVIe siècle. Il s'agit de répondre au catéchisme de Luther et de divulguer auprès des curés un énoncé fiable de la foi catholique. Le projet avait été relancé au cours du concile Vatican I, en 1870, dans le but de lutter cette fois contre les conceptions modernes. La clôture prématurée de ce dernier avait éteint cette intention. À Vatican II, une minorité très conservatrice, emmenée par le cardinal Ottaviani, préfet du Saint-Office, et par l'archevêque de Dakar, Mgr Marcel Lefebvre, avait repris ce projet et milité avec ardeur pour que soit rédigé un catéchisme à destination des prêtres et des fidèles afin de présenter de manière très rigoureuse la doctrine catholique et sa juste expression. Ils suivaient en cela aussi bien Trente que leurs prédécesseurs de Vatican I. Selon eux, l'Église avait le devoir d'énoncer la Vérité et de combattre les erreurs de la modernité. Mais leur vision n'était en accord ni avec celle de Jean XXIII, qui souhaitait un dialogue constructif avec le monde et se méfiait des énoncés dogmatiques, ni avec celle de Paul VI qui considérait que l'ensemble des textes du concile constituaient en eux-mêmes ce « grand catéchisme des temps modernes ». Jean Paul II reprendra les mêmes mots dans son exhortation apostolique *Catechesi tradendae* de 1979.

Les pères conciliaires avaient traité de ce sujet dans le décret consacré aux évêques, *Christus Dominus*, précisant que c'était à eux d'y veiller dans leurs diocèses : « Les évêques veilleront à ce que l'enseignement catéchétique, dont le but est de rendre chez les hommes la foi vivante, explicite et agissante, en l'éclairant par la doctrine, soit transmis avec un soin attentif aux enfants et aux adolescents, aux jeunes et même aux adultes. »

À la fin du même décret, le concile avait précisé que serait créé un « directoire[1] sur l'enseignement catéchétique du peuple chrétien dans lequel on traiterait des principes fondamentaux et de l'organisation de cet enseignement, ainsi que de l'élaboration des livres traitant de la question. On devrait en particulier tenir compte des observations présentées par les commissions ou par les pères du concile.

La catéchèse était donc confiée aux évêques, dans l'esprit d'ouverture au monde du concile et de reconnaissance de l'apport des sciences sociales dans le domaine de la transmission.

La question d'un catéchisme « universel », identique pour tous et partout dans le monde semblait close. Restait aux épiscopats locaux à déterminer ce qui était souhaitable

1. Directoire : petit livre.

et utile sur leur territoire en fonction de ses spécificités... et à se mettre au travail.

Tout commença aux Pays-Bas, un petit pays qui ne comptait que sept évêchés. Il était donc assez facile de s'asseoir autour d'une table et de se mettre d'accord. Dès 1966, donc, la conférence épiscopale hollandaise, bonne élève, s'empara du sujet et publia un catéchisme pour adulte. Rédigé dans l'esprit d'ouverture du concile comme une proposition de la foi, il connut immédiatement un grand succès et fut traduit en plusieurs langues. Comme il était loin des formes traditionnelles, il fut immédiatement dénoncé à Rome par les milieux les plus conservateurs. Une commission s'en empara et proposa des corrections si importantes qu'elles furent refusées par les auteurs. Pour Rome, il s'agissait d'une sortie de route majeure, fruit d'une mauvaise lecture de Vatican II. La seule solution pour prévenir toute autre initiative de ce genre était de relancer le projet d'un catéchisme universel qui s'appliquerait à tous. Dans la commission, seul le cardinal de Cologne se dressa contre ce projet, sur les conseils avisés de son théologien, qui n'était autre que... Joseph Ratzinger, lequel considérait qu'il n'était pas possible de présenter dans un monde aux cultures diverses une proposition de la foi unique. Et il convainquit. L'idée d'un catéchisme universel ne fut donc pas retenue mais l'événement avait été suffisamment sérieux pour qu'une solution soit recherchée. On accéléra la publication du directoire général sur la catéchèse demandé par le concile, et, le 11 avril 1971, il fut donc publié.

Dans son grand ensemble, il était parfaitement fidèle à l'esprit des pères conciliaires. Au détail près que, sans qu'ils en aient été prévenus, les évêques associés à sa rédaction découvraient dans la version finale du texte une clause nouvelle exigeant que les programmes catéchétiques des conférences épiscopales soient désormais soumis à l'approbation du Vatican avant leur publication. La catéchèse était toujours du ressort des évêques mais contrôlée par Rome.

C'est cette option qui prima jusqu'en 1985 et que le tout nouveau pape, Jean Paul II, réaffirma en 1979 dans *Catechesi tradendae*, précisant seulement que les textes conciliaires devaient être interprétés dans le respect de la tradition. Rien de plus.

Le synode de 1985 et la reprise en main doctrinale

« Célébrer, vérifier, promouvoir le concile Vatican II », tel est le programme du synode extraordinaire des évêques qui se tint à Rome du 24 novembre au 8 décembre 1985 à l'occasion de la célébration des vingt ans de la fin du concile. Quel étrange programme que de demander à un synode, même exceptionnel, de vérifier un concile ! Vingt ans après Vatican II, l'Église vivait une période complexe, la fameuse « crise », et les camps les plus traditionnels voyaient dans ces difficultés les conséquences directes du concile Vatican II, de sa trop grande ouverture et du flou qu'il avait introduit dans la doctrine.

Seuls Mgr Lefebvre et ses amis remettaient en question les principales avancées de Vatican II. Ils franchirent le pas du schisme moins de trois ans plus tard malgré les efforts surhumains de Rome pour l'éviter jusqu'au dernier moment. En revanche, une partie importante de la Curie considérait que ce qu'on nommait « l'esprit du concile » était un danger grave et qu'il était grand temps d'en revenir à la lettre des textes, relus et compris dans la longue tradition de l'Église. Le retour à l'ordre s'était déjà fait sentir au cours des deux années précédentes (1983-1984), où conjointement Jean Paul II et le cardinal Ratzinger avaient sévi contre ce qu'ils considéraient comme les excès marxistes de la « théologie de la libération », issue en grande partie du congrès de Medellin du Celam, réunis en 1968, pour faire suite à Vatican II.

Comme il l'explique lui-même dans ses *Entretiens sur la foi* donnés en 1984 et publiés en 1985, tout le travail du cardinal Ratzinger fut d'empêcher tant à la « droite » qu'à la « gauche » de l'Église de penser Vatican II comme une « rupture » ou un abandon de la tradition. Cette obsession de la continuité de l'enseignement de l'Église, il l'appuie sur une vision dramatique et négative des évolutions du monde, face auxquelles la réponse ne peut être que l'affirmation de la Vérité énoncée dans la stricte fidélité à la tradition de l'Église. Pour Joseph Ratzinger, la tradition ne ment pas et, dans ces temps bouleversés, c'est vers elle qu'il faut se tourner et non vers les illusions et la confusion du monde contemporain, lequel se perd en devenant un « monde sans Dieu ».

Cette vision, qu'il allait promouvoir au synode de 1985, n'était pas partagée par une importante partie des évêques. C'est ce que montrent les textes présynodaux envoyés par les Églises particulières en réponse au questionnaire du secrétariat romain du synode. Aujourd'hui accessibles, ils ont d'abord été interdits de publication par Rome.

Tous constataient à quel point le monde avait changé

depuis les vingt années qui les séparaient de la clôture du concile ; de nombreuses difficultés avaient surgi, tant pour les sociétés que pour l'Église. Mais beaucoup considéraient qu'on ne pouvait pas mettre sur le dos de dérives supposées du concile toutes les difficultés que connaissait l'Église contemporaine. Beaucoup d'entre elles, disaient-ils, étaient dues justement à ces évolutions contemporaines extérieures à l'Église. Pour un certain nombre, le concile et son ouverture au monde avaient certainement permis d'affronter les crises actuelles avec plus de souplesse, et leur opinion était qu'il fallait continuer la réflexion et le dialogue avec le monde et ses interrogations, même s'ils étaient dérangeants.

Sur de nombreux sujets, les évêques arrivaient avec des points de vue différents, riches de leurs expériences locales, de leurs pratiques pastorales et d'une réflexion et d'une compréhension spécifiques des textes conciliaires. C'est cette pluralité de vues qui allait totalement disparaître du rapport final du synode pour ne laisser apparaître qu'une seule vision, celle d'un concile Vatican II s'inscrivant dans la continuité de Vatican I, plus conforme à la tradition médiévale et à celle du concile de Trente, plutôt qu'un concile retrouvant ses racines chrétiennes antiques, celles des Évangiles, des premières communautés chrétiennes, et des Pères de l'Église – tout ce qui avait précisément fait la nouveauté de Vatican II. La volonté du cardinal Ratzinger d'inscrire Vatican II dans la tradition de l'Église n'était en rien contestable et aucun père conciliaire ne le lui aurait reproché dès lors que demeurait l'esprit de dialogue du concile, tout autant avec le monde qu'avec les traditions de l'Église, anciennes et récentes.

Il faut dire que contrairement au concile, qui s'était déroulé en quatre sessions annuelles de trois mois, entrecoupées par des intersessions qui elles-mêmes furent très studieuses, le synode de 1985 ne dura que quinze jours. Il avait été préparé de manière extrêmement rapide par les Églises locales, et s'était attaché à répondre à des questions plus théologiques que pastorales alors que très peu de théologiens y étaient présents. Comment parcourir en deux semaines le gigantesque travail du concile, qui reste à ce jour le plus long congrès théologique jamais organisé par l'Église – rappelons qu'en plus des 2 500 évêques, 400 experts théologiens, dont beaucoup d'un immense renom, étaient continûment présents. Joseph Ratzinger le savait bien, lui qui y avait été le théologien conseiller du cardinal Frings, l'archevêque de Cologne.

Alors que tous les évêques présents exprimaient les grandes difficultés qu'il y avait à saisir l'enseignement de Vatican II dans toute son ampleur, tant les textes étaient riches et complexes, il apparut clairement qu'en si peu de temps – les quinze jours du synode –, la seule possibilité était de souscrire à la ligne officielle préétablie et non de construire ensemble une réflexion issue d'un travail sérieux d'analyse des fruits et des échecs des vingt premières années d'après concile. La collégialité, objet de toutes les attentions des pères conciliaires, n'était décidément pas au rendez-vous d'un synode qui était pourtant censé célébrer et promouvoir le concile.

Le synode traita d'ailleurs la question de la collégialité sous un angle très spécifique qui était celui de l'autorité des conférences épiscopales de chaque pays. Et sans nul doute, l'objectif était bien de ramener l'autorité au centre, c'est-à-dire à Rome.

Mais l'objectif premier de celui qui s'imposait comme le maître de l'opération, le cardinal Ratzinger, était de clore la question de la réception du concile Vatican II. Pour lui, au bout de vingt ans, il était plus que temps de remettre de l'ordre et de cesser de s'interroger pour, d'une certaine façon, faire revenir l'Église dans une situation ordinaire et « reprendre le travail ». Pour Joseph Ratzinger, les choses étaient en fait assez claires : les textes du concile prenaient leur place dans la tradition de l'Église, ils cessaient d'être des objets « d'expériences pastorales » plus ou moins insolites et devenaient des textes qui devaient être étudiés dans leur forme et leur contenu et dont la compréhension était régulée par les instances normales du catholicisme, en tout premier lieu, la Congrégation pour la doctrine de la foi qu'il dirigeait et, bien sûr, le souverain pontife. Ratzinger tranchait, sous la pression de la situation de crise, un débat qui avait longuement déchiré le concile : celui sur la Révélation et la place de la tradition dans la Révélation. À partir de 1985 et jusqu'à la fin de son pontificat, il choisira la thèse de la tradition, qu'il considère comme un ensemble d'énoncés et de pratiques conformes à la Vérité, et il y fera rentrer Vatican II. Sous sa férule, le concile comme la tradition cessent d'être un processus vivant, accueilli dans des régions, des époques et des cultures différentes, dont les réalités humaines permettent à l'Évangile de s'actualiser, pour devenir des énoncés qui s'imposent à tous et en tous lieux.

Ce choix ouvrait logiquement la voie à un catéchisme universel dont le propos serait de rassembler les véritables énoncés de la foi, qui affirmerait la Vérité, et permettrait de s'en saisir pour la transmettre. La liberté humaine réside dès lors dans la capacité de l'être humain à se conformer à cette Vérité, et ce sera l'objet de l'enseignement moral de ce même catéchisme. Cette manière de voir était une véritable rupture avec le projet du concile, que Paul VI décrivait ainsi : « Et c'est là une nouvelle caractéristique de ce concile, [...] d'une manière qui contraste en partie avec l'attitude marquant certaines pages de son histoire. » Pour le pape, il s'agissait d'adopter « de préférence le langage de l'amitié, de l'invitation au dialogue ». Sous sa plume, le verbe « contraster » signifie sans doute sinon une rupture, du moins un changement. Quant à l'amitié et au dialogue, c'était un style au sens le plus noble du terme, et c'est ce avec quoi rompt le cardinal Ratzinger.

La question d'un catéchisme universel était certes évoquée parmi les textes préparatoires au synode, mais elle était loin d'être un sujet majeur pour les évêques présents. Le cardinal Danneels, primat de Belgique, n'avait même pas cru devoir la noter dans le propos d'ouverture du synode, qui reprenait les principaux sujets en discussion. Pourtant, le cardinal Oddi annonça au cours de la quinzaine la préparation par son dicastère d'un « schéma de la doctrine chrétienne ». L'idée allait être reprise par Jean Paul II dans son discours de clôture. Il la présenta comme étant l'une des propositions majeures du synode. Cent quinze ans après la clôture de Vatican I, la Curie triomphait enfin en imposant « la préparation d'un compendium ou catéchisme de toute la doctrine catholique, auquel se référeraient les catéchismes ou compendiums des Églises particulières ». La revanche de l'administration pontificale humiliée par le concile était totale puisque le synode supposé célébrer Vatican II produisait une demande radicalement opposée à l'esprit de ce concile.

Du catéchisme à la Splendeur de la Vérité

Dès 1986, Jean Paul II lança la rédaction du *Catéchisme de l'Église catholique* en nommant une commission de cardinaux et d'évêques présidée par le cardinal Ratzinger. Le dominicain Christoph Schönborn, professeur à la faculté de Fribourg, en assura, avec une équipe essentiellement composée de théologiens, le secrétariat. De nombreux spécialistes furent consultés comme experts. Le projet était appuyé sur les quatre piliers que sont le Credo, les sacrements, les commandements et le Notre Père, un véritable résumé de la foi catholique. Une version du texte fut finalisée en 1987 et envoyée à près de cinq mille lecteurs, dont de nombreux évêques, qui firent remonter pendant deux ans 24 000 amendements portant principalement sur la morale, l'utilisation des Saintes Écritures et la hiérarchisation des vérités de la foi. En 1990, le cardinal Ratzinger fit un compte rendu de ces premiers travaux, montrant que le texte avait été plutôt bien accueilli, et deux ans après, la commission donna son feu vert à un texte retravaillé, la huitième version, qui fut présenté au pape le 14 février. Il l'approuva définitivement le 25 juin 1992. Il fut d'abord publié en français, qui était la langue dans laquelle il avait été rédigé, et les traductions s'échelonnèrent en 1993 et 1994. La traduction latine prendra cinq ans et donnera lieu à quelques modifications de dernière minute, en particulier sur la peine de mort.

En 1992, lorsqu'il le présente, Jean Paul II qualifie ce texte de « symphonie de la foi » tant pour dire que le travail éditorial a pris en compte des suggestions venant du monde entier que pour signifier qu'il « exprime et actualise de manière catéchétique la vitalité permanente et la richesse surabondante de la tradition de l'Église ».

La qualité dogmatique de l'ouvrage est indiscutable. Il puise à toutes les sources de la tradition : la Bible, les saints, les premiers conciles, les encycliques les plus récentes, les Pères et docteurs de l'Église, des théologiens de toutes les époques. Une opération qui noie le concile Vatican II – abondamment cité – dans un ensemble si vaste que ses préoccupations principales sont estompées…

Ce nouveau catéchisme pose la question de son public destinataire. Est-ce que ce sont les évêques ? Le nombre important d'exemplaires exposés aux vitrines des librairies semble plutôt le destiner au grand public. Or, la forme de l'ouvrage est totalement inappropriée pour qui n'a pas une culture théologique suffisante pour s'y retrouver et le lire de manière idoine. L'ouvrage est au fond tout ce que les pères conciliaires et Jean XXIII avaient voulu éviter : un énoncé de normes posées les unes après les autres. La question de la hiérarchie des vérités de la foi, à laquelle était très attaché le concile Vatican II, a été ignorée. L'avalanche de citations, l'une des richesses incontestables de l'ouvrage, met au même niveau des documents n'ayant absolument pas la même valeur dogmatique, depuis l'Écriture elle-même jusqu'aux mots d'un saint ou d'un théologien. L'objectif de Jean Paul II – toujours dans sa présentation – que ce travail soit un « point de référence sûr dans l'élaboration des catéchismes nationaux et diocésains, dont la médiation doit être jugée indispensable », est très loin d'être atteint.

Les catéchismes nationaux édités après le concile, avant ou après la rédaction du catéchisme universel, resteront d'ailleurs, pour la plupart, beaucoup plus fidèles à l'esprit de Vatican II, proposant, souvent à travers une grande thématique pastorale ou biblique, un exposé de la foi qui rejoint les lecteurs et lectrices dans leur questionnement personnel et dans leur culture historique et temporelle.

Après la doctrine, la morale

La question morale est traitée au sein du catéchisme dans la partie dédiée aux commandements. Elle est reprise dans l'encyclique *Veritatis splendor*, « La splendeur de la Vérité », publiée en 1993. Il est clair que dans les deux textes, la question morale s'appuie davantage sur une lecture apocalyptique du monde que sur un dialogue positif avec celui-ci, qui était pourtant la perspective majeure de Vatican II.

La thèse fondamentale est de considérer que dans un monde où plus rien ne va, où le modernisme et la liberté mal comprise mènent à l'individualisme et à l'hédonisme, seule une parole forte, énonçant une Vérité reçue d'en haut, définitive, non discutable et non négociable, peut sauver l'être humain. Le texte a beau faire référence à la constitution dogmatique *Dei Verbum* sur la Révélation et affirmer que l'Écriture sainte « reste la source vive et féconde de la doctrine morale de l'Église », il se situe en totale opposition à l'esprit de Vatican II, qui voulait que ce soit dans le dialogue de la conscience avec les Écritures, la tradition et le monde que l'homme découvre la voie de la liberté. Ici, la doctrine morale est un étouffoir à la réflexion plutôt qu'un appel d'air permettant de nourrir le feu spirituel par la fréquentation joyeuse et créative de l'Écriture et de la tradition.

Avec le *Catéchisme de l'Église catholique*, les fenêtres que Jean XXIII et le concile avaient ouvertes se referment, et l'Église revient à un enseignement descendant qui trouvera sa concrétisation la plus éclatante dans l'encyclique *Veritatis splendor*, laquelle viendra parachever le réarmement dogmatique sur le sujet central du pontificat : la morale.

15.

Génération Jean Paul II

23 août 1997 – La veillée des JMJ de Paris

Dans la nuit étoilée, Sirius, aussi appelée Canicula, brille de tous ses feux. L'étoile, très visible dans le ciel d'été du 24 juillet au 24 août, a donné, depuis les antiques Romains, son nom aux jours de forte chaleur estivale. Et ce soir sur l'hippodrome de Longchamp, à Paris, il fait vraiment très chaud, une chaleur qui se maintiendra jusqu'au petit jour et qui enveloppe de sa douceur les centaines de milliers de jeunes pèlerins qui veillent en attendant la messe de clôture de ces douzièmes JMJ (Journées mondiales de la jeunesse).

Les évêques français ont longtemps été sceptiques quant à leur capacité à remplir l'imposant espace du bois de Boulogne près de Paris. Cinq cent mille personnes maximum étaient attendues pour la veillée du samedi soir. Combien de pèlerins sont présents au final ? Sept cent mille au moins cette nuit, près d'un million le dimanche matin. Combien, parmi eux, sont français ? On en attendait cent mille, ils sont sans doute le triple ! Rassemblés à la lueur des cierges, adolescents, jeunes adultes et leurs accompagnateurs ont été nombreux à répondre à l'appel de Jean Paul II, certains prenant leur décision quasiment au dernier moment.

Le dimanche matin, le préfet de police de Paris demande la fermeture de l'hippodrome, de crainte de ne pas pouvoir gérer une foule trop nombreuse. À la hâte, des enceintes sont installées afin de permettre aux derniers arrivants de suivre quand même la cérémonie. Pour les observateurs de l'époque, il s'agit d'un véritable tour de force. La « génération Jean Paul II » est née. Une jeunesse généreuse et éclatante de santé qui n'a pas peur de se placer sous le patronage d'un pape malade et affaibli et acclame sans barguigner le vieil homme, son message, ses valeurs, ses certitudes.

Pour beaucoup de catholiques français, c'est une sorte de renaissance. Ils se croyaient une minorité en perte d'influence et sans visibilité dans la société, et découvrent qu'ils existent, ne sont pas mal perçus par l'opinion et peuvent se mobiliser à travers l'élan de la jeunesse. Tout à coup, ils se voient un avenir ! Jean Paul II vient de réussir à redonner de l'assurance à un catholicisme français inquiet et fracturé. Mais à quel prix ? A-t-il effacé définitivement ou fait taire provisoirement leurs divisions ?

« Nouvelle évangélisation » ou nostalgie de la « chrétienté » ?

Les JMJ de Paris sont sans conteste une victoire dans l'agenda du pape polonais, qui veut restaurer une Église puissante. Trois ans avant le jubilé de l'an 2000, elles sont l'étape indispensable qui mène vers le grand rassemblement de Rome. Initiées le dimanche des Rameaux de 1984, les JMJ ont pris leur envol à Buenos Aires (1987). Sont venus ensuite Saint-Jacques-de-Compostelle (1989), Czestochowa (1991), Denver (1993) et Manille (1995). Chaque fois, non seulement le succès était au rendez-vous mais il ne cessait d'enfler. Ces journées qui réunissaient des jeunes catholiques des différents continents semblent avoir trouvé à Paris une forme d'accomplissement. La démesure des Philippines, où s'étaient rassemblés cinq millions de personnes, a laissé place à une rencontre plus structurée. Les jeunes passent désormais quelques jours dans un diocèse jumelé avec celui dont ils sont originaires, avant de converger dans la capitale où se déroule un rassemblement autour du pape. Les matins sont marqués par des catéchèses – temps d'enseignement et de formation – dispensées par des évêques. Les après-midi, consacrés à des concerts, à des expositions ou à des pèlerinages à des sanctuaires locaux, sont plus festifs. Le dernier week-end est l'apogée de la rencontre. La veillée de prière du samedi soir précède une nuit à la belle étoile et une cérémonie finale présidée en grande pompe par le pape au milieu des jeunes. Le « Woodstock » catholique n'a pas à rougir face à la « pop louange » des évangéliques. Les enceintes crachent à fond du rock chrétien et l'ambiance est décontractée. La liturgie n'est pas, pour autant, bradée. On se confesse beaucoup. Les prières traditionnelles du catholicisme et ses dévotions comme le rosaire sont bien là. Avec les JMJ, Jean Paul II a mis au point un outil pastoral de masse unique, inédit depuis le concile.

La rencontre des jeunes catholiques du monde entier à Paris, grande métropole occidentale, a une résonance particulière. Les Journées mondiales de la jeunesse, si elles ont une ampleur planétaire, s'inscrivent dans un projet qui a prioritairement l'Europe comme horizon. Jean Paul II en personne a choisi la capitale française. Elle doit être l'emblème, avant Rome, de cette « nouvelle évangélisation » de l'Europe qu'il appelait de ses vœux dès 1979 devant la croix de Nowa Huta. Karol Wojtyla n'a jamais caché son attachement à la « chrétienté », ce moment particulier de l'histoire européenne où différents royaumes étaient unifiés religieusement et s'organisaient sous la houlette du pape. En 1982, en pèlerinage à Saint-Jacques-de-Compostelle, il avait célébré l'époque où l'Europe « s'édifiait en un continent homogène et spirituellement uni ». À l'étonnement général, il avait alors lancé un appel, s'adressant à l'Europe comme à une personne : « Retrouve-toi toi-même, sois toi-même, redécouvre tes origines. Revivifie tes racines. Revis ces valeurs authentiques qui ont rendu ton histoire glorieuse, et bienfaisante ta présence sur les autres continents. » L'Europe devrait donc, si l'on en croit le pape, servir de nouveau d'exemple pour les autres continents : Amérique et Afrique. À ses yeux, en valorisant les valeurs d'émancipation et d'autonomie et en voulant s'affranchir du christianisme, le Vieux Monde fait faillite moralement et court à sa perte.

Il est vrai que le projet de reformer un ensemble de nations chrétiennes sous l'influence de Rome n'a sans doute jamais été totalement abandonné par les papes au XXe siècle, même s'ils ont depuis longtemps remisé leur soutien aux monarchies traditionnelles. Selon l'expression du philosophe Jacques Maritain, la chrétienté « sacrale » du Moyen Âge doit plutôt laisser place à une chrétienté « profane ». Dans cette dernière, la séparation des ordres temporel et spirituel est admise. Mais elle n'empêche pas les catholiques, par la vitalité de leurs associations, de leurs publications et des mouvements divers, d'orienter le cours de la politique dans le sens du Bien énoncé par le Magistère catholique. Finalement, le concile Vatican II, qui reconnaissait l'autonomie des choses terrestres et invitait à regarder le monde avec bienveillance afin d'y lire les « signes des temps », n'aura été qu'une parenthèse vite fermée. D'ailleurs, nombre de responsables catholiques, d'évêques ou de théologiens avaient à l'époque marqué leur réticence à l'égard de la constitution conciliaire *Gaudium et spes*, considérée comme trop « optimiste ». Joseph Ratzinger, alors théologien et devenu le préfet de la Congrégation pour la doctrine de la foi et, à ce titre, gardien intransigeant de la doctrine et bras armé intellectuel de Jean Paul II, n'avait cessé de critiquer ce texte qu'il qualifie de « naïf » et de « surévalué ». Le pape polonais en avait une analyse fort proche et voulait tenter de reconstituer un ordre social chrétien renouvelé.

Et les deux dernières décennies du XXe siècle lui semblent le bon moment historique pour accomplir un tel programme. L'ébranlement du bloc soviétique peut mettre fin à la séparation, née après guerre, entre Europe occidentale et Europe orientale. Peut-être même après-demain pourra-t-on envisager la réconciliation avec le monde orthodoxe... Le Vieux Continent pourrait retrouver son unité grâce à la redécouverte de ses racines communes, c'est-à-dire chrétiennes.

L'invitation du pape Wojtyla à se réapproprier la foi du passé prendra même des accents explicitement politiques entre 2001 et 2004. Lorsque l'Union européenne cherchera à se doter d'une charte fondamentale et d'une Constitution, Jean Paul II demandera aux nonces apostoliques et à la conférence des évêques européens de faire un intense lobbying afin que les « racines judéo-chrétiennes » soient reconnues dans le texte. Un moment paradoxal en regard de l'ouverture des négociations d'entrée de la Turquie et des progrès de la sécularisation sur le continent.

À y regarder de près, dans la perspective wojtylienne, la conception laïque de la construction européenne est inacceptable. L'Union européenne, héritière de la CEE, est un projet fondé sur un idéal de paix et de respect de l'État de droit après une guerre où tant d'atrocités furent commises. L'enjeu est de ne pas retomber dans l'impasse où avaient mené les nationalismes exacerbés. Les groupes ethniques, linguistiques ou culturels qui composent l'Europe ont certes une réalité, mais ils ont vocation à se fondre dans quelque chose de plus large que la nation. Être européen, c'est se reconnaître prioritairement dans le respect des droits humains, une certaine démocratie sociale et des institutions comme le Parlement ou la Cour européenne de justice. La vision européenne est également attachée à une certaine séparation des Églises et de l'État – même si chaque pays connaît des variantes dans son organisation propre – afin qu'aucun culte en particulier ne soit colégislateur et ne se substitue au politique.

En 2004, le président français Jacques Chirac renonce à faire inscrire les « racines chrétiennes » dans le projet de traité constitutionnel. À ses yeux, si l'Europe a été marquée historiquement par la présence de nombreux chrétiens, son identité ne passe pas par la reconnaissance de l'action d'une seule et unique confession. D'autres convictions y ont pris part. La laïcité préserve la liberté de conscience de ceux qui ont une religion et de ceux qui n'en ont pas. Résolument, l'Union européenne ne sera pas une nouvelle chrétienté... Malgré les efforts et les pressions de Rome, la voix de la France aura manqué au projet de Jean Paul II.

La France idéalisée... et morigénée

La France a pourtant été centrale dans son pontificat. Avec huit voyages, elle vient juste derrière la Pologne et devant les États-Unis au rang des nations les plus visitées. La relation de Karol Wojtyla avec ce pays est personnelle et spirituelle. Les sanctuaires français où il s'est rendu donnent d'ailleurs des coordonnées assez justes de sa piété : Lourdes, Paray-le-Monial, Sainte-Anne-d'Auray, Ars, Lisieux. Les sanctuaires où est apparue la Vierge Marie (ou sa mère Anne) côtoient le lieu où on célèbre le « saint patron des curés de l'univers » ou la « petite Thérèse ».

Son affection particulière pour la France rejoint également celle de ses prédécesseurs. Paul VI, admirateur et traducteur de Jacques Maritain, avait parlé de la France comme du « four où se cuit le pain intellectuel de la chrétienté ».

Mais des années 1960 aux années 1980, la situation de la France au sein du catholicisme a bien changé. Fille choyée de Rome, elle est devenue l'un de ses enfants terribles. Sa situation fait davantage penser à ce qui se passe aux Pays-Bas ou au Québec qu'en Italie, au Portugal ou en Espagne.

Dès 1979, Jean Paul II s'était dit publiquement préoccupé. Lors d'une messe à la chapelle Sixtine en l'honneur de Notre-Dame de Lourdes, il avait interpellé la France : « Heureuse es-tu d'avoir reçu la foi dès l'origine. Ne laisse pas ta foi s'amoindrir ou se dissoudre ! Fortifie ta foi ! » Le jeune pape s'était adressé au pays comme à une personne et non à un peuple composé d'individus aux multiples convictions et confessions.

En 1980, pour son premier voyage, il avait renouvelé son appel sur le même mode lors de la messe du Bourget : « France, fille aînée de l'Église, es-tu fidèle aux promesses de ton baptême ? » Comme un confesseur rappelant ses devoirs à un pénitent, il avait utilisé une tournure tombée en désuétude. Originellement forgée par le dominicain Henri Lacordaire au XIXe siècle, l'expression de « fille aînée » renvoie à un imaginaire plus monarchiste que républicain. En 1980, le propos sonnait, en tout cas, de manière plutôt surprenante dans une société française très attachée au caractère laïc de son État. Pour le pape polonais, c'était pourtant une évidence : la France comme nation était née au moment de son baptême et elle agissait comme une personne qui se serait éloignée de la foi. Cette leçon, il se considérait comme légitime pour la donner : « On retient habituellement que la Pologne a appris davantage de la France que celle-ci de la Pologne [...] je pense cependant que la France pourrait aussi apprendre diverses choses [...] les Polonais ont "payé", et pas seulement un peu, pour être polonais, et aussi pour être chrétiens. » La phrase avait été amplement reprise par les médias, mais 350 000 fidèles seulement avaient assisté à cette messe sous la pluie et dans la boue, alors que plus d'un million de personnes étaient attendues. On avait parlé d'un « premier flop mondial du nouveau pape ».

Cette déconvenue ne l'avait pas empêché de revenir à la charge en 1986 : « Chrétiens de Lyon, de Vienne, de France, que faites-vous de l'héritage de vos glorieux martyrs ? » Selon lui, les catholiques français avaient oublié une histoire qui oblige : la France, nation chrétienne, devait fidélité à son histoire glorieuse.

Le voyage de 1996 pour les 1 500 ans du baptême de Clovis révéla l'ampleur du malentendu. Déjà, l'année précédente, l'affaire Gaillot, du nom de l'évêque d'Évreux, avait montré son incompréhension de la situation française. Jacques Gaillot, prélat médiatique, engagé auprès des plus démunis, avait pris parti, à la télévision, en faveur du préservatif et des homosexuels. Rome l'avait révoqué de son siège d'Évreux avec fracas pour insoumission. La rudesse de la décision avait ravi la minorité des catholiques conservateurs et scandalisé les autres.

En 1996, donc, malgré les précautions prises par le Vatican, le camp républicain et laïc se réveilla et manifesta pour rappeler que la France ne saurait être réduite à son passé d'Ancien Régime. Les groupuscules d'extrême droite ne s'y trompèrent d'ailleurs pas. Présents en force au stade de Reims, ils jubilèrent quant à eux de voir les deux familles prétendantes au trône de France, les Bourbons et les Orléans, réconciliées le temps d'une cérémonie.

Gérard Defois, l'archevêque de Reims, sentant la polémique monter, avait aidé à élaborer une homélie qui mentionnerait les communautés juive et protestante. Dans un souci d'apaisement, le pape s'était exécuté. L'archevêque de Tours, Jean Honoré, avait même, avec beaucoup de nuance, expliqué dans la presse pourquoi il n'était pas totalement juste de parler de « fille aînée de l'Église ».

En 1997, le succès sans ombre des JMJ de Paris fait oublier les ratages précédents. En plein mois d'août, les rassemblements ont les honneurs des télévisions, même publiques. Le lundi 25 août 1997, le journal *Le Pari-*

sien prend la mesure de l'événement en titrant : « Il s'est passé quelque chose. » Malgré son petit 2 % de jeunes catholiques pratiquants, la société française s'enthousiasme pour la venue du pape, et la joie de ces jeunes que l'on présente alors comme enclins à la morosité frappe les commentateurs. Pour Jean Paul II, ce voyage en France est une cure de jouvence. On l'attendait affaibli – des rumeurs le disaient à l'agonie – et on le découvre relativement en bonne forme, évoluant au cœur d'une jeunesse qui l'adule.

Le pape fait des efforts, demande pardon pour la Saint-Barthélemy et les « actes que l'Église réprouve ». L'épiscopat français lui demande d'ôter de ses discours et homélies ce qui pourrait apparaître comme des provocations inutiles sur les questions de mœurs et de sexualité par exemple, et en effet, le pontife nuance son propos. Il ne dit pas à Paris ce que le jeune public américain a entendu à Denver. Le succès de l'événement tient également à la qualité de sa préparation avec des évêques français soucieux de maintenir en permanence un équilibre entre les différentes sensibilités du catholicisme hexagonal. Les Scouts de France côtoient les Scouts d'Europe, les mouvements de l'Action catholique ne sont pas oubliés et voisinent avec les communautés du renouveau charismatique.

Le procès fait aux Lumières

Quelle France Jean Paul II a-t-il aimée ? Celle de la complexité religieuse, sociale ou politique ? Ou celle qu'il a fantasmée à travers le filtre national catholique de son pays d'origine ? L'un de ses biographes le plus élogieux,

Bernard Lecomte, le reconnaît : « Jean Paul II a beaucoup idéalisé la France. »

Si en 1997 à Paris il adopte un profil modéré, il ne revient pas sur le jugement qu'il porte depuis le début de son pontificat. Pour lui, l'Europe et, en son sein, la France sont au bord d'une immense et silencieuse apostasie. À quand remonte une telle déliquescence ? Comme pour la plupart de ses prédécesseurs depuis deux siècles, c'est la modernité libérale qui est dans son viseur, une brèche condamnable apparue au cœur de la chrétienté européenne, le début de la grande dérive d'un continent… Ses discours sur la Révolution française sont à cet égard édifiants : il est surtout question de célébration des martyrs et de déploration des persécutions antichrétiennes. Presque aucune concession n'est faite sur l'inégalité structurelle des sociétés d'Ancien Régime. Et aucune repentance n'est exprimée concernant le rôle de l'Église catholique dans le système des privilèges. Il ignore l'abbé Grégoire, l'abbé Sieyès, Alfred Loisy ou Marc Sangnier, représentants d'un catholicisme républicain et libéral… Pour le pape, depuis la Renaissance, et plus encore avec les Lumières et la Révolution, l'homme s'est dressé contre le message du Salut et s'est mis à refuser Dieu en lui substituant sa propre dignité : les droits de l'homme contre les droits de Dieu…

En France, sur le thème du procès fait aux Lumières et à la Révolution française, il a trouvé un relais puissant de sa pensée en la personne du cardinal-archevêque de Paris Jean-Marie Lustiger. Isolé à la conférence des évêques de France, qui ne le plaça jamais à sa présidence, celui-ci a été proche du pape et durant son long épiscopat qui coïncida quasiment avec le pontificat wojtylien, il conseilla la nonciature et fit émerger des candidats à l'épiscopat compatibles avec la nouvelle ligne romaine. Par un effet de génération, de 1980 à 1990, le pape polonais créa une cinquantaine d'évêques (sur les 119 sièges français) et redessina un épiscopat en accord avec ses priorités. En 1982 puis en 1987, les évêques français convoqués à Rome pour leur visite *ad limina* entendirent un seul message : le concile n'avait pas donné un « blanc-seing » à la France pour la contestation et seul le pape était apte à en interpréter les textes et à contenir les lectures les plus audacieuses. Lustiger fut un bon exemple des évêques d'un nouveau type que mit en place Jean Paul II. Issu d'une famille d'origine juive, converti à l'adolescence au christianisme, le cardinal voyait dans la Shoah rien de moins que la faillite de la raison occidentale et l'échec final du siècle des Lumières.

Face à une société sécularisée, que faire ?

Comment être catholique dans un pays où l'État ne l'est plus ou dans une société où se côtoient de multiples confessions ou convictions philosophiques ? Jean Paul II avait confié, à plusieurs reprises, avoir été touché par la question d'un jeune Français faisant profession d'athéisme au Parc des Princes en 1980 : « Saint-Père, en qui croyez-vous ? Quel est ce Dieu que vous adorez ? » Cette question avait été, confia-t-il, déstabilisante parce qu'elle venait de quelqu'un dont la conviction était librement choisie. Contrairement à ce qu'il avait connu en Pologne, la conviction de ce garçon n'était pas le fruit d'une idéologie portée par un régime politique mais bien une objection de conscience.

La réalité française ne se pliait pas au schéma simpliste qui rangeait l'athéisme et l'autoritarisme d'un côté, la foi chrétienne et la libération de l'autre.

D'un point de vue intellectuel, dans le dialogue entre les théologiens français Marie-Dominique Chenu et Henri de Lubac, Jean Paul II avait finalement choisi le second et l'avait élevé au cardinalat en 1983 en même temps que Jean-Marie Lustiger. Au concile, l'Église avait proclamé « sans arrière-pensée que tous les hommes, croyants et incroyants, doivent s'appliquer à la juste construction de ce monde dans lequel ils vivent ensemble » (*Gaudium et spes*). L'auteur du *Drame de l'humanisme athée*, Lubac, ne partageait pas cet optimisme. Pour lui, les mouvements sociaux qui ne se réclamaient pas de Dieu menaçaient toujours les chrétiens car ils participaient de l'athéisme ambiant. En cela, il était en plein accord avec les grandes options wojtyliennes : partir de l'expérience vécue des personnes, des constats qu'elles font et des questions qu'elles se posent n'est pas – ou plus – à l'agenda de Rome. Dans l'opération de réarmement doctrinal que mène le pape, il n'y a pas de place pour les doutes : les vérités du catéchisme sont fermement énoncées, la morale, notamment sur le plan affectif et sexuel, solidement établie, et les sacrements n'ont pas besoin d'être repensés pour permettre la mission.

Le programme est ambitieux, mais en 1997, à son retour des JMJ, le pape peut être rassuré : il a vu la marée des jeunes qui l'acclamaient. Cette fois, le catholicisme français est remis en ordre de marche et, comme la France elle-même s'est enfin rendue à l'obéissance, rien ne peut plus s'opposer au grand dessein pontifical : le jubilé de l'an 2000.

16.

Un jubilé en forme de baroud d'honneur

24 décembre 1999 – Ouverture de la Porte Sainte

Il a réussi. Malgré les pronostics des oiseaux de mauvais augure sur sa santé, malgré les signes de plus en plus évidents de la maladie de Parkinson que le Vatican ne se résout pourtant pas à admettre, Jean Paul II préside la cérémonie d'ouverture de la Porte Sainte, lors de cette messe de Noël 1999. Ce jubilé, il l'espère et le prépare depuis si longtemps ! « Pape de l'an 2000 » : la prophétie du cardinal polonais Wyszynski dans la chapelle Sixtine au soir de son élection résonne depuis lors comme une promesse qu'il lui faut tenir. Alors il a tenu, et en ce soir de Noël, même s'il vacille un peu, il tient encore.

Depuis 1979, dans plusieurs encycliques et autres bulles papales, il n'a cessé de rappeler cette échéance avec insistance. Deux mille ans depuis la naissance du Sauveur, voilà un anniversaire rare et qui mérite une cérémonie à la hauteur. Certes, ce ne sera pas le concert des anges du récit de l'Évangile de Luc, mais pour une telle occasion, l'Église se doit de resplendir. C'est donc un pape revêtu d'un manteau liturgique digne des plus élégants défilés de haute couture qui s'avance vers cette porte close. Le pluvial ou mantum – c'est le nom de la cape somptueuse que porte le pontife – est en lamé chamarré à doublure dorée, fermée par un rational – une pièce d'étoffe ornée d'agrafes – confectionné par l'orfèvre d'art Goudji. Le vieil homme avance avec lenteur, entouré de prêtres et d'évêques qui soulèvent cette cape comme on tiendrait la traîne d'une mariée. Stefano Zanella, que certains journalistes ont surnommé « le Jean-Paul Gaultier du Vatican », est le créateur de cette pièce hors du commun. Il avouera lui-même que les harmonies du brocart de soie étaient inspirées d'une décoration de carnaval – il faut dire que le créateur est vénitien. Le motif répété représente la porte d'or du troisième millénaire s'ouvrant sur le bleu et le rouge, couleurs de l'humanité et de la divinité du Christ.

Malgré une façon en soie la plus légère possible afin que cela n'alourdisse pas sa démarche, le pape, déjà considérablement affaibli, s'approche lentement de la Porte Sainte. Moment de suspense où l'on ne sait si cet homme tremblant devant la lourde et immense porte arrivera au bout de la tâche. Chaque pas et chaque marche semblent lui demander un effort surhumain. Et puis, après les coups de marteau traditionnels, la Porte s'ouvre, et il remonte la nef de Saint-Pierre sous les applaudissements de l'assemblée et des évêques. Cette ovation spontanée a un effet stimulant immédiat : Jean Paul II jubile. Oui, il a réussi à braver la maladie pour être là en ce jour, et commencer à présider cette cérémonie, première des trente-sept autres événements jubilaires qu'il présidera au cours de l'année qui vient. Ce sera une année sainte pleine de superlatifs qui, telle cette cape resplendissante, doit montrer au monde entier la bonne santé et la primauté de l'institution deux fois millénaire. Pour être présent en ce jour de Noël, il a défié non seulement les balles de

Mehmet Ali Agça mais aussi la maladie et les rumeurs qui le disaient démissionnaire. Et c'est fait : l'heure tant attendue est venue, et il est là.

Dans la lettre apostolique *Tertio millennio adveniente* publiée dès 1994 et qui préparait cette année jubilaire, il avait expliqué comment, avec l'Incarnation, le Verbe s'est fait chair en Jésus-Christ et Dieu entre dans l'histoire humaine et dans l'échelle temporelle humaine. Les dates ont donc leur importance, elles scandent l'histoire du Salut et les chrétiens doivent sanctifier leur temps par des célébrations et des jubilés. Dans cette perspective spirituelle, le pape croit fermement que le jubilé représente un moment unique de réconciliation et de pardon pour les chrétiens – la tradition en la matière est bien établie – mais aussi, et c'est nouveau, un moment pour que l'Église elle-même fasse son examen de conscience afin que, purifiée et resplendissante, elle puisse aborder le futur.

Ce jubilé, il l'envisage comme le point d'orgue de son pontificat : l'Église catholique remonte sur la grande scène de l'histoire. Au programme : pour tous, approfondissement de la foi et de ses exigences, méditations théologiques sur la Trinité, pèlerinages dans tous les grands sanctuaires du monde ; pour le pape lui-même, voyage à Jérusalem et au Sinaï ; pour les puissances temporelles et politiques, demande de l'annulation de la dette des pays les plus pauvres, abrogation de la peine de mort ; pour l'Église, repentance, célébration des martyrs, béatifications et canonisations. Tout ceci doit rendre à l'Église son éternelle jeunesse et enrayer enfin la crise religieuse de l'Occident.

Tertio millennio adveniente

Depuis son accession au trône de saint Pierre, Jean Paul II s'était promis qu'il célébrerait lui-même ce jubilé. Moins d'un an après son élection, les premières phrases de l'encyclique *Redemptor hominis,* publiée le 4 mars 1979, donnaient le ton : « Le moment où [...] Dieu m'a confié, dans son dessein mystérieux, le service universel lié au siège de Pierre à Rome est déjà bien proche de l'an 2000. »

Pour lui, si en deux mille ans l'homme a fait des progrès en bien des domaines, il s'est néanmoins un peu perdu en chemin, notamment sur le plan moral. Depuis son élection, Jean Paul II a ardemment combattu le communisme, mais il s'est aussi farouchement opposé aux dérives de l'autre ennemi matérialiste, plus pernicieux : l'Ouest capitaliste. Si le communisme a été le destructeur de la foi, le culte de la liberté prôné par le capitalisme a débouché sur le désir-roi, le sexe sans maîtrise, la consommation à outrance dans tous les domaines. Après la grande bataille gagnée contre le communisme, il compte bien pourfendre le matérialisme hédoniste libéral. Rien de tel qu'un jubilé pour remettre le monde dans le droit chemin.

Dans la lettre apostolique *Tertio millennio adveniente* promulguée le 10 novembre 1994, il invitait l'Église à une préparation en trois temps de méditation : en 1997, Jésus Christ, en 1998, l'Esprit saint, en 1999, Dieu le Père. Bien entendu, Marie n'était pas oubliée – comment aurait-elle pu l'être ? Lors de ces trois années, la présence mariale serait louée en relation avec la doctrine trinitaire : n'était-elle pas fille du Père, mère du Fils et épouse de l'Esprit ? Il était aussi prévu que l'année finale, l'année du jubilé qui rendrait toute gloire à la Trinité, soit eucharistique, œcuménique et universelle. Quel programme !

Œcuménisme, repentance… et ambiguïtés

En ce qui concerne l'œcuménisme, la proposition faite à tous les chrétiens, catholiques, orthodoxes, protestants, de célébrer cette année 2000 a été plutôt bien accueillie. L'Église catholique n'a pas l'exclusivité de la célébration de deux millénaires de christianisme. Pourtant, deux faux pas vont venir ternir les louables intentions de Jean Paul II.

Le premier lui fait s'attirer les foudres des Églises issues de la Réforme. Il concerne la remise au goût du jour de la pratique de l'indulgence plénière, et ce, quelques mois avant le début de l'année jubilaire.

Pourtant, sur ce point précis des indulgences, tout semblait en train de se régler. Une commission de théologiens travaillait dur depuis des années et l'accord était trouvé. Il était prévu qu'il serait signé le 31 octobre 1999 à Augsbourg, là même où Luther élabora la *Confession* du même nom, qui est l'acte de naissance du protestantisme. Un accord historique entre les confessions luthérienne et catholique sur la doctrine de la justification n'était pas un gain mince, puisque c'était précisément le point initial qui avait causé la séparation.

À la suite de Luther, le protestantisme affirme que l'homme n'est justifié, c'est-à-dire sauvé, que par sa foi et non par ses actions, ses œuvres. C'est pourquoi Luther s'opposait aux indulgences, sortes de contreparties monétaires des œuvres pieuses qui pouvaient permettre d'assurer son salut ou de le gagner pour ses proches. La déclaration commune se focalisait sur la doctrine de la justification et énumérait les points de convergence et les points qui restaient particuliers aux deux religions. Elle concluait que dans des formes et des expressions distinctes, les uns et les autres confessaient la même foi. Après plus de cinq cents ans de dissensions, ce texte était un immense pas en avant… Alléluia !

Sauf que l'accord était déjà battu en brèche par une bulle[1] papale publiée quelques mois plus tôt. En effet, dans la « bulle d'indiction » du grand jubilé de l'an 2000 *Incarnationis mysterium* datée du 29 novembre 1998, le pape réhabilitait l'usage traditionnel des indulgences et détaillait de manière précise les actions à fournir afin de recevoir l'indulgence plénière. Même adaptée et accompagnée de pédagogie, l'indulgence n'en demeurait pas moins passablement démodée. L'idée même que des œuvres de piété ou de charité « achètent » de la miséricorde divine fit l'effet d'une douche froide chez les protestants. *Incarnationis mysterium* fait pourtant le vœu « que le caractère œcuménique du jubilé soit un signe concret du chemin, que […] les fidèles des diverses Églises et communautés ecclésiales sont en train de parcourir ». Comment concilier tout cela ? Et comment les protestants peuvent-ils comprendre cet étrange double langage ?

Jean Paul II, lors de l'audience générale du 29 septembre 1999, précisa sa pensée sur ce don de l'indulgence : « La peine temporelle exprime la condition de

1. Certains courriers officiels du pape sont nommés « bulles », du nom du lourd sceau de plomb en forme de bulle qui fermait le courrier.

souffrance de celui qui, bien que réconcilié avec Dieu, est encore marqué par ces "résidus" du péché, qui ne le rendent pas totalement ouvert à la grâce. Précisément en vue de la guérison complète, le pécheur est appelé à entreprendre un chemin de purification vers la plénitude de l'amour. » Au-delà de l'indignation de certains protestants, beaucoup de catholiques eux-mêmes ne comprirent pas grand-chose à cette sorte de double comptabilité du péché, qui pour une part est pardonné par effet plénier de la grâce, et pour une autre doit en passer par une négociation tarifaire afin de s'épargner du temps de purgatoire. Il est probable que, sur le point des indulgences, Jean Paul II a voulu donner des gages à la partie la plus conservatrice de sa Curie que les différents actes de repentance pontificaux irritaient au plus haut point. Malgré tout, l'accord fut signé avec les luthériens... Comme un signe d'espérance pour le millénaire qui venait.

D'ailleurs, comme pour donner de nouveaux gages de bonne foi, dès le 18 janvier 2000, et pour la première fois dans l'histoire, Jean Paul II ouvre la Porte Sainte de la basilique Saint-Paul conjointement avec le primat de la Communion anglicane et le métropolite du patriarcat œcuménique de Constantinople ainsi que des représentants d'autres Églises.

Ce premier faux pas étant, d'une certaine façon, rattrapé, l'année jubilaire aurait pu se poursuivre sur cette belle lancée œcuménique, si la Congrégation pour la doctrine de la foi n'avait pas ruiné cet effort par la publication de la déclaration *Dominus Iesus,* déjà citée, sur « l'unicité et l'universalité salvifique de Jésus Christ et de l'Église ». Signé par le cardinal Ratzinger, le texte ne s'embarrasse pas de circonlocutions : « La pérennité de l'annonce missionnaire de l'Église est aujourd'hui mise en péril par des théories relativistes, qui entendent justifier le pluralisme religieux. » Les remarques dépréciatives s'enchaînent, non seulement à l'égard des Églises chrétiennes dont il dénie le statut d'Église, mais aussi à l'égard des théologiens qui pourraient faire face à des sanctions disciplinaires s'ils s'engageaient trop avant dans un dialogue œcuménique.

Quel camouflet pour les autres Églises chrétiennes ! Gifle aussi au passage pour les autres religions taxées de « croyances » et envers qui le texte est proprement insultant : « S'il est vrai que les adeptes d'autres religions peuvent recevoir la grâce divine, il n'est pas moins certain qu'objectivement ils se trouvent dans une situation de grave indigence par rapport à ceux qui, dans l'Église, ont la plénitude des moyens de salut. » « Indigence » ! Il fallait oser.

La grande repentance du 12 mars 2000

Ce n'était pourtant pas tout à fait le ton utilisé par le pape en 1994 : « Il est bon que l'Église franchisse ce passage en étant clairement consciente de ce qu'elle a vécu au cours de ces dix derniers siècles. Elle ne peut passer le seuil du nouveau millénaire sans inciter ses fils à se purifier, dans la repentance, des erreurs, des infidélités, des incohérences, des lenteurs. » Le jésuite Pierre Gervais indique qu'« aux signes traditionnels de la célébration jubilaire que sont le pèlerinage et l'indulgence du jubilé, le pape en ajoutait deux autres, la “purification de la mémoire” [...] et la “mémoire des martyrs” ». Le pape précisait qu'il fallait que l'Église reconnaisse « le péché de ses enfants, dans le souvenir de toutes les circonstances dans lesquelles, au cours de son histoire, ils se sont éloignés de l'esprit du Christ et de son Évangile, présentant au monde, non point le témoignage d'une vie inspirée par les valeurs de la foi, mais le spectacle de façons de penser et d'agir qui étaient de véritables formes de contre-témoignage et de scandale ».

Jean Paul II choisit le carême de l'an 2000, et précisément le 12 mars 2000, pour présider une journée de repentance dans le lieu le plus symbolique des catholiques : la basilique Saint-Pierre de Rome. Avec cette repentance, il introduit l'idée de « purification de la mémoire », qui pour lui est la reconnaissance « humble et courageuse » des fautes commises par les croyants. La préparation de cette journée est confiée à la commission théologique internationale présidée par Joseph Ratzinger et qui produit un texte intitulé *L'Église et les fautes du passé*. C'est sur la base de ce texte que, ce 12 mars, le pape demande successivement pardon pour les péchés commis par les hommes d'Église « dans le service de la vérité » (l'Inquisition, les conquêtes missionnaires...), pour avoir été partie prenante de la rupture de l'unité des chrétiens, pour les fautes « commises dans les relations avec Israël », pour celles « commises par des comportements contraires à l'amour, à la paix, aux droits des peuples, au respect des cultures et des religions », mais aussi pour les fautes « qui ont blessé la dignité de la femme et l'unité du genre humain », et enfin pour les « péchés dans le domaine des droits fondamentaux de la personne ».

C'est la première fois dans l'histoire de l'Église que ses représentants, et le pape le tout premier, implorent le pardon divin pour les actes de ses propres membres.

Jusqu'à ce jour de printemps 2000, l'Église s'y refusait, en vertu du fait rappelé lors de Vatican II que l'Église épouse du Christ est « sainte et immaculée », et « fidèle à Dieu ». Ainsi les fautes, les crimes, les péchés étaient commis par des êtres humains ; même si ces derniers étaient à de hauts niveaux de pouvoir dans l'Église, leur comportement était toujours considéré comme un égarement individuel, jamais comme une faute dont l'Église aurait pu porter une part de responsabilité. Que l'Église puisse reconnaître avoir eu part à ces péchés était purement inconcevable. Avec cet acte de repentance, préparé de longue date par une commission historique, Jean Paul II affronte tout à la fois le tollé des plus conservateurs qui s'accrochent à la sacro-sainteté de l'Église et les critiques des catholiques plus progressistes qui trouvent la démarche trop timide, précautionneuse et limitée.

D'un point de vue strictement théologique, la question de la repentance pose une véritable question : les membres actuels de l'Église peuvent-ils se repentir de fautes commises par des personnes dans le passé ? Jean Paul II apporte une réponse et introduit au sein de l'Église le concept de mémoire collective, qui implique une solidarité, une « communion », de ses membres entre le passé et le présent. Avec cet acte de repentance, il cherche à « purifier » l'Église par le pardon de Dieu et à effacer les fautes du passé. Un point demeure délicat cependant : le pardon est demandé à Dieu alors que ces actes ont gravement blessé des personnes dans leurs droits les plus fondamentaux. L'acte de repentance peut-il vraiment « purifier » l'Église des comportements qui ont blessé la paix, les droits des hommes et des femmes, leur dignité, le respect de leurs cultures et de leurs religions, sans que cet acte s'accompagne non seulement d'un travail de mémoire mais aussi d'une rupture claire avec les logiques qui ont entraîné ces comportements ? La repentance ne peut pas être seulement la reconnaissance des fautes passées, douloureuses. Elle doit aussi engager des actes de réparation et transformations profondes afin qu'elles ne puissent en aucun cas être réitérées. Au cours de ces célébrations jubilaires, les paroles de Jean Paul II furent puissantes et, en ce qui le concerne, le pape fut certainement sincère. Mais quelles résolutions ont été prises, quels changements de mentalité ont-elles entraînés ?

Des paroles et des actes ?

Si cette année jubilaire montre que le pape avance dans certains dossiers, elle prouve aussi qu'il n'est pas près de lâcher sur d'autres. Et il peut compter sur la Curie pour continuer comme elle l'a toujours fait à lui fournir de quoi blesser certains catholiques. Ainsi, le 6 juillet 2000, en plein « état de grâce » jubilaire, le Conseil pontifical pour l'interprétation des textes législatifs publie un document rappelant les normes du canon 915 qui s'appliquent aux divorcés remariés souhaitant communier. Ce Conseil pontifical, en accord avec la Congrégation pour la doctrine de la foi et la Congrégation pour le culte divin et la discipline des sacrements, rappelle avec fermeté aux prêtres et à leurs ouailles que les divorcés remariés sont des personnes qui « persistent avec obstination dans un péché grave et manifeste » et qu'en conséquence ils ne peuvent pas avoir accès à la communion eucharistique ni d'ailleurs au sacrement du pardon, sauf à interrompre la vie commune avec leur nouveau conjoint. Une position bien difficile à tenir sur le terrain... Comment parler de miséricorde et l'invoquer pour soi-même en continuant à montrer la plus extrême rigueur à l'égard de pauvres hommes et femmes qui croient suffisamment à l'amour pour vouloir retenter l'expérience après un échec ? Et quelle triste ironie de voir cette institution tout à la fois refuser de donner la communion à ces catholiques pécheurs et égarés qui persisteraient dans leur erreur, et recommander de le faire « avec une extrême charité ». Mais manifestement, en cette année jubilaire, ni la Curie et ni le pape, qui, quelques mois plus tôt demandait pardon pour les actes de l'Église qui ont porté atteinte à la dignité de l'être humain, ne voient là la moindre contradiction.

Autre surprise désagréable de cette année 2000, alors que les JMJ à Rome ont semblé être l'apogée de ce jubilé, avec deux millions de personnes rassemblées lors de la messe finale, le 20 août, le 3 septembre 2000 est célébrée la béatification du dernier « pape-roi », Pie IX. Là encore, Jean Paul II laisse parler son aile la plus conservatrice, même si, pour en atténuer l'effet, il béatifie en même temps le « Bon Pape » Jean XXIII, l'initiateur du concile.

Un tel acte ravive les rancœurs dans les milieux progressistes et œcuménistes et surtout dans la communauté juive. Pie IX, pape de 1846 à 1878, a tout à la fois proclamé les dogmes de l'Immaculée-Conception et de l'infaillibilité papale, véritables provocations à l'égard des Églises de la Réforme, et publié le 8 décembre 1864 un « catalogue des erreurs modernes », le célèbre *Syllabus*, lequel accompagne l'encyclique *Quanta cura*. Les deux fustigent en vrac les idées anticatholiques de l'époque, dont « la liberté, le progrès, la civilisation moderne », tout en jetant les bases d'un idéal sociétal fondé sur la morale de la famille chrétienne et l'infaillibilité papale. Mais au-delà de cette célébration d'une théologie réactionnaire et intransigeante que le concile Vatican II a amplement dévaluée, le personnage est connu pour son violent antisémitisme. Par une étrange ambiguïté dont le Vatican a le secret, l'année même où l'Église fait son *mea culpa* sur la manière dont elle a traité les Juifs à travers l'histoire, et après que le pape a fait un sans-faute lors de son voyage en Israël, elle béatifie un pape qui, en 1858, avait fait enlever un enfant juif, Edgardo Mortara, à sa famille pour l'élever dans la foi chrétienne. L'affaire Mortara avait fait grand bruit au XIXe siècle et illustré la puissance de l'antijudaïsme chrétien. Le même Pie IX avait aussi fait reconstruire les murs du ghetto des États pontificaux et opéré des razzias afin de confisquer le Talmud.

Avec quasiment 32 millions de pèlerins dans la capitale italienne, c'est près de 150 pèlerins par minute qui sont passés par la Porte Sainte pour entrer dans la basilique Saint-Pierre en cette année jubilaire. Si beaucoup de prélats, au premier rang desquels le pape, se félicitent de cette éclatante réussite, il reste qu'elle n'aura eu avec le recul aucune conséquence notable. La crise religieuse que connaissait l'Occident n'en sera nullement atténuée. Les images du pape poussant la Porte Sainte font bien sûr le tour du monde, et la détermination du vieil homme a suscité admiration et respect. Cependant, pour beaucoup, ce cérémonial impressionnant et suranné, tout comme ce pape chancelant et à bout de forces, est aussi l'image d'une Église elle-même épuisée et hors du temps. La faiblesse de l'homme face à la lourde porte n'est-elle pas la métaphore de la fragilité de l'Église ?

À l'issue de cette longue année jubilaire, Jean Paul II qui croit avoir remis l'Église catholique sur pied pour les mille années à venir n'imagine pas que la décennie 2000 va être l'une des plus difficiles pour le catholicisme romain. En 2001, la France condamne un évêque pour ne pas avoir alerté la justice pour des actes pédophiles commis par l'un de ses prêtres. En 2002, le *Boston Globe* aux États-Unis publie une enquête mettant en cause des dizaines de prêtres pédophiles et accusant le silence de leur hiérarchie qui a couvert ces actes. Puis viennent le Canada, l'Australie, l'Irlande, l'Autriche, l'Allemagne, la Belgique, le Chili. Les actes d'abus répétés, généralisés et néanmoins couverts par la hiérarchie catholique jettent une lumière crue sur une Église catholique en crise, perdant partout sa crédibilité et son autorité. Le pape François en fera un diagnostic sévère en la déclarant malade de son cléricalisme.

17.

Face aux Juifs, des paroles et des gestes prophétiques

26 mars 2000 – Le pape à Jérusalem

Une longue berline blanche s'immobilise non loin du Mur des Lamentations, que les Israéliens nomment le *Kotel*, le « Mur occidental » du Second Temple rasé jadis par les Romains. Le pape Jean Paul II en descend, s'appuyant fermement sur sa canne. Sur une estrade drapée de bleu, il écoute assis le discours de bienvenue prononcé par le ministre israélien des Relations avec la diaspora juive, Michaël Melchior, qui se trouve être aussi rabbin : « Nous accueillons votre venue comme la concrétisation de l'engagement de l'Église à mettre fin à l'ère de haine, d'humiliation et de persécution du peuple juif. À partir d'aujourd'hui commence une nouvelle ère. » Puis les deux hommes récitent le même psaume, l'un en hébreu, l'autre en latin : *Paix sur Jérusalem*…

Le pape se lève. Voûté par la maladie, il a le pas lent. Il avance, d'abord entouré par les responsables israéliens et les cardinaux qui l'accompagnent. Après quelques mètres, ils s'arrêtent et le laissent avancer seul. Tout près du Mur, en surplomb duquel se dressait autrefois le Temple de Jérusalem, Jean Paul II baisse la tête et commence à prier. Dans la main, il tient une petite feuille de papier qu'il glisse entre les pierres, comme le veut la coutume. Dans la prière qu'il a écrite, on le saura plus tard, il demande pardon à Dieu pour les souffrances infligées aux Juifs : « Nous sommes profondément attristés par ceux qui, au cours de l'Histoire, les ont fait souffrir, eux qui sont tes fils, et en te demandant pardon nous voulons nous engager à vivre une fraternité authentique avec le peuple de l'Alliance. » Après un signe de croix et une petite hésitation, il se rapproche encore un peu plus et pose longuement sa main sur le Mur.

La prière glissée entre les pierres, le message, le geste, tout est extraordinaire, inespéré après tant de siècles d'hostilité. Tous ces signes consacrent aux yeux du monde entier la réconciliation de l'Église catholique avec le peuple juif. Jean Paul II repart à petits pas, toujours appuyé sur sa canne, et rejoint ceux qui l'attendent à l'écart. Le moment est historique, la demande de pardon de l'Église catholique également.

L'archevêque d'Auschwitz

Qui aurait pu imaginer une telle chose quelque vingt ans plus tôt, lors de son élection ? Comment la réconciliation et le pardon pouvaient-ils venir d'un pape polonais ? Pour la communauté juive, l'origine nationale du nouveau pontife n'était pas un atout, tout au contraire. Pendant la Seconde Guerre, la Pologne est devenue, pour les Juifs, un enfer. C'est là que le camp d'Auschwitz et presque tous les autres camps de la mort ont été érigés, et, pour la communauté juive, ce n'est pas par hasard mais bien parce que les bourreaux nazis pouvaient compter sur un violent antisémitisme spécifiquement polonais, antisémitisme qui a encore connu des résurgences après la guerre, avec en particulier le pogrom de Kielce, qui fit 42 victimes en juillet 1946, et la campagne « antisioniste » de 1968. De fait, sur la population des Juifs polonais estimée à environ trois millions de personnes avant la guerre, deux millions sept cent mille furent assassinés, exterminés dans les camps, ou périrent dans les ghettos. Les survivants, dans leur très grande majorité, quittèrent la Pologne.

En grandissant, le jeune Karol Wojtyla avait quant à lui fait l'expérience de la tolérance vis-à-vis de ses compatriotes juifs. Dans la ville de son enfance, l'antisémitisme soufflait moins que dans les grandes villes. Les communautés cohabitaient en harmonie et les enfants jouaient tous ensemble au foot. Son père, quoique pieux catholique, était un homme juste et bienveillant qui lui avait appris à respecter les Juifs. Au lycée, dans les années 1930, en pleine montée de l'antisémitisme, son professeur d'histoire lisait le passage du poète national Mickiewicz qui parle du Juif comme du frère aîné auquel le Polonais doit aide, assistance et égalité des droits. Cette expression avait marqué pour toujours les souvenirs du jeune homme, tout comme son meilleur ami de l'époque, Jerzy Kluger, fils du président de la communauté juive, qu'il avait fréquenté depuis l'école primaire. Ce dernier, ingénieur à Rome des années plus tard, avait pris contact avec un certain cardinal Wojtyla, en novembre 1965. Il avait lu son nom dans les journaux et s'était demandé si ce n'était pas le Karol Wojtyla de son enfance, aussi choqué que lui quand ils avaient assisté à la montée d'abord de la haine antisémite, puis avec l'invasion nazie, à l'interdiction des magasins aux Juifs, les ghettos, les disparitions de familles entières, et pour finir les atroces révélations sur l'extermination des Juifs de Pologne et d'Europe.

Pour le jeune prêtre, puis l'évêque Wojtyla, la question des relations avec les Juifs n'était pourtant pas une préoccupation prioritaire. L'antisémitisme ne l'ayant jamais contaminé, il n'eut pas à changer de comportement vis-à-vis d'eux. Cependant, à l'issue du concile Vatican II, il prit très au sérieux la modification décisive que la déclaration *Nostra aetate* avait introduite dans la relation entre catholicisme et judaïsme. C'est ainsi qu'un vendredi de février 1969, le cardinal-archevêque Wojtyla s'était rendu à la grande synagogue de Cracovie, dans un vieux quartier juif encore meurtri par la guerre, une kippa sur la tête en signe de respect, conformément au vœu du rabbin. C'est peu dire que cette visite, à l'époque, avait fait sensation.

Le diocèse de Cracovie ayant aussi le triste privilège d'être celui sur lequel avait été installé le camp d'Auschwitz, Karol Wojtyla s'y était rendu à de nombreuses reprises. Le camp avait été transformé en musée par le gouvernement polonais. Karol Wojtyla y allait pour la Toussaint, et y avait emmené au fil des ans des cardinaux étrangers. Mais pendant les années communistes, en Pologne, la question juive était largement restée taboue. Quand les Polonais se souvenaient de la guerre et de l'extermination, ils ne faisaient pas la différence entre Juifs et non-Juifs. Près de six millions de Polonais dont près de trois millions de Juifs étaient morts pendant le conflit. Beaucoup de non-Juifs étaient passés par des camps de concentration, y compris Auschwitz (alors que la plupart des Juifs furent, eux, assassinés dès leur arrivée à

Auschwitz II/Birkenau, la partie du camp dite « de mort immédiate ». Après la guerre, Juifs et non-Juifs furent indistinctement déclarés victimes de leur « lutte héroïque contre le fascisme ». Cette imprécision sur l'identité des personnes arrangeait d'une certaine façon l'Église catholique polonaise qui jusqu'alors n'avait pas développé de pensée théologique ou morale sur cet événement.

À Auschwitz, l'archevêque avait d'abord été attiré par la figure du père Maximilien Kolbe, franciscain, prêtre catholique, mort au camp en 1941 en offrant sa vie à la place de celle d'un père de famille. Il avait poussé la béatification du franciscain, qu'il avait obtenue de Paul VI en 1971 grâce au soutien des évêques allemands. Le 15 octobre 1972, en présence de trois cardinaux de la Curie, il avait même célébré à Auschwitz une messe solennelle devant deux cent mille personnes pour le premier anniversaire de la béatification de Maximilien Kolbe.

Un pape à la synagogue

Au début de son pontificat, Jean Paul II n'avait pas semblé, de prime abord, faire de la question juive une priorité. Si, comme ses prédécesseurs, il avait clairement condamné l'antisémitisme, il n'avait pas mentionné précisément la Shoah. Les nombreuses voix chrétiennes et catholiques qui s'élevaient pour condamner des siècles d'« enseignement du mépris » vis-à-vis des Juifs et l'antijudaïsme chrétien étaient déçues.

Le nouveau pape avait d'ailleurs fait preuve d'une forme de candeur qui avait stupéfié la Curie quand il avait envisagé de célébrer le premier Noël de son pontificat à

Bethléem, comme un simple pèlerin. La ville se trouvait alors en Cisjordanie occupée, et le Vatican n'entretenait aucune relation diplomatique avec la Jordanie ou Israël. La Curie avait mis cela sur le compte de la naïveté et l'ignorance de ce pape sans expérience diplomatique. Mais Jean Paul II ne s'était pas arrêté là. Le 7 juin 1979, à l'occasion de son premier voyage en Pologne, il avait célébré une messe à Auschwitz et, de fait, avait été le premier pape à s'y rendre. Sa nationalité polonaise en avait accru le symbole. Devant un million de fidèles, et aux côtés de 200 prêtres, tous des anciens déportés, il avait évoqué publiquement et pour la première fois le sort des Juifs et la Shoah. En tant que chef de l'Église catholique désormais, le message avait été d'autant plus fort. L'année suivante, lors de son premier voyage en Allemagne, il avait créé la surprise à Mayence en évoquant, devant la communauté juive locale, le peuple de l'Ancienne Alliance, alliance qui, avait-il insisté, n'avait jamais été révoquée. Le pape avait répété plusieurs fois ces mots afin d'être bien certain que le message passe. Il avait fait franchir à la doctrine catholique officielle un pas décisif : la venue du Christ, en instaurant une Nouvelle Alliance, n'a pas rendue caduque la Première Alliance conclue avec le peuple juif. Jean Paul II révoquait définitivement la théologie de la substitution. Prônée depuis des siècles, cette théologie considérait que l'Église catholique s'était substituée au peuple juif et était le « nouvel Israël », et même le « vrai », *Verus Israel.* Le pape polonais avait repris la méditation de Paul dans sa Lettre aux Romains : « Les dons et l'appel de Dieu sont sans repentance. » L'Alliance de Dieu avec le peuple juif était donc irrévocable. On vit ainsi apparaître dans quelques textes romains l'expression « Premier Testament » en place d'« Ancien Testament ».

Le pape polonais allait marteler que Jésus était juif et resterait juif, et qu'il n'y avait pas de nécessité à convertir les Juifs au catholicisme. À l'occasion du vingtième anniversaire de la déclaration conciliaire *Nostra aetate*, le Vatican publia un texte qui reprenait les éléments du discours du pape à Mayence. Le texte appelait à reprendre une réflexion théologique interrompue, mais aussi à comprendre la signification pour les Juifs de l'extermination des années 1939-1945. Pour la première fois, un texte officiel du Vatican faisait allusion à la Shoah. Dès lors, Jean Paul II ne cessa plus de s'exprimer sur ce sujet et chercha à chaque voyage le contact avec la communauté juive.

Le carmel de la discorde

Malgré tout, précédant le voyage décisif de 2000, certaines maladresses du pape polonais et incompréhensions avec la communauté juive émaillèrent son pontificat. Il fut plusieurs fois reproché à Jean Paul II, et de manière plus large à l'Église catholique, de promouvoir l'idée qu'un bon Juif est un Juif converti. Avec la canonisation de Maximilien Kolbe, en 1982, la communauté juive accusa le pape de vouloir christianiser Auschwitz. Cinq ans plus tard, la béatification d'Edith Stein, philosophe allemande convertie au christianisme et exterminée dans les chambres à gaz d'Auschwitz en 1942, irrita encore plus la communauté juive, qui rappela qu'Edith Stein était morte en tant que Juive, en raison de son appartenance au peuple juif, et non en tant que Thérèse-Bénédicte de la Croix, religieuse catholique.

Mais le principal accroc vint avec la polémique du carmel d'Auschwitz et la tardive réaction du pape. L'affaire jeta un trouble durable sur la relation de Jean Paul II avec la question juive. Fin 1984, des carmélites polonaises s'installèrent dans un ancien dépôt de gaz qui servait à l'extermination, alloué par le gouvernement. Il fallut des années de protestations internationales et de négociations pour que Jean Paul II tranche et ordonne le transfert du carmel dans un autre bâtiment moins proche des lieux de l'extermination massive. En prenant cette décision, après l'intercession conjuguée de deux cardinaux français, Albert Decourtray et Jean-Marie Lustiger, dont la mère était morte précisément à Auschwitz, Jean Paul II se heurta à l'incompréhension de nombreux Polonais qui voyaient dans le camp l'un des lieux majeurs de la souffrance polonaise, sans forcément intégrer sa dimension symbolique dans la solution finale et l'extermination des Juifs d'Europe. Le cardinal Glemp, primat de Pologne, résista longtemps à la pression internationale et même à celle du pape. Il fallut dix ans pour que la communauté des carmélites accepte de déménager, encore laissèrent-elles derrière elles une croix de sept mètres de haut qui, pour la communauté juive, était un véritable sacrilège.

Mais même après que l'affaire des carmélites a trouvé une issue favorable, il demeurait entre le Vatican et la communauté juive deux très gros motifs de tensions : l'attitude du pape Pie XII pendant la guerre et la reconnaissance de l'État d'Israël.

Pour Pie XII, la question est celle de son silence sur les déportations des Juifs pendant la guerre. En autorisant l'ouverture de son procès en béatification en 1965, Paul VI avait provoqué de violentes protestations qui redoublaient chaque fois que la question était de nouveau abordée. En 1998, Israël demanda au Saint-Siège d'instaurer un moratoire de cinquante ans, le temps que la lumière soit faite par les historiens sur les actes de Pie XII. Le Vatican n'accéda pas à la demande mais ne fit rien pour accélérer le processus. La question est encore régulièrement soulevée et provoque toujours le même désordre.

En ce qui concerne la non-reconnaissance de l'État d'Israël, le Vatican prétendait s'appuyer sur les résolutions de l'ONU qui condamnent Israël pour l'occupation prolongée des territoires de Cisjordanie, du Golan et de la bande de Gaza. Position pour le moins ambiguë puisque précisément l'ONU *reconnaît* l'État d'Israël depuis le début. Ainsi Paul VI avait-il trouvé le moyen de faire un voyage historique en Terre sainte sans jamais prononcer les mots d'État d'Israël, et fut reçu par le président de cet État sans jamais citer son titre... Jean Paul II, lui, avançait pas à pas et ouvrait peu à peu son discours, évoquant au fur et à mesure de son pontificat l'État et la terre d'Israël. La situation se débloqua en 1991 lorsqu'un processus de paix se dessina entre Israël et l'Organisation de libération de la Palestine. Le Vatican engagea alors un processus de normalisation des relations diplomatiques. Un accord fut trouvé et signé le 30 décembre 1993.

Jusqu'à Yad Vashem, le long chemin du pardon

Le carmel, Pie XII, la reconnaissance de l'État d'Israël furent autant de difficultés sur la route que Jean Paul II fit parcourir à l'Église catholique et dont le terme symbolique est ce voyage de l'an 2000. L'une des étapes les plus marquantes se déroula le 13 avril 1986. Ce dimanche-là, le pape polonais rendit visite à la synagogue de Rome. Lentement, il en gravit les marches, devant une foule de juifs et de rabbins en costumes de fête. Au seuil de la synagogue, le pape et le grand rabbin Elio Toaff s'embrassèrent et entrèrent ensemble. L'événement était historique et symbolique et les larges sourires n'étaient pas feints. Jamais un pape n'était rentré dans une synagogue depuis les temps apostoliques et la séparation du christianisme et du judaïsme ! À l'intérieur, après avoir écouté les lectures tirées de la Bible, Jean Paul II s'adressa à la communauté juive. Il rappela qu'ils étaient les « frères aînés » des chrétiens et que ceux-ci ne devaient pas leur imputer la Passion et la mort du Christ, que les Juifs n'étaient pas un peuple maudit et répudié. Avec des mots simples et des formules directes, il déplora la haine, les persécutions et les manifestations d'antisémitisme. Il acta ainsi une nouvelle ère, historique, dans les rapports entre les Juifs et les chrétiens.

Cette visite s'inscrivait dans un mouvement de reconnaissance de la valeur du judaïsme mais elle exprimait aussi la volonté d'arracher les racines de la haine et du mépris.

Jean Paul II n'était pas l'initiateur de ce mouvement ; Jean XXIII avait déjà compris que l'antijudaïsme chrétien avait nourri pour une part l'antisémitisme meurtrier. Mais l'évocation de la Shoah et sa condamnation ne venaient toujours pas. Un an après la visite historique à la synagogue de Rome, Jean Paul II alla de nouveau en Pologne. À Varsovie, il s'adressa à la communauté juive polonaise et reconnut la volonté d'extermination des nazis. Cette déclaration était bienvenue car en Pologne, pendant très longtemps, le caractère racial de la solution finale n'avait pas été reconnu officiellement. Cependant, des propos sur la solidarité de destin des chrétiens, eux aussi persécutés, avec les Juifs jetèrent le trouble. La communauté juive internationale considéra, à juste titre, qu'il n'y a pas de commune mesure entre les persécutions nazies contre les chrétiens et la volonté d'anéantissement du peuple juif.

Pour autant, Jean Paul II poursuivit son chemin de petits pas concernant la reconnaissance de la Shoah et des responsabilités de l'Église catholique. Le 24 juin 1988, lors d'une visite du camp de Mauthausen en Autriche, il évoqua le fardeau qui continuait de peser sur les consciences et s'interrogea sur la tolérance des chrétiens vis-à-vis du système concentrationnaire. Un nouveau tournant fut franchi le 7 décembre 1991, lors d'une cérémonie œcuménique à la basilique Saint-Pierre. Cette fois, il demanda pardon à Dieu pour la passivité des chrétiens face aux persécutions et à la Shoah. S'il mûrissait cette idée depuis le début de son pontificat, c'était la première fois qu'il l'exposait publiquement. Dès lors, il engagea un grand mouvement de repentance des chrétiens face à la persécution des Juifs. Quelques années plus tôt, l'excommunication de Mgr Lefebvre et donc la condamnation du mouvement intégriste lefebvriste avaient expurgé le catholicisme de l'un de ses courants les plus farouchement attachés à l'ancien antijudaïsme chrétien. Lefebvre s'était notamment scandalisé de la visite papale à la synagogue de Rome.

Avec la préparation du grand jubilé de l'an 2000, l'année 1997 marqua pour l'Église catholique l'accélération du mouvement de repentance. Le pape invita tous les catholiques à un examen de conscience et à une démarche de réconciliation avec les autres religions. L'épiscopat français montra l'exemple : le 30 septembre 1997, quelques jours avant la date anniversaire du 3 octobre 1940 et des premières lois antisémites de Vichy, les évêques français se rendirent à Drancy. Dans leur déclaration, ils reconnaissaient l'attitude et la faute de l'Église catholique sous Vichy, son silence face aux persécutions des Juifs.

L'année suivante, le 16 mars 1998, l'Église catholique exprima dans une lettre intitulée *Nous nous souvenons. Une réflexion sur la Shoah* sa profonde douleur pour les fautes de ses fils et filles à toute époque. Le texte énonçait que l'Église catholique n'était pas responsable de l'idéologie nazie, ainsi que l'avait acté un colloque qui s'était tenu l'année précédente au Vatican, mais reconnaissait que l'antijudaïsme des chrétiens avait contribué à endormir les consciences et avait ainsi facilité la Shoah. Toutefois, le texte n'eut pas l'impact qu'il aurait mérité, notamment parce que la Curie fit pression pour que soit ajoutée une note de bas de page pour défendre la mémoire de Pie XII. La communauté juive ne fut pas convaincue de la sincérité de la repentance de l'Église catholique.

Pour cela, il fallut donc attendre le grand jubilé de l'an 2000 et le voyage en Terre sainte. C'est là, sous les caméras du monde entier, que s'affirme et s'affiche le rapprochement des catholiques et des juifs, appuyé sur une sincère reconnaissance des péchés séculaires de l'Église. Depuis le début de son pontificat, le pape évoque l'idée d'un pèlerinage sur les Lieux saints. Mais surtout, il veut qu'à l'occasion de ce grand jubilé l'Église purifie sa conscience en se remémorant tous les épisodes historiques au cours desquels des chrétiens se sont éloignés de l'esprit du Christ, et que les catholiques se repentent des erreurs du passé. C'est pour lui une étape indispensable pour renforcer la foi de l'Église à l'aube de ce nouveau millénaire.

Le pape se rend d'abord à Amman, en Jordanie, le 20 mars 2000, et notamment dans la vallée du Jourdain. Il préside une célébration sur l'un des sites traditionnels du baptême de Jésus. Il s'envole ensuite pour Tel Aviv et va à Bethléem, alors sous contrôle palestinien. Il y embrasse la terre qui a vu naître Jésus et célèbre une messe, se gardant bien de donner une quelconque tournure politique à son voyage. En Israël, les préventions à l'égard de l'Église catholique restent fortes, et ses récentes évolutions ont été peu suivies. La population est circonspecte devant cette visite. Jusqu'où le pontife ira-t-il ?

Le pape donne une première réponse le jeudi 23 mars. C'est une journée particulièrement émouvante, et historique. Jean Paul II parcourt lentement la salle du Souvenir du mémorial de Yad Vashem, dédié aux six millions de Juifs disparus dans les camps. Lourdement appuyé sur sa canne, il avance avec lenteur dans le mémorial, accompagné du Premier ministre israélien Ehud Barak, dont les grands-parents sont morts dans le camp de Treblinka. Le pape ravive la flamme éternelle à la mémoire des victimes de la Shoah. Deux cardinaux déposent une gerbe de fleurs aux couleurs du Vatican. Jean Paul II, visiblement très ému, prend la parole : « En ce lieu de mémoire, l'esprit, le cœur et l'âme éprouvent un extrême besoin de silence. Il n'existe pas de mots assez forts pour déplorer la tragédie terrible de la Shoah. Je suis venu à Yad Vashem pour rendre hommage aux millions de Juifs qui, privés de tout, en particulier de leur dignité humaine, furent assassinés au cours de l'Holocauste. » Il rappelle également que la solution finale a été le fait d'une idéologie athée, sans excuser la passivité ou la lâcheté dont ont parfois fait preuve les chrétiens face à la tragédie.

Mais depuis plusieurs jours, des voix s'élèvent pour que le pape demande pardon, au nom des chrétiens, pour la Shoah.

Cette demande de pardon n'a pas lieu à Yad Vashem, mais trois jours plus tard, le dernier jour du pèlerinage, dans le lieu le plus sacré du judaïsme. Cette image du souverain pontife, seul, voûté et fatigué, la main posée sur les pierres, reste sans aucun doute parmi les images les plus fortes de ce pontificat.

Dans la longue et tragique histoire du judaïsme et du christianisme, le chemin que Jean Paul II fit faire au catholicisme est décisif et il est, pour l'essentiel, à mettre au crédit de sa détermination personnelle à triompher des nombreux obstacles qui se dressèrent sur sa route.

18.

Marcial Maciel, Tartuffe au Vatican

30 novembre 2004 – Jubilé sacerdotal du fondateur des Légionnaires du Christ

L'imposante basilique Saint-Paul-hors-les-Murs, l'une des quatre basiliques majeures de Rome, est un lieu impressionnant. Elle fut la plus grande église du monde jusqu'à la construction de la basilique Saint-Pierre. L'immense édifice de 131 mètres de long, 65 mètres de large et 29 mètres de haut, avec ses cinq nefs séparées par 80 colonnes monolithiques de granit, a conservé, malgré les différentes vicissitudes qu'il a traversées, son plan paléochrétien hérité de l'architecture de la Rome antique.

Cette monumentale église est réputée avoir été bâtie sur la tombe de saint Paul, et depuis sa toute première construction, au IVe siècle, elle a déjà presque tout vécu : mises à sac, incendies, tremblements de terre, inondations… Mais la scène qu'elle accueille en ce 30 novembre 2004 surpasse tout. C'est dans ce décor pharaonique qu'est célébré en grande pompe le soixantième anniversaire de l'ordination sacerdotale du père Marcial Maciel Degollado, fondateur des Légionnaires du Christ et du mouvement de laïcs Regnum Christi. La messe d'action de grâce est spectaculaire. En témoigne la ferveur palpable des milliers de fidèles qui s'y pressent. Dans les premiers rangs, on trouve les fameux *men in black* de la Légion du Christ, l'armée de prêtres tout de noir vêtus, au look si soigné et à l'allure joviale, offerts par le généreux père Maciel à un Jean Paul II visiblement étreint par une puissante émotion.

De l'Opus Dei à la Légion du Christ

À la fin de la célébration, le pape, déjà très affaibli, fait lire par Mgr Leonardo Sandri, substitut de la secrétairerie d'État pour les Affaires générales, un message dans lequel il loue « l'intense, généreux, et fructueux ministère sacerdotal » du père Maciel. Il s'adresse à lui en ces termes : « Je suis heureux de m'unir spirituellement à la joie et à l'action de grâce qui s'élèvent, Révérend Père, de votre cœur et de celui de tous les membres de cette famille religieuse, vers Dieu, source de tout bien. » Le pape évoque avec tendresse leur rêve commun de « susciter des prêtres totalement consacrés à l'annonce de l'Évangile et à l'élévation morale et sociale des frères plus pauvres et exclus ». Et ils sont bien là, ces fiers légionnaires ! Une armée de bons soldats soumis corps et âme à la cause de la grande et belle Église qu'ils bâtissent ensemble et qui est prête pour toutes les batailles, toutes les conquêtes, toutes les reconquêtes. D'ailleurs, l'affaire ne date pas d'hier, ni même du pontificat de Jean Paul II ; Pie XII en son temps avait déjà invité les légionnaires à se faire « armée rangée pour la bataille ».

Les légionnaires aussi manifestent leur reconnaissance au successeur de Pierre puisque, dans leurs statuts, ils promettent une fidélité absolue au pape. Maciel avait même envisagé un temps d'appeler la congrégation « les Légionnaires du pape » mais le Vatican, modeste et prudent, avait refusé. Dans les faits, c'est non au pape ou au Christ qu'ils seront le plus fidèles mais à Maciel, « *nuestro padre* » comme ils l'appellent affectueusement, puisqu'ils prononcent, en plus des trois vœux traditionnels de pauvreté, chasteté et obéissance, un vœu pour le moins original : le vœu de ne jamais parler en mal de Maciel, de la Légion ou de leurs supérieurs et de dénoncer ceux qui le feraient. Chaque novice de la Légion entretient une correspondance personnelle avec le « *padre* ». Fictive, évidemment ; c'est un moyen pour la direction du mouvement de sonder les reins et les cœurs des jeunes hommes qui se poseraient d'éventuelles questions sur la marche de la Légion.

L'adoubement de Saint-Paul-hors-les-Murs n'est pas sans rappeler la canonisation, deux ans plus tôt, par Jean Paul II, d'un grand inspirateur de Maciel, Josemaria Escriva de Balaguer, fondateur de l'Opus Dei. Inspirateur, c'est peu dire, pour être franc. Le père Maciel a même beaucoup puisé dans certaines « œuvres spirituelles » du fondateur espagnol pour forger sa doctrine. Peut-être est-ce parce que les deux hommes partageaient une même passion pour une spiritualité vécue comme une discipline – et une discipline à tendance militaire. Tous deux ont bâti leur empire sur un endoctrinement systématique de très jeunes recrues sans expérience et sans discernement, engagées sans précautions et maintenues dans une solitude collective et une occupation permanente totalement incapacitantes. Goût affiché pour les pouvoirs autoritaires de droite et affinités nourries avec les lieux de pouvoir politique et financier, culture du secret, culpabilisation systématique et bigoterie décomplexée... Maciel a beaucoup appris de l'Opus Dei dans l'élaboration de son idéologie, et son succès le confirme.

Des alertes non prises en compte

Celui que le pape qualifie de « guide efficace pour la jeunesse » a fondé, tout jeune étudiant à Mexico, le 3 janvier 1941, la congrégation des Légionnaires du Christ. L'année même de son ordination, en 1944, il est déjà soupçonné de s'en prendre sexuellement aux très jeunes séminaristes qu'il recrute à tour de bras – certains ont juste dix ans. Abus sexuels et spirituels sont le pain quotidien de ces enfants et adolescents totalement soumis au père Maciel, qui entretient son propre mythe en créant de toutes pièces sa légende personnelle à grand renfort d'anecdotes tout droit sorties de son imagination. Maciel laisse courir des rumeurs sur les miracles qu'il aurait réalisés, ses échanges directs avec la Vierge ou ses combats contre le démon, et ses capacités surnaturelles à lire dans les consciences. Beaucoup de légionnaires le voient comme un saint vivant et ne sauraient à cet égard mettre en doute ses faits et gestes.

En réalité, le père Maciel attire les jeunes garçons, de préférence beaux et blonds, dans l'infirmerie, où il exige d'être massé, c'est-à-dire masturbé, sous prétexte de souffrir d'un dysfonctionnement particulièrement douloureux de l'appareil génito-urinaire. Il entretient des relations sexuelles de longue durée avec certains, exerçant sur eux une fascination qui lui permet de leur imposer son bon vouloir sans difficulté. Aux séminaristes qui expriment des doutes ou de la culpabilité face à ces pratiques, il accorde grassement l'absolution et confie avoir reçu un « indult » : une autorisation spéciale du pape en personne... Rien n'est trop gros pour venir compléter son auto-hagiographie permanente. Et lorsqu'il disparaît quelques semaines sans donner signe de vie, ce n'est pas pour se livrer en secret au service des plus pauvres ou à quelque prestigieuse mission pour l'Église, comme il le prétend, mais bien pour mener ses doubles vies avec au moins deux femmes, avec lesquelles il a eu trois enfants. Incestes sur ces derniers, toxicomanie, extorsion de fonds sur personnes vulnérables et autres malversations financières de grande envergure : tout y passe, tandis que la Légion grossit et se déploie comme une pieuvre, attirant à elle toujours plus de candidats à la prêtrise et toujours plus d'argent.

C'est ainsi que, ce jour de novembre 2004, tous les cardinaux romains se pressent autour de Jean Paul II, dont ce sera la dernière sortie officielle. Tous ? Non, seul le cardinal Ratzinger a décliné l'invitation, et son absence est remarquée. Cela fait longtemps qu'il piste Maciel et qu'il sait, lui aussi. Mais ses tentatives pour mettre fin à ses agissements se sont toujours heurtées à une fin de non-recevoir de la part de Jean Paul II qui soutient le Mexicain envers et contre tout. Envers et contre la pluie de témoignages reçus par le Vatican depuis les toutes premières années de prêtrise de Marcial Maciel.

Car si toutes ses frasques ne sont pas sorties au grand jour en même temps, et même en faisant abstraction des premières plaintes qui avaient été reçues dès 1944, on pouvait quand même se faire une idée assez précise du personnage à partir de 1956, année où, comme les plaintes sont trop difficiles à étouffer, le père Anastasio Ballestrero avait été envoyé à la Légion comme visiteur apostolique. Les graves dérives sectaires de la congrégation du père Maciel apparurent clairement dans le rapport que Ballestrero transmit en février de l'année suivante au Vatican, et Maciel fut suspendu de la congrégation par le cardinal Valerio Valeri, alors préfet de la Congrégation pour les affaires religieuses…, jusqu'à la mort de Pie XII en 1958. Là, profitant de la vacance du pouvoir entre les deux papes, le cardinal Clemente Micara, vicaire de Rome et proche de Maciel, mit fin à la sanction. Le rapport fut donc enterré et les accusations, dès lors, considérées comme des mensonges visant à nuire à l'Église. De son côté, Maciel, quand il y était confronté, faisait mine de les recevoir comme autant d'épines sur sa couronne : les grandes œuvres suscitant de grandes jalousies.

La cécité de Jean Paul II

Pourtant, la vérité ne pouvait pas être totalement étouffée. En 1997, une tribune parut dans le *Hartford Courant*, un quotidien américain. Elle était rédigée par huit anciens séminaristes. Ils décrivaient alors en détail l'horreur de leurs jeunes années dans la Légion et ses conséquences dévastatrices sur leur quotidien. « Parmi les accusateurs se trouvent un prêtre, un conseiller d'orientation, un professeur, un ingénieur et un avocat. Certains d'entre eux – qui ont aujourd'hui entre cinquante et soixante ans – pleuraient à chaudes larmes pendant les interviews. Tous affirment être encore hantés par ces événements », relataient Gerald Renner et Jason Berry, deux journalistes d'investigation qui consacreront à l'affaire de nombreux articles et un livre, *Vows of Silence*[1], qui parut précisément en 2004, l'année de l'apothéose de Maciel à Rome.

Le plus incroyable est que lorsque ces ex-légionnaires firent paraître leur tribune, ils avaient déjà alerté en 1978 puis en 1989 Jean Paul II en personne... Peine perdue ! Pour toute réponse, ils avaient obtenu un silence glacial.

Sans égard pour ce qu'il estimait être des rumeurs, Jean Paul II continua à soutenir Maciel. En 1994, il alla jusqu'à signer dans la presse une lettre fort affectueuse à ses amis de la Légion, avec une attention particulière pour Maciel, le « guide efficace pour la jeunesse ». L'article publié pour le cinquantième anniversaire de l'ordination sacerdotale du père fondateur était illustré par une photo de Maciel embrassant l'anneau du pape. Pour les victimes, l'image était insoutenable ; ce fut elle qui les poussa à rendre publiques leurs accusations et les amena à publier la tribune. Cette fois, ce ne fut pas tout à fait un cri dans le désert puisque, en 1998, le dossier fut rouvert par Joseph Ratzinger, alors préfet de la Congrégation pour la doctrine de la foi en charge des affaires de cette nature. Le puissant cardinal, maître de la doctrine, dont on ne peut douter qu'il jouissait de toute la confiance du pape, ne réussit pourtant pas à vaincre l'amitié de celui-ci pour Maciel.

Sa place vide en ce jour de 2004 est sa façon de marquer publiquement sa désapprobation devant la quasi-canonisation de son vivant du prêtre mexicain. Mais qu'importe cette absence : dans la basilique, c'est l'euphorie. Les gestes et les regards sont lourds de sympathie, d'affection, d'admiration. « Je ne peux en outre oublier

1. Non traduit en français.

le service que vous avez rendu au cours de ces années au Saint-Siège, lequel a pu bénéficier à plusieurs occasions et de diverses façons de votre collaboration généreuse et compétente, aussi bien lors de certains de mes voyages apostoliques que dans l'activité des organismes de la Curie romaine. » Une amitié de longue date nourrie par les grands services rendus par le père Maciel, qui l'a souvent accompagné dans ses voyages. Jean Paul II sait qu'il lui doit le triomphe de son premier voyage au Mexique en janvier 1979. L'organisation impeccable des légionnaires en fit une réussite éclatante alors que le régime mexicain était d'une laïcité scrupuleuse. Ce succès a encouragé la suite des innombrables voyages qui furent la signature du pontificat wojtylien. Et, surtout en Amérique latine où la Légion était très bien implantée, Maciel, aidé de ses beaux soldats du Christ, fut toujours le précieux ange gardien des pérégrinations pontificales. D'ailleurs, les légionnaires, avec leurs si nombreuses vocations, n'étaient-ils pas la preuve qu'avec une méthode adaptée la crise des vocations pouvait être vaincue ? D'autant que si l'on reconnaissait l'arbre à ses fruits, il était impossible de soupçonner que le moindre mal puisse émaner d'un fondateur comme Maciel.

En 2004, au bout de ses forces, Jean Paul II bénit solennellement Maciel, humblement agenouillé dans sa longue et austère soutane noire aux pieds du pape, les yeux fermés, la main sur le cœur, comme offert dans la modestie du prêtre simple et obéissant qu'il prétend être ; quelques secondes qui durent une éternité. Dans ce geste bouleversant culminent soixante ans de mensonges, d'abus sexuels et spirituels mais aussi d'amitié avec quatre papes dont il obtint tour à tour le soutien indéfectible. Il faudra attendre Benoît XVI pour que soit mis fin pour de bon à l'escroquerie Maciel. Mais ce 30 novembre 2004, quand Maciel reçoit l'onction du vieux pontife, qui oserait mettre en doute le souffle divin à l'œuvre dans cette Légion florissante ?

Une Légion au service de la restauration wojtylienne

Il est vrai que l'empire de Maciel est à l'image de la basilique romaine où se tient la célébration : colossal. Un siège à Rome de 400 séminaristes, 1 000 prêtres dans la congrégation, un mouvement de 25 000 laïcs, Regnum Christi, un réseau d'écoles, Mano Amiga, des institutions éducatives et caritatives présentes dans seize pays sur les cinq continents, des centres universitaires d'étude et de formation, l'université pontificale Regina Apostolorum, et deux séminaires internationaux, Maria Mater Ecclesiae à Rome et São Paulo... Une richesse humaine qui s'accompagne d'une richesse matérielle gargantuesque qui sera éclairée sous un jour particulier par les Paradise Papers. Le dépouillement des comptes off-shore cachés dans des paradis fiscaux ont dévoilé les montages financiers de la Légion, bien orchestrés, semble-t-il, par Maciel lui-même, qui était donc aussi un homme d'affaires avisé quoique fort peu honnête. Il est vrai que la Légion, appuyée sur un patrimoine immobilier et quantité d'écoles, d'universités, de collèges, a un chiffre d'affaires bien supérieur à celui du budget annuel du Vatican... Et donc de quoi faire taire quelques scrupules en haut lieu...

Mais la Légion sait se montrer providente et serviable. Ainsi, chaque année, elle offre l'hospitalité de ses locaux à Rome aux évêques du monde entier récemment promus qui viennent recevoir au Vatican une formation qui les prépare à leur nouvelle fonction. Une occasion de leur montrer la vigueur des prêtres et séminaristes en soutane, jeunes et fringants, et des prévenantes laïques qui servent à table. Aucune autre congrégation ne peut offrir avec autant d'éclat une si belle et si abondante main-d'œuvre évangélisatrice corvéable et juvénile…

Le 31 janvier 2005, alors que la maladie qui va l'emporter progresse rapidement, le pape envoie encore un dernier message affectueux à la congrégation des Légionnaires du Christ à l'occasion de son chapitre général, avec un salut particulier au père Marcial Maciel. « Devant vous se trouve la tâche de développer l'œuvre inspirée par votre fondateur, qui cherche à se caractériser par son dévouement au service de l'Église et par la formation des jeunes selon de solides principes chrétiens et humains qui, fondés sur la liberté et la responsabilité personnelle, puissent contribuer à leur maturation spirituelle, sociale et culturelle, en fidélité au Magistère et en pleine communion avec le pape. »

La lente agonie de Jean Paul II commence en février de cette même année. Il emportera dans la tombe le secret des mobiles qui l'ont poussé à couvrir Maciel pendant tant d'années.

Le cas du père Maciel, qui a cumulé tous les crimes et est parvenu à faire taire toutes les voix qui l'accusaient pendant près de soixante ans, est-il exceptionnel ? Est-il une sorte d'épouvantail de ce qu'on peut faire de pire, presque une caricature ? Le pape Jean Paul II était-il au courant ? complice direct ou indirect de ses agissements ? A-t-il détourné le regard des écarts de Maciel et de ses crimes, préférant voir les succès inespérés de la Légion ? Il est difficile de démêler les choses. Quoi qu'il ait su, quoi qu'il ait refusé de savoir, Jean Paul II a choisi de se voiler la face et d'opter pour le silence, suivant en cela une tradition séculaire de l'Église catholique. Peut-être a-t-il été influencé par son expérience personnelle en Pologne, où l'Église fut persécutée et calomniée par des régimes autoritaires, et cela lui a-t-il suffi pour se convaincre que le père Maciel pouvait être innocent des crimes d'abus sexuels dont il était accusé.

L'affection de Jean Paul II pour les « nouvelles communautés »

Ce que le pape a en revanche consciemment adoubé, c'est précisément le régime autoritaire qui sévissait à la Légion comme dans tant d'autres communautés charismatiques qui ont fleuri et ont été portées aux nues sous son pontificat. Béatitudes, communauté des Frères et des Sœurs de Saint-Jean, Missionnaires de la Charité, Points-Cœur, Emmanuel, Focolari, Néocatéchuménat, Verbe de vie… La liste est longue ! Elles ont prospéré sous son œil ébloui. Elles ont toutes cette même parenté avec la Légion : recrutement à l'aveugle de très jeunes hommes ou femmes, souvent sans expérience, placés sous une autorité totale, privés de toute forme de vie personnelle par des règles de vie annihilant toute possibilité d'individualité. Les journées commencent tôt, bien trop tôt, et sont rythmées par des offices en série, des tâches matérielles fatigantes et des enseignements à huis clos.

Beaucoup d'entre elles ont été fondées ou animées par des gourous dont les crimes, en totale contradiction avec l'austérité bigote de façade de l'institution, ont été mis au jour depuis. Toutes ces communautés prônent un attachement quasi névrotique à la figure de la Vierge Marie, un dolorisme et une soumission aveugles, donnant tout son sens au terme de « supérieur » à l'égard du fondateur ou de la fondatrice. Comme le résume parfaitement l'adage de l'Opus Dei : « Il se peut que ton directeur se trompe en t'indiquant de faire telle ou telle chose ; mais sache que toi, en obéissant, tu ne te tromperas jamais ! » Abus spirituels et abus de pouvoir sont inscrits dans les règles de vie qui sont le ferment de toutes ces déviances. Sous couvert d'une foi, aveugle elle aussi, en un Dieu qui régirait tout, contrôlerait tout et sanctionnerait la désobéissance, et dont l'action providentielle dans chaque détail de la vie ne peut être mise en doute.

Il est vrai que, dans ces communautés, les volontaires se pressaient, de quoi impressionner un pape habité par l'obsession du chiffre : trouver des prêtres pour l'Église, instaurer une supériorité numérique. Nostalgique de sa Pologne natale où le catholicisme était une seconde nature nationale, le pape rêvait de cette « relève » de jeunes gens, hommes et femmes, engagés dans un chemin de perfection et de sainteté, ces bataillons de jeunes croisés qui allaient réévangéliser un monde en perdition.

Son amitié avec le fondateur de la Légion du Christ est loin d'en être la seule preuve. D'un bout à l'autre de son pontificat, il accumula les gestes vers les milieux les plus traditionalistes et fermés de l'Église, comme l'Opus Dei dont il fit une prélature personnelle, et en faisant du docteur Joaquin Navarro-Valls, un membre actif de l'Opus Dei et proche de Josemaria Escriva de Balaguer, son porte-parole personnel et directeur du bureau de presse du Saint-Siège. L'homme devint sa voix pour le reste du monde et le resta jusqu'à la fin du pontificat.

En arrière-fond de cette idéologie se trouve également l'idée chère à Jean Paul II qu'il faut laver l'Église des dérives de l'Occident libertaire et faire une relecture de Vatican II qui permette de revenir à une Église plus priante, plus ordonnée, moins laxiste, plus exigeante. En ordre de bataille !

Jean Paul II n'hésita pas à déclarer la guerre aux communautés qui voulaient se repenser à la lumière du concile. Ce fut le cas de la Compagnie de Jésus – d'ailleurs en conflit avec les Légionnaires du Christ. Avec le père Pedro Arrupe, qui en fut le supérieur général de 1965 à 1983, la Compagnie s'engagea toujours plus pour la justice et la cause des pauvres, la défense des exploités, des réfugiés, mais aussi dans le dialogue avec le monde, et même avec les marxistes. Impardonnable pour le souverain pontife qui désavoua publiquement Arrupe dès 1979, et profita de sa démission pour raisons de santé pour nommer lui-même un délégué en charge de préparer la congrégation générale qui devait régler sa succession. Le pape suspendit ainsi le droit ordinaire de la Compagnie et annula toutes les dispositions prises par Arrupe, qui passa les dernières années de sa vie dans une condition physique misérable, témoin impuissant de la déconstruction de son œuvre.

La liste est longue, des mouvements, et de ceux et

celles qui furent les victimes de la reprise en main et qui subirent le poids du pouvoir sur leurs épaules : Cardenal et, avec lui, la « théologie de la libération », dom Helder et tout le mouvement des communautés de base en Amérique latine, l'évêque français Jacques Gaillot, les dizaines de théologiens condamnés, privés du droit d'enseigner, les universités catholiques mises au pas… Même l'Action catholique spécialisée, dont les militants étaient loin de l'image idéale que se faisait le pape de ce que devraient être des bons chrétiens, fit les frais de la croisade de celui-ci, qui leur préférait les mouvements de laïcs charismatiques, souvent attachés aux communautés nouvelles évoquées précédemment.

Cette obsession de construire une armée de catholiques combatifs, forts d'une idéologie entièrement maîtrisée, était totalement assumée : « Dans notre monde, souvent dominé par une culture sécularisée qui crée et promeut des modèles de vie sans Dieu, affirma-t-il en 1998 devant les mouvements ecclésiaux, la foi de tant de personnes est mise à dure épreuve et est souvent étouffée et éteinte. On ressent donc avec urgence la nécessité d'une annonce forte et d'une formation chrétienne solide et approfondie. Nous avons besoin aujourd'hui de personnes chrétiennes mûres, conscientes de leur identité baptismale, de leur vocation et de leur mission dans l'Église et dans le monde ! Nous avons besoin de communautés chrétiennes vivantes ! Et voici alors les mouvements ecclésiaux et les communautés nouvelles : ceux-ci sont la réponse suscitée par l'Esprit saint à ce défi dramatique de fin de millénaire. »

Ainsi fut-il fait ! Mais était-ce l'Esprit saint ou la conviction de Karol Wojtyla qui s'exprimait là ?

19.

La souillure et le naufrage

25 mars 2005 – Chemin de croix au Colisée

C'est un Vendredi saint particulier qui se déroule ce 25 mars 2005 au Colisée. C'est ici que, selon la coutume, les papes le célèbrent, en mémoire des martyrs chrétiens qui, dans la Rome antique, y payèrent le prix du sang. L'année précédente, le vieux pontife l'avait présidé en fauteuil roulant, mais cette année, c'est dans sa chambre du palais pontifical qu'il porte la croix de la maladie et de la souffrance. Chacun sait désormais que ses jours sont comptés.

Au Colisée, le cardinal Ratzinger égrène les stations du chemin de croix. L'homme a la confiance du pape depuis près de vingt-cinq ans, depuis qu'il a été nommé à la Congrégation pour la doctrine de la foi. Autrefois, son administration se nommait Inquisition et, jusqu'au concile, s'appelait le « Saint-Office ». Ici, à Rome, on dit encore « la Suprême » parce que de toutes les administrations pontificales, elle est celle qui au bout du compte dispose du pouvoir le plus important.

Sous ses dehors discrets et modestes et sous une affabilité reconnue, Joseph Ratzinger cache une poigne de fer. On dit qu'il voit le pape deux fois par semaine, le mardi pour déjeuner et le vendredi soir, et depuis un quart de siècle il a imposé sans faiblir la ligne romaine, sa ligne, à la théologie catholique. Le fidèle gardien est un cerbère.

Une vision tragique

Aujourd'hui, tandis qu'à quelques centaines de mètres le pape se meurt, c'est à ce petit homme qu'il a confié de rédiger et de prononcer les méditations et les prières qui accompagnent la montée de Jésus vers la croix et la mort. Mais en ce jour de mars, le chemin de croix du Colisée ne bénéficie pas d'une grande attention médiatique, car tous les regards sont tournés vers la chambre du Vatican où l'on craint une issue fatale. C'est après coup, quand le conclave choisira le fidèle parmi les fidèles pour succéder à Jean Paul II, que les mots du cardinal sonneront à la fois comme une alarme, un bilan et un programme. On y découvrira que le bon et dévoué serviteur n'était ni sourd ni aveugle et que l'admiration et sans doute l'amitié qu'il vouait au pape polonais n'excluaient pas la lucidité sur l'état de l'Église.

Le 25 mars, avec la discrétion qui le caractérise, Joseph Ratzinger attend la neuvième station, celle où Jésus chute pour la troisième fois, pour lâcher les coups. Et à la relecture, ils sont terribles. La chute de Jésus, dit-il, nous fait penser à la chute de l'homme qui s'éloigne de Dieu, mais il ajoute immédiatement : « Ne devons-nous pas penser également à ce que le Christ doit souffrir dans son Église elle-même ? » et il continue : « Que de souillures dans l'Église, et particulièrement parmi ceux qui, dans le sacerdoce, devraient lui appartenir totalement ! »

Ainsi, ce qui fait chuter Jésus serait le poids des fautes de son Église et, dans son Église, celles des prêtres, particulièrement. Il est vrai qu'alors, en 2005, l'Église catholique affronte depuis plusieurs années déjà les scandales de la pédocriminalité et de sa dissimulation par les évêques, les ordres religieux et les administrations ecclésiales. Un monde de mensonge et d'hypocrisie est en train de se dévoiler. En France, en 2001, un évêque a été condamné devant une juridiction civile ; une première depuis la Révolution française. Au même moment, le scandale éclatait à Boston et causait le départ du puissant cardinal Law, mis à l'abri des poursuites à Rome. Les abus en Irlande ont commencé à faire la une des journaux, comme en Autriche ou en Australie. L'année précédente, en 2004, a paru aux États-Unis la première étude sur la pédocriminalité des prêtres, le rapport John Jay, qui établit à 4 400 le nombre de prêtres criminels, soit 4 % de la population des prêtres américains sur la période allant de 1950 à 2002. La décennie 2000 marque pour le catholicisme le début d'un pénible travail de recensement des secrets enfouis dans les consciences et les sacristies : commissions parlementaires ou indépendantes commencent à consigner méticuleusement les rouages de l'emprise et à recenser l'ampleur des actes pédocriminels passés.

Pourtant, l'entourage immédiat du pape Jean Paul II, et en particulier le cardinal secrétaire d'État Sodano, continue encore à louvoyer, convaincu qu'il s'agit là de manœuvres d'hostilité à l'égard du catholicisme et qu'il suffit de faire le gros dos et d'attendre que cela passe ; après tout, l'Église catholique en a vu bien d'autres au long des siècles… Mais une vérité plus terrible commence à émerger : il se pourrait que le système clérical ait hébergé en son sein non pas quelques brebis galeuses mais un réseau de prédateurs protégés par l'institution. La vocation a-t-elle été un refuge pour des psychologies en souffrance et malveillantes pour autrui ? Ou pire, l'exaltation de l'exception cléricale et l'idéalisation de la figure du prêtre auraient-elles pu faire basculer des personnalités ?

Pour Joseph Ratzinger, la gravité de la situation ne fait pas de doute. Il l'exprime dans la prière qui suit sa méditation sur la troisième chute : « Souvent, Seigneur, ton Église nous semble une barque prête à couler, une barque qui prend l'eau de toutes parts. Et dans ton champ, nous voyons plus d'ivraie que de bon grain. Les vêtements et le visage si sales de ton Église nous effraient. Mais c'est nous-mêmes qui les salissons ! C'est nous-mêmes qui te trahissons chaque fois, après toutes nos belles paroles et nos beaux gestes. Prends pitié de ton Église… »

On ne saurait être plus lucide. La métaphore de l'Église comme barque, et précisément la barque de saint Pierre, le chef des apôtres – qui était pêcheur sur le lac de Galilée –, est une image classique. Cette barque est normalement celle dont Jésus lui-même assure la sécurité et pour laquelle il apaise la tempête dans un célèbre épisode de l'Évangile. L'image du champ empli d'ivraie plutôt que de bon grain est, elle aussi, évangélique et indique plus encore une vision tragique de la situation, d'autant que c'est « l'adversaire », c'est-à-dire le Mal en personne, qui a répandu l'ivraie. Il en est de même pour celle du vêtement souillé, l'Église étant souvent décrite comme une fiancée pure et sans tache qui s'offre au Christ son époux. C'est ainsi que Paul la présente dans la Lettre aux Éphésiens : « Christ a aimé l'Église : il s'est livré pour elle, afin de la sanctifier en la purifiant par le bain d'eau qu'une parole accompagne ; car il voulait se la présenter à lui-même toute resplendissante, sans tache ni ride ni rien de tel, mais sainte et pure. »

C'est dire que, pour le cardinal Ratzinger, c'est la survie même de l'Église catholique qui est engagée, et ceci d'autant plus que les atteintes viennent de l'intérieur, de la part de ceux-là mêmes qui ont la charge de la protéger.

Huit jours plus tard, le samedi 2 avril 2005, peu après 21 heures, le décès du pape Jean Paul II sera annoncé à la foule qui prie sur la place Saint-Pierre. Dans le monde entier se lèvera un concert quasi unanime qui louera la grandeur du souverain pontife qui vient de s'éteindre. Il est vrai que ce fut un pontificat-fleuve ; l'un des plus longs de l'histoire de la papauté et surtout l'un des plus médiatisés. Le pape est plus que jamais devenu une star mondiale qui a rempli les stades et a drainé des centaines de milliers de personnes dans d'immenses rassemblements un peu partout sur la planète. Les chiffres donnent le tournis : 27 ans de règne, 104 voyages hors d'Italie, plus de 20 000 discours prononcés, 80 000 pages d'écrits divers. Il a de surcroît nommé 3 500 des 4 200 évêques vivants lors de son décès, multiplié par deux le nombre des représentations du Saint-Siège à l'étranger (les nonciatures) et rencontré environ 1 500 personnalités politiques de premier plan. Le terme de « géant du XXe siècle » est, sans aucune réticence ou nuance, mérité.

Cette stature internationale se confirme lors des funérailles, le 8 avril, où se pressent les chefs d'État et de gouvernement de toutes nationalités. C'est le cardinal Ratzinger, une fois de plus, en sa fonction de doyen du Collège des cardinaux, qui préside la cérémonie et prononce l'homélie. Il rappelle les grandes étapes de la vie de Jean Paul II ; une vie « à la suite du Christ », depuis sa jeunesse étudiante et sa vocation de prêtre, jusqu'à son élection au pontificat en 1978. Du long règne, il retient l'héroïque lutte contre la maladie et la souffrance, « jusqu'au bout ». Mais il s'abstient de commenter le gouvernement de l'Église : « Ce n'est pas ici le moment de parler des différents aspects d'un pontificat aussi riche », dit-il. En distinguant entre l'homme et son œuvre, le cardinal Ratzinger se souvenait sans doute des mots qu'il avait prononcés deux semaines plus tôt au Colisée et de la vision tragique qu'il avait déployée quant à la situation de l'Église. Mais l'heure des obsèques ne sera pas celle du bilan…

Le bilan reporté

Ce ne sera pas non plus le moment lors du conclave qui suit. Les cris de « *Santo subito* » qui ont éclaté sur la place Saint-Pierre n'y sont pas étrangers. Comme on l'a vu, ils ne sont guère spontanés. La pression des groupes qui veulent cette sainteté maintenant va augmenter, et l'Internet est là, qui permet de faire du nombre. En quelques jours, une pétition en faveur de la canonisation recueille des dizaines de milliers de signatures. Rapporté à plus d'un milliard de fidèles, c'est une goutte d'eau, mais les chiffres impressionnent. Les cardinaux eux-mêmes en rajoutent et signent eux aussi une pétition en faveur de la canonisation alors même qu'ils ne sont pas encore entrés en conclave. La réputation de sainteté – *fama sanctitatis* – ne semble pas faire de doute. Si tout le monde est d'accord, pourquoi ne pas procéder comme on le faisait autrefois, dans les temps antiques, et proclamer par acclamation populaire une sainteté évidente et immédiate ? Le cardinal Ratzinger l'avait déjà fait d'une certaine façon dans son homélie des obsèques, imaginant Jean Paul II observant la place Saint-Pierre et la bénissant « de la fenêtre de la maison du Père ».

Dès le mois de juin qui suit le décès, le nouveau pape, Benoît XVI, autorisera une procédure rapide et exceptionnelle et dispensera l'ouverture de la clause du délai minimum de cinq années après la mort ; une entorse à la règle que Jean Paul II avait déjà consentie en faveur de Teresa de Calcutta.

De fait, la procédure durera six ans, et la béatification qui semblait aller de soi ne surviendra que le 1er mai 2011. L'attention de l'opinion publique catholique sera mobilisée par la constitution du dossier à laquelle elle est invitée à participer par le biais d'un site Internet, puis par la vérification des miracles nécessaires – un pour la béatification, puis un nouveau pour la canonisation. Viendront ensuite les conjectures sur la meilleure date à laquelle la cérémonie devra se tenir : l'anniversaire de la mort ? de l'accession au trône ? ou de l'attentat ? Toutes ces questions détourneront l'attention de la question directe du bilan du pontificat.

Quelques voix discordantes s'élèveront, aussi bien du côté des catholiques plus traditionnels que du côté des progressistes. Les premiers reprocheront à Jean Paul II d'avoir bradé la doctrine avec les rencontres d'Assise, ou par ses gestes tant en faveur des juifs que des musulmans ; les seconds souligneront sa raideur doctrinale sur la question des femmes ou sur les divorcés remariés.

Les critiques les plus incisives viendront avec les révélations sur la véritable personnalité de Marcial Maciel. Sa très longue impunité ne résiste pas à la volonté de vérité de Benoît XVI, qui lui demande de se retirer de la vie publique en 2006. Il faudra toutefois attendre la mort du « *padre* » en 2008 pour que l'ensemble de ses turpitudes commence à être révélé au grand jour. La Légion reconnaîtra les faits et les crimes en 2010. La question des complicités dont il a pu bénéficier au Vatican sera posée. Les dénonciations de 1997 mettaient directement en cause le pape Jean Paul II et ses collaborateurs les plus proches. Qui savait ? Qui a refusé de voir ? Qui a accepté les épaisses enveloppes d'argent que le Mexicain distribuait généreusement ?

Plus grave encore, l'affaire Maciel, monstrueuse, apparaîtra dès la fin de la première décennie du XXIe siècle comme représentative d'une politique d'omerta largement soutenue au plus haut niveau de l'administration pontificale sur les questions de pédocriminalité. Les révélations qui se succèdent sont terribles : une « raison d'Église », version catholique de la « raison d'État », a prévalu. L'institution s'est protégée elle-même plutôt que de protéger les enfants, et le pape ne pouvait l'ignorer.

Peut-on canoniser un berger qui a laissé les loups dévorer les enfants ? Son successeur Benoît XVI tranchera. Il célébrera la béatification et mettra la canonisation sur des rails, de sorte que son propre successeur François ne pourra – l'eût-il souhaité – stopper le processus. Karol Wojtyla deviendra donc saint Jean Paul II le 27 avril 2014. D'aucuns soutiendront qu'on canonise le pieux chrétien, l'homme de foi, et non le pape et sa gouvernance…

Il est vrai aussi que Jean Paul II a fait plus de saints et de saintes, de bienheureux et de bienheureuses que ses prédécesseurs au cours des cinq siècles précédents. Notons ici une continuité entre François et Jean Paul II. Mais si François comptabilise aujourd'hui plus de saints que Jean Paul II, cela tient surtout au fait qu'il a canonisé en une seule fois un groupe de plus de huit cents personnes et une autre fois un groupe de trente.

Il n'est pas exagéré de dire que, sous le pontificat de Jean Paul II, Rome est devenu une « fabrique de saints et de saintes ». Ils et elles sont recrutés suivants des critères précis. Il faut des saints pour tous les pays, toutes les circonstances ; ils et elles deviennent une sorte d'armée de réserve du Vatican, qui incarne les vertus chrétiennes que le pape veut promouvoir. D'une certaine façon, n'était-ce pas la moindre des choses de faire pour lui ce qu'il avait fait pour tant d'autres ?

Paradoxalement, on peut penser que le processus ainsi achevé en laissant la figure de Jean Paul II à la dévotion populaire permet à l'Église de faire l'impasse sur la lourde question du bilan.

Pour autant, Joseph Ratzinger en affronte les graves conséquences : scandales financiers, corruption, dissimulation des crimes pédophiles… La crédibilité même de l'Église est atteinte. Jean Paul II avait tout misé sur la restauration d'une Église puissante, affirmant la Vérité avec autorité, appuyée sur un gouvernement central fort, un pape charismatique, la main de Dieu sur terre, pouvant compter sur un clergé fort, sûr de lui et de ses prérogatives.

Nul ne peut reprocher à Jean Paul II d'avoir manqué de cohérence dans ses choix théologiques, politiques et spirituels. Le charme personnel que beaucoup de ceux et celles qui l'ont approché ont reconnu tient sans doute à cette puissante certitude qui était la sienne de savoir ce qu'il fallait faire et d'imposer sa volonté. Il croyait qu'il était l'homme choisi par la Providence, celui sur qui Dieu avait posé le doigt.

Aujourd'hui, quinze ans après sa mort, la situation de l'Église catholique est dramatique. Et la crise revêt une ampleur jamais connue au cours des derniers siècles.

D'une certaine façon, le bilan du pontificat de Jean Paul II a été dressé par les cardinaux eux-mêmes après la renonciation de Benoît XVI, épuisé par l'ampleur de la tâche. En choisissant Jorge Bergoglio, un cardinal venu du Sud dont le souci pastoral était celui des plus pauvres et des plus fragiles, plus préoccupé de justice que de vérité dogmatique, ils semblent avoir voulu tourner le dos au rêve du retour de puissance. Pour combien de temps ? L'hostilité d'une partie des membres de la Curie et de certains évêques, notamment américains, à l'égard du pape François montre bien que ce choix n'est pas du goût de tous. Devant les remises en cause du pontificat de Wojtyla, certains veulent protéger l'héritage : on parle désormais de faire saints ses parents, voire de le proclamer « Docteur de l'Église », un titre d'une grande rareté, décerné aux plus grands penseurs et théologiens.

Le prochain conclave montrera comment se répartiront les forces.

Bibliographie

OUVRAGES GÉNÉRAUX

Dictionnaire et notice d'encyclopédie

Alain VIRCONDELET, « Jean Paul II », in *Dictionnaire de l'histoire du christianisme*, Paris, Encyclopædia Universalis/Albin Michel, 2000.

« Jean Paul II », in Philippe Levillain (dir.), *Dictionnaire historique de la papauté*, Paris, Fayard, 2003, p. 957-962.

Biographies

Luigi ACCATOLI, *Karol Wojtyla. L'homme du siècle*, Paris, Bayard, 1999.

Jean-Marc BARREAU, *Jean Paul II, le saint de la nouvelle évangélisation*, Paris, Salvator, 2014.

Carl BERNSTEIN et Marco POLITI, *Sa Sainteté Jean Paul II et l'histoire cachée de notre époque*, Paris, Plon, 1996.

Georges BLAZYNSKI, *Jean Paul II, un homme de Cracovie*, Paris, Stock, 1979.

Adam Bujak et Mieczyslaw Malinski, *Juan Pablo II. Historia de un hombre*, Planete, Barcelone, 1980.
Jean Chélini, *Jean Paul II à Rome, pape de l'an 2000*, Paris, Hachette Littératures, 1999.
Marco Dolcetta, *Gli spettri del Quarto Reich*, Milan, BUR, 2007.
José Maria Javierre, *Juan Pablo II y nuestro tiempo*, Séville, Argantonio, 1984.
Jonathan Kwitny, *Man of the Century*, New York, Holt, 1995.
Pedro Miguel Lamet, *Jean Paul II, le pape aux deux visages*, Villeurbanne, Golias, 1998.
Marek Lasota, *Donos na Wojtyle. Karol Wojtyla w teczkach bezpieki*, Cracovie, Znak, 2006.
Bernard Lecomte, *Jean Paul II*, Paris, Gallimard, 2003.
Patrick Meney, *Le pape aussi a eu vingt ans*, Paris, Plon, 1995.
Slawomir Oder avec Saverio Gaeta, *Le Vrai Jean Paul II*, Paris, Presses de la Renaissance, 2011.
Jean Offredo, *Jean Paul II ou le rêve de Jérusalem*, Paris, Michel Lafon, 1998.
–, *Jean Paul II. Le rouge et le blanc*, Paris, Cana, Michel Lafon, 1988.
–, *Jean Paul II. Le pèlerin de l'Éternel*, Paris, Fixot, 1990.
Domenico Rio, *Karol il grande*, Milan, Paoline, 2003.
Tad Szulc, *Pope John Paul II. The biography*, New York, Pocket Books, 1995.
Alain Vircondelet, *Jean Paul II*, Paris, Julliard, 1994.
–, *Jean Paul II*, Paris, Autrement, coll. « La naissance d'un destin », 1998.
–, *Jean Paul II. La vie de Karol Wojtyla*, Paris, Flammarion, 2004.
–, *Saint Jean Paul II*, Paris, Plon, 2011.
George Weigel, *Jean Paul II. Témoin de l'espérance*, Paris, Jean-Claude Lattès, 1999.

Regards sur le pontificat

Giuseppe ALBERIGO, « Jean Paul II. Dix ans de pontificat », *Études*, 1988/5, vol. 368.

Danièle HERVIEU-LÉGER, « Jean Paul II. La stratégie de concentration catholique », *L'Année sociologique*, 38, 1988.

Christine de MONTCLOS, *Un pèlerin politique ? Les voyages de Jean Paul II*, Paris, Bayard, 2000.

Orazio PETROSILLO, « Jean Paul II. Les chiffres, les gestes et les paroles d'un grand pontificat », *La Documentation catholique*, 2300, 10 avril 2013.

–, « Jean Paul II et la compréhension moderne du politique, résistances et ajustements », in Giovanni Vian, *Le Pontificat romain dans l'époque contemporaine. The Papacy in the Contemporary Age*, Venise, Edizioni Ca' Foscari, 2018, p. 153-170.

Joël-Benoît d'ONORIO (dir.) *La Diplomatie de Jean Paul II*, Paris, Cerf, 2000.

Alain VIRCONDELET, « La rhétorique messianique de Jean Paul II. Flamboyance slave et conviction », in Claude Cohen-Boulakia (dir.), *Figures du messie*, colloque de Cerisy, Éditions In Press, 1996.

Témoignages de proches

Renato BOCCARDO, *Dans l'intimité de Jean Paul II. Vingt regards sur un homme d'exception*, Nouan-le-Fuzelier, Les Béatitudes, 2014.

Stanislaw DZIWISZ, *Laissez-moi m'en aller*, Paris, Parole et Silence, 2011.

Andrea RICCARDI, *Jean Paul II, un pape charismatique*, Paris, Parole et Silence, 2004.

Mémoires d'acteurs

Yves CONGAR, *Mon journal du concile*, t. II, Paris, Cerf, 2002.
Roger ETCHEGARAY, *J'ai senti battre le cœur du monde : conversations avec Bernard Lecomte*, Fayard, 2007.
Hans KÜNG, *Mon combat pour la liberté. Mémoires*, Montréal/Paris, Novalis/Cerf, 2006.
Antoine WENGER, *Le Cardinal Jean Villot (1905-1979)*, préface de René Rémond, Paris, Desclée de Brouwer, 1989.

Ouvrages de Karol Wojtyla-Jean Paul II

Amour et Responsabilité. Étude de morale sexuelle, Paris, Parole et Silence, 2013, 1re éd. fr. 1965, éd. polonaise 1960.
Le Signe de contradiction, Paris, Parole et Silence, 2014 (texte de la retraite prêchée au Vatican pour le carême 1976).
« N'ayez pas peur ! » André Frossard dialogue avec Jean Paul II, Paris, Robert Laffont, 1982.
Entrez dans l'espérance, avec la collaboration de Vittorio Messori, Paris, Plon-Mame, 1994.
Ma vocation, don et mystère, Paris, Bayard, 1996.

Essais sur la pensée de Jean Paul II

Rocco BUTTIGLIONE, *La Pensée de Karol Wojtyla*, Paris, Fayard, 1984.
Antoine GUGGENHEIM, *Pour un nouvel humanisme. Essai sur la philosophie de Jean Paul II*, Paris, Parole et Silence, 2011.
Philippe PORTIER, *La Pensée de Jean Paul II*, t. I, *La Critique du monde moderne*, Paris, L'Atelier, 2006.

RÉFÉRENCES PAR CHAPITRES

1. Droit d'inventaire

« Exposé des réserves sur la prochaine canonisation de Jean Paul II » (pétition circulant dans les milieux lefebvristes), texte traduit en français sur le blog *La Question*, 23 avril 2014, et originellement paru sur le site de *The Remnant*, 21 mars 2011.

Jean-Marie GUÉNOIS, « "Ils" n'auront pas eu la peau de Jean Paul II », *Religioblog*, 14 janvier 2011.

Nicolas SENÈZE, « Le cardinal Martini avait émis des doutes sur la canonisation de Jean Paul II », *La Croix*, 10 avril 2014.

Jean-Louis de LA VAISSIÈRE, « Pourquoi certains trouvent la canonisation de Jean Paul II déplacée », *Le Temps*, 22 avril 2014.

Étienne FOUILLOUX, « Pourquoi canoniser les papes ? », Lumière & Vie, 288, oct.-déc. 2010.

2. Donnez-nous des saints prêtres !

« Aux prêtres et aux séminaristes », discours de Jean Paul II au clergé québécois à l'oratoire de la basilique Saint-Joseph, 11 septembre 1984.

Lettres aux prêtres écrites à l'occasion du Jeudi saint, 1979-2005, disponibles sur le site Marie mère des prêtres, https://mariemeredespretres.org/lettre-pretres.php

Louis de VAUCELLES, « Journal du synode. La session sur le ministère sacerdotal », *Études*, décembre 1971, p. 753 (sur le synode de 1971 organisé autour du thème « le sacerdoce et la justice dans la monde », durant lequel les propositions d'évolution des ministères ordonnés sont refusées).

3. Faire de la liturgie un théâtre

Thierry JOLY, « Nowa Huta, la cité polonaise ouvrière rêvée de Staline », Singular's, 27 juin 2018.
JEAN PAUL II, homélie de la messe au sanctuaire de la Sainte-Croix à Mogila, 9 juin 1979.
Krzysztof MAZUR, « Le berceau de la nouvelle évangélisation », site des Chevaliers de Colomb, 4 janvier 2014.
Marie-Laure DÉNÈS, « Quand les droits de l'homme sont en jeu », *Revue Projet*, 1er septembre 2005.
Jacques BOMBARDIER, « Jean Paul II et les droits de l'homme », conférence du 25 mai 2007.
Jean-Yves CALVEZ, *Droits de l'homme, justice, évangile*, Paris, Le Centurion, 1985.
Xavier de MONTCLOS, « Le discours de Pie XI sur la défense des droits de la personne humaine », *Publications de l'École française de Rome*, 223, 1996, p. 857-872.
Yves-Henri NOUAILHAT, « Le Saint-Siège, l'ONU et la défense des droits de l'homme sous le pontificat de Jean Paul II », *Relations internationales*, 2006/3, p. 95-110.
PAUL VI, *Discours à l'ONU*, 4 octobre 1965.
Émile POULAT, *Liberté, laïcité. La guerre des deux France et le principe de la modernité*, Paris, Cerf, 1988, chapitre intitulé « La lente reconnaissance des droits de l'homme et le pluralisme de l'interprétation ».
Bernard QUELQUEJEU, « Ralliement aux droits de l'homme, méconnaissance des droits des chrétiens. L'incohérence romaine », *Concilium*, 221, 1989, p. 129-143.
Patrick MICHEL, « Messianisme polonais et histoire contemporaine », in René Luneau (dir.), *Le Rêve de Compostelle. Vers*

la restauration d'une Europe chrétienne ?, Paris, Le Centurion, 1989, p. 52-67.

4. *La croisade des ventres*

Paul AIRIAU, « Essai d'une histoire profane d'*Humanae vitae* », texte disponible en ligne sur Academia.

Catherine GREMION, « La décision dans l'Église. Contraception, procréation assistée, avortement : trois moments clés », *Esprit*, février 2010.

5. *Un conclave aux alliances providentielles*

Benoît PELLISTRANDI, « Il y a quarante ans, l'incroyable élection de Jean Paul II », *Aleteia*, 16 octobre 2018.

Wojciech WRZESINSKI, « L'Allemagne et la Pologne : 1918-1944-2000 », *Matériaux pour l'histoire de notre temps*, 61-62, numéro spécial « La Pologne d'Est en Ouest, 1945-2001 », p. 47-52.

« Mgr Gadecki évoque l'importance du message de pardon des évêques polonais aux évêques allemands en 1965 », *La Croix*, 28 octobre 2015.

6. *« Superstar » et faux moderne*

Theresa KANE, « Welcome to Pope John Paul II », 7 octobre 1979, *Woman and Leadership Archives*, Loyola University, Chicago, texte disponible en ligne.

Stephanie KIRCHGAESSNER, « Pope John Paul II letters

reveal 32-year relationship with woman », *The Guardian*, 15 février 2016.

« The Pope in America : It Was Woo-hoo-woo », *Time*, 15 octobre 1979.

Albert BASTENIER, « Jean Paul II superstar », *La Revue nouvelle*, 5, mai 2005.

7. Viril ou pathétique, un corps en spectacle

Arnaud BOUTHÉON, *Comme un athlète de Dieu. Manifeste sportif et chrétien*, Paris, Salvator, 2017.

« Rome : décès du "chirurgien du pape" Francesco Crucitti », Apic (Agence de presse internationale catholique), 26 août 1998.

« Health of Pope John Paul II », article de Wikipedia, version anglaise, page consultée le 31 juillet 2019.

Jesus CARDENAS, « Un pontificat marqué par la maladie », *Doctissimo*, 27 juin 2014.

JEAN PAUL II, lettre apostolique *Salvifici doloris* sur le sens chrétien de la souffrance humaine, 11 février 1984.

Paul AIRIAU, « Le prêtre catholique : masculin, neutre, autre ? Des débuts du XIXe siècle au milieu du XXe siècle », in Régis Révenin (dir.), *Hommes et masculinités de 1789 à nos jours, contributions à l'histoire du genre et de la sexualité en France*, Paris, Autrement, 2007, p. 192-207.

Yann RAISON DU CLEUZIOU, « Révolution ascétique et redéfinition de la virilité sacerdotale au milieu du XXe siècle », in Matthieu Brejon de Lavergnée et Magali Della Sudda (dir.), *Genre et christianisme. Plaidoyers pour une histoire croisée*, Paris, Beauchesne, 2015.

Josselin TRICOU, « Refaire des "taupes" : gouverner le silence des prêtres homosexuels à l'heure du mariage gay », *Sociologie*, 2018/2, vol. 9, p. 131-150.

8. L'ordre préféré aux pauvres

Dominique GREINER, « Saint Jean Paul II, maître de doctrine sociale », blog *La doctrine sociale sur le fil*, 25 avril 2014.

JEAN PAUL II, encyclique *Laborem exercens*, sur le travail humain à l'occasion du quatre-vingt-dixième anniversaire de l'encyclique *Rerum novarum*, 14 septembre 1981.

–, encyclique *Sollicitudo rei socialis*, à l'occasion du vingtième anniversaire de l'encyclique *Populorum progressio*, 30 décembre 1987.

–, encyclique *Centesimus annus*, à l'occasion du centenaire de l'encyclique *Rerum novarum*, 1er mai 1991.

Bernard DURAND, « Un pontificat très (géo)politique », *L'Humanité*, 4 avril 2005.

Eduardo FEBBRO, « Soutien de dictatures assassines. Jean Paul II n'est pas considéré comme un saint en Amérique latine », traduit en français sur le site solidarite-internationale-pcf.fr, paru originellement dans le quotidien argentin *Pagina 12*, 29 avril 2014.

François BIOT, « Commentaires sur l'instruction », éditions de *Témoignage chrétien*, 1986.

Gustavo GUTIERREZ, *Théologie de la libération*, trad. fr. de François Malley, Bruxelles, Lumen vitae, 1974.

François HOUTART, « L'histoire du Celam ou l'oubli des origines », *Archives des sciences sociales des religions*, 62/1, 1986, p. 93-105.

JEAN PAUL II, discours à l'occasion de l'ouverture des travaux de la IIIe Conférence générale de l'épiscopat latino-américain à Puebla, 28 janvier 1979.

CONGRÉGATION POUR LA DOCTRINE DE LA FOI, « Instruction sur quelques aspects de la "théologie de la libération" », 6 août 1984 (signature), 3 septembre 1984 (publication).

Michael Löwy, « La théologie de la libération », *Archives des sciences sociales des religions*, 63/2, 1987, p. 197-199.

Richard Marin, « Helder Camara et Oscar Romero, réflexions historiennes sur deux itinéraires pastoraux », in Caroline Sappia (dir.), *À l'image d'Oscar Romero. Héros, prophètes et martyrs d'Amérique latine*, Louvain-la-Neuve, Academia-Bruylant, 2009, p. 39-56.

Serge Larivée, Carole Sénéchal et Geneviève Chenard, « Les côtés ténébreux de mère Teresa », *Studies in religion/Sciences religieuses*, septembre 2013, 42, 3, p. 319-345.

Christopher Hitchens, « Censeur des pauvres, amie des riches, mère Teresa, une sainteté médiatique », *Le Monde diplomatique*, novembre 1996, p. 32.

9. Marie avant Jésus

Sylvain Dorient, « Fatima : la balle de 9 mm est devenue le joyau de la couronne de la Vierge », *Aleteia*, 12 mai 2017.

Paul VI, exhortation apostolique *Marialis cultus*, 2 février 1974.

Carlos Evaristo, *Fatima : sœur Lucia témoigne*, Chalet, 1999.

Pie XII, encyclique *Fulgens corona*, 1953.

Jean Paul II, lettre apostolique *Mulieris dignitatem* sur la dignité et la vocation de la femme, 15 août 1988.

–, lettre apostolique *Ordinatio sacerdotalis* sur l'ordination sacerdotale, 22 mai 1994.

10. L'insupportable désordre de l'homosexualité

« Chasteté et homosexualité », articles 2357 à 2359 du *Catéchisme de l'Église catholique*, 1992.

« Le plus émouvant Angelus de Jean Paul II », article du site evangelium-vitae.org, page consultée le 25 août 2019.

Austin Cline, « Pope John Paul II on Homosexuality », site learnreligions.com, 29 janvier 2019, page consultée le 20 août 2019.

Congrégation pour la doctrine de la foi, *Persona humana*, déclaration sur certaines questions d'éthique sexuelle, 29 décembre 1975.

–, *Lettre aux évêques de l'Église catholique sur la pastorale à l'égard des personnes homosexuelles*, 1er octobre 1986.

–, *Observations au sujet des propositions de loi sur la non-discrimination des personnes homosexuelles*, 24 juillet 1992.

–, *Note doctrinale concernant certaines questions sur l'engagement et le comportement des catholiques dans la vie politique*, 24 novembre 2002.

–, *Considérations à propos des projets de reconnaissance juridique des unions entre personnes homosexuelles*, 3 juin 2003.

Conseil pontifical pour la famille, *Vérité et signification de la sexualité humaine. Des orientations pour l'éducation en famille*, 8 décembre 1995.

Mary Ann Hackett, « St. John Paul II's totally Catholic response when gay "pride" parade came to Rome 18 years ago », site catholiccitizen.org, 6 août 2018, page consultée le 20 août 2019.

Jason Horowitz, « Pope Denounces Gay Marriage », *The New York Times*, 11 janvier 2005.

Jean Paul II, exhortation apostolique *Familiaris consortio*, sur les tâches de la famille chrétienne, 22 novembre 1981.

–, *Théologie du corps*, Paris, Cerf, 2004.

François de Muizon, *Un corps pour se donner. Aimer en vérité selon saint Jean Paul II*, Paris, Mame, 2018.

Joseph S. O'Leary, « La théologie catholique face au mariage homosexuel », *Cités*, 2010/4, 44, p. 27-43.

« Gay Catholic Group Dignity USA Marks the Death of Pope

John Paul II », déclaration suite à la disparition de Jean Paul II sur le site dignityusa.org, page consultée le 20 août 2019.

Francis DeBernardo, « Papal Canonizations. Pope John Paul II's record on LGBT issues », article du site newwaysministry.org, 27 avril 2014, page consultée le 20 août 2019.

Kevin Eckstrom, « Father Bob Nugent, silenced for his work with gay Catholics, dies at 76 », *National Catholic Reporter*, 3 janvier 2014.

Yves de Gentils-Baichis, « Le baiser du pape à des malades californiens atteints du sida : un geste exceptionnel et banal », *La Croix*, 19 septembre 1987.

Bernard J. Lynch, « John Paul II and homosexuality », *The Irish Times*, 20 avril 2005.

« Catholicisme, homosexualité et Afrique », blog *Ryosai*, 28 février 2014.

« Opération Hyacinthe », article Wikipedia, page consultée le 2 août 2019.

Daniel Borrillo, « Droit et homosexualité : une réconciliation fragile », *Droits et Cultures*, 2008, 56, 35-47, p. 274-288.

11. Du dialogue affiché au repli frileux

Walter Kasper, « L'universalité du Christ et le dialogue interreligieux », conférence au Congrès missiologique internationale, 10 avril 2013.

Geneviève Comeau, « L'universalité de Jésus à l'épreuve », *Études*, 2012/3, vol. 416, p. 355-365.

« 27 octobre 1986, Italie. Rencontre interreligieuse à Assise en faveur de la paix à l'initiative du pape Jean Paul II », article de l'Encyclopædia Universalis.

« D'Assise 1986 à Assise 2011, la signification d'un chemin, vers la rencontre du 27 octobre prochain », *L'Osservatore Romano*, 3 juillet 2011.

« La première rencontre d'Assise en cinq questions », *La Croix*, 19 septembre 2016.

« Une rencontre de responsables religieux à Assise. Contre tout syncrétisme religieux », *Zenit*, 18 novembre 2001.

Georges MATTIA, « L'espérance d'Assise. La tramontane a porté loin les messages de paix », *La Croix*, 29 octobre 1986.

Paul POUPARD, « Le concile, l'athéisme et l'incroyance », *Publications de l'École française de Rome*, 113, 1989, p. 703-724.

Francesca de VILLASMUNDO, « Le retour au paganisme visible au synode sur l'Amazonie à sa source dans la doctrine de l'inculturation de Jean Paul II », site medias-presse.info, 25 octobre 2019.

« Nouveaux modèles et retour de l'idée missionnaire », in Jean-Marie Mayeur (dir.), *Histoire du christianisme*, t. XIII, *Crises et renouveau. De 1958 à nos jours*, Paris, Desclée, 2000, p. 363-366.

Joseph DORÉ, « L'enseignement de l'exhortation apostolique *Evangelii nuntiandi* sur l'évangélisation », *Documents épiscopat*, 16, 1996.

Jan GROOTAERS, « Tensions et médiation au synode sur l'évangélisation en 1974 », in *Actes du colloque international de Brescia. L'esortazione apostolica di Paolo VI Evangelii nuntiandi. Storia, contenuti, ricezione*, 22-24 septembre 1995, Pubblicazioni dell'Istituto Paolo VI, 19, 1998, p. 54-90.

JEAN PAUL II, encyclique *Redemptoris missio*, sur la valeur permanente du précepte missionnaire, 7 décembre 1990.

PAUL VI, exhortation apostolique *Evangelii nuntiandi*, sur l'évangélisation dans le monde moderne, 8 décembre 1975.

Claude PRUDHOMME, « La mission du XXe siècle. Triomphe, crise et mutations du côté catholique en particulier à travers l'exemple des Spiritains », *Histoire et missions chrétiennes*, 2009/2, 10, p. 9-31.

René LUNEAU (dir.), *Le Rêve de Compostelle. Vers la restauration d'une Europe chrétienne ?*, Paris, Le Centurion, 1989.

Paul LADRIÈRE et René LUNEAU, *Le Retour des certitudes*, Paris, Le Centurion, 1987.

Jean-Louis SCHLEGEL, « L'Europe chrétienne de Jean Paul II », *Esprit*, 166, 11, novembre 1990, p. 109-125.

12. Remettre les femmes à leur place... naturelle

Maud AMANDIER et Alice CHABIS, *Le Déni : enquête sur l'Église et l'égalité des sexes*, Bayard, 2014.

Christine PEDOTTI et Anne SOUPA, *Les Pieds dans le bénitier*, Presses de la Renaissance, 2010.

Romain CARNAC, « L'argument naturaliste dans le discours du Vatican sur la différence entre les sexes (Jean Paul II, Benoît XVI)», in Ludovic Bertina, Romain Carnac, Aurélien Fauches et Mathieu Gervais (dir.), *Nature et Religions*, Paris, CNRS, 2013, p. 131-140.

Denise COUTURE, « L'antiféminisme du "nouveau féminisme" préconisé par le Saint-Siège », *Cahiers du genre*, 2012/1, 52, p. 23-49.

13. Anticommuniste au nom de Dieu

Philippe CHENAUX, *L'Église catholique et le communisme en Europe (1917-1989)*, Paris, Cerf, « Histoire », 2009.

András FEJERDY (dir.), *The Vatican « Ostpolitik » 1958-1978. Responsibility and Witness during John XXIII and Paul VI*, Rome, Viella, 2016.

Hansjakob STEHLE, *Eastern Politics of the Vatican, 1917-1979*, Londres, Ohio University Press, 1981.

« Confirmé : Karol Wojtyla était espionné », *Le Devoir*, 24 août 2002.

« Un ecclésiastique de haut rang surveillait le futur pape Jean Paul II », site cath. ch, 25 août 2002.

Agostino GIOVAGNOLI, « Karol Wojtyla and the End of the Cold War », in Silvio Pons et Federico Romero, *Reinterpreting the End of the Cold War*, Londres, Taylor and Francis, 2005.

Marie GAYTE, « Les États-Unis et le Vatican dans les années 1980 », *Vingtième Siècle, revue d'histoire*, 2011/3, 111, p. 105-117.

Patrick MICHEL, *La Société retrouvée. Politique et religion dans l'Europe soviétisée*, Paris, Fayard, 1988.

Bernard LECOMTE, « Le pape qui fit chuter Lénine », *Zenit*, 17 novembre 2009.

Christian CHÂTELOT, « Karol Wojtyla, plus tard Jean Paul II, espionné par les services communistes », *Le Monde*, 2 mars 2006.

Henri TINCQ, « 1978-1991 : les années flamboyantes », *Le Monde*, 11 octobre 2003.

« 1er-9 juin 1991, Vatican-Pologne, quatrième voyage du pape Jean Paul II dans son pays natal », article de l'Encyclopædia Universalis.

« En Pologne, un religieux proche de Jean Paul II réduit au silence », *La Croix*, 20 novembre 2017 (il s'agit d'Adam Boniecki dont les positions sont jugées trop libérales).

« Jean Paul II a lancé un avertissement aux autorités à propos de l'avortement », *Le Monde*, 5 juin 1991.

« Jean Paul II et la Pologne », entretien de Tadeusz Mazowiecki, *Revue Projet*, 1er septembre 2005.

Lech WALESA, *Un chemin d'espoir*, Paris, Fayard, 1987, p. 274-275.

14. Le réarmement doctrinal

Karl RAHNER, « 1953-1983, trente ans de la vie de l'Église. Le concile vingt ans après », *Informations catholiques internationales*, 585, 15 avril 1983.

–, « L'hiver de l'Église et les chances du christianisme. Un entretien avec Karl Rahner », *Jésus*, 43, décembre 1984, p. 44-51.

Antoine CASANOVA, *Le Concile vingt ans après. Essai d'approche marxiste*, Paris, Éditions sociales/Messidor, 1985.

PAUL VI, « Linguaggio dell'amicizia e invito al dialogo. Note di "stille conciliare" », cité par Gilles Routhier, « Un concile à interpréter. Les enjeux d'un style nouveau », *Études*, 5, 2007, vol. 406, p. 627-637.

Synode extraordinaire, Rome, 1985, Vingt ans après Vatican II, Paris, Le Centurion, 1986.

15. Génération Jean Paul II

JEAN PAUL II, discours à l'Unesco, 2 juin 1980.

Jean-Marie GUÉNOIS, « Il y a vingt-cinq ans, Jean Paul II à l'Unesco », *La Croix*, 2 juin 2005.

Christian TERRAS, « Jean-Marie Lustiger, un colosse aux pieds d'argile », *L'Obs*, 6 août 2007.

Henri TINCQ, « L'adieu à Jean-Marie Lustiger », *Le Monde*, 6 août 2007.

Jean-François CHEMAIN, « Les racines chrétiennes de l'Europe », *Aleteia*, 7 février 2019.

Anthony FENEUIL, « Doit-on parler de christianisme européen ou des racines chrétiennes de l'Europe ? », *The Conversation*, 24 avril 2019.

Bernard LECOMTE, « Pour Jean Paul II, l'Europe était profondément chrétienne », entretien avec Marzena Devoud, *Aleteia*, 16 octobre 2018.

Yann RAISON DU CLEUZIOU, « Racines chrétiennes », in Christophe Boutin, Olivier Dard et Frédéric Rouvillois (dir.), *Dictionnaire des populismes*, Paris, Cerf, 2019.

Nicolas BALLET, « Il y a vingt-cinq ans, Jean Paul II traversait Lyon et réveillait l'Église », *Le Progrès*, 5 octobre 2011.

« Jean Paul II en France », *Le Monde*, 14 juillet 1980.

« La visite de Jean Paul II en France », *La Croix*, 27 septembre 1996.

« Ils avaient vingt ans aux JMJ de Paris », *La Croix*, 18 août 2017.

JEAN PAUL II, « France, fille aînée de l'Église, es-tu fidèle aux promesses de ton baptême ? », homélie de la messe du 1er juin 1980 au Bourget.

–, *Dialogue avec les jeunes réunis en (sic) Parc des Princes*, 1er juin 1980.

« Dans le rétro. En 1997, le succès inattendu des JMJ à Paris », *Le Parisien*, 30 juin 2016.

Christelle FLEURY et Jean MERCIER, « Ses histoires de France », *La Vie*, 26 avril 2011.

Jean SÉVILLIA, « Pourquoi Jean Paul II aimait la France », *Le Figaro*, 30 avril 2011.

Marie-Lucile KUBACKI, « La fabuleuse histoire des JMJ », *La Vie*, 17 juillet 2013.

Charles MERCIER, « Les Journées mondiales de la jeunesse à Paris en 1997, quel rapport avec le catholicisme d'identité ? », in Bruno Dumons et Frédéric Gugelot (dir.), *Catholicisme et Identité*, Paris, Karthala, 2017.

16. Un jubilé en forme de baroud d'honneur

« Apertura Porta Santa in San Pietro, Natale 1999 », vidéo en ligne sur YouTube, page consultée le 23 octobre 2019.

CONGRÉGATION POUR LA DOCTRINE DE LA FOI, déclaration *Dominus Iesus*, sur l'unicité et l'universalité salvifique de Jésus Christ et de l'Église, 6 août 2000.

Pierre GERVAIS, « La demande de pardon de Jean Paul II et ses implications théologiques », *Nouvelle Revue théologique*, 123, 2001, p. 4-18.

JEAN PAUL II, « Au terme du deuxième millénaire », premier paragraphe de l'encyclique *Redemptor hominis*, au début de son ministère pontifical, 4 mars 1979.

–, lettre apostolique *Tertio millennio adveniente*, sur la préparation du jubilé de l'an 2000, 10 novembre 1994.

–, lettre apostolique *Novo millennio ineunte*, au terme du grand jubilé de l'an 2000, 6 janvier 2001.

17. Face aux Juifs, des paroles et des gestes prophétiques

Anita BOURDIN, « De la prière pour le peuple juif le Vendredi saint. Repères historiques », *Zenit*, 5 juillet 2007.

JEAN PAUL II, Prière au mur occidental de Jérusalem, 26 mars 2000.

Georges MATTIA, « Jean Paul II chez les "frères aînés" », *La Croix*, 15 avril 1986.

John T. PAWLIKOWSKI, « Le pape Jean Paul II et les relations entre les chrétiens et les Juifs », *Théologiques*, vol. 20, 1-2, 2012, p. 511-529.

18. Marcial Maciel, Tartuffe au Vatican

« Saint John Paul II's abuse record defended by his long-time secretary », *Catholic News Agency*, 21 mars 2019.

« Affaire Maciel : "Aucune implication personnelle de Jean Paul II", affirme le postulateur », *La Croix*, 22 avril 2014.

« Légionnaires du Christ : Jean Paul II savait tout sur Maciel et depuis longtemps », *Golias*, 26 mai 2011.

« Le point noir de l'héritage de Jean Paul II », article sur le site lenversdudecor.org, 24 avril 2014.

Xavier LÉGER, *Moi, ancien légionnaire du Christ*, Paris, Flammarion, « Document », 2013.

Fernando M. GONZALEZ, *Marcial Maciel, los legionarios de cristo. Testimonios y documentos ineditos*, Tusquets Editores, 2006.

Jason BERRY et Gerald RENNER, *Vows of Silence. The abuse of power in the papacy of John Paul II*, Free Press, 2004.

François NORMAND, « La troublante ascension de l'Opus Dei », *Le Monde diplomatique*, septembre 1995.

Remerciements

Nos chaleureux remerciements vont à : Cécile Andrzejewsi, Xavier Gravend-Tirole, Boris Grébille, Juliette Loiseau, Estelle Roure et Agnès Willaume qui nous ont apporté une aide très précieuse.

Notre reconnaissance va aussi à Jean Mouttapa et Marie-Pierre Coste-Billon dont la confiance, l'amitié et le professionnalisme ne se sont pas démentis.

Table

DES MÊMES AUTEURS

Sous le nom de Christine Pedotti

Qu'avez-vous fait de Jésus ?, Albin Michel, 2019.
Jésus, l'homme qui préférait les femmes, Albin Michel, 2017.
La Bible racontée comme un roman, t. 1, XO, 2015.
La Bible racontée comme un roman, t. 2, XO, 2016.
Jésus, cet homme inconnu, XO, 2013.
Faut-il faire Vatican III ?, Tallandier, 2012.
Ce Dieu que j'aime, Mediaspaul, 2012.
La Bataille du Vatican, Plon, 2012.

Direction ou coordination d'ouvrages

Jésus, l'encyclopédie, Albin Michel, 2017.
Théo, l'encyclopédie catholique, nouvelle édition, Mame, 2009.

En collaboration avec Anne Soupa

Les Pieds dans le bénitier, Presses de la Renaissance, 2010.

En collaboration avec Vincent Villeminot

La Longue Patience du sanglier, Plon, 2009.

Sous le nom de Pietro De Paoli

Anticatéchisme pour le christianisme à venir, Albin Michel, 2013.
Petites conversations avec ma nièce sur la question de Dieu, Plon, 2011.
Lettres à un jeune prêtre, Plon, 2010.

Dans la peau d'un évêque, Plon, 2009.
La Confession de Castel Gandolfo, Plon, 2008.
38 ans, célibataire et curé de campagne, Plon 2006.
Vatican 2035, Plon, 2005.

Anthony Favier

In *Le Genre, théories et controverses*, Mathieu Trachman et Laure Bereni (dir.), « Les catholiques et le genre, une approche historique », Paris, Presses universitaires de France, 2014, p. 45-59.

Pour écrire aux auteurs

c.pedotti@gmail.com
ant.favier@gmail.com

Composition : Nord Compo
Impression : CPI Bussière en mars 2020
Éditions Albin Michel
22, rue Huyghens, 75014 Paris
www.albin-michel.fr
ISBN : 978-2-226-44714-2
N° d'édition : 23814/01 – N° d'impression : 2049673
Dépôt légal : avril 2020
Imprimé en France